Wissen, Kommunikation und Gesellschaft

Schriften zur Wissenssoziologie

Herausgegeben von
H.-G. Soeffner, Essen, Deutschland
R. Hitzler, Dortmund, Deutschland
H. Knoblauch, Berlin, Deutschland
J. Reichertz, Essen, Deutschland

Wissenssoziolgie hat sich schon immer mit der Beziehung zwischen Gesellschaft(en), dem in diesen verwendeten Wissen, seiner Verteilung und der Kommunikation (über) dieses Wissen(s) befasst. Damit ist auch die kommunikative Konstruktion von wissenschaftlichem Wissen Gegenstand wissenssoziologischer Reflexion. Das Projekt der Wissenssoziologie besteht in der Abklärung des Wissens durch exemplarische Re- und Dekonstruktionen gesellschaftlicher Wirklichkeitskonstruktionen. Die daraus resultierende Programmatik fungiert als Rahmen-Idee der Reihe. In dieser sollen die verschiedenen Strömungen wissenssoziologischer Reflexion zu Wort kommen: Konzeptionelle Überlegungen stehen neben exemplarischen Fallstudien und historische Rekonstruktionen stehen neben zeitdiagnostischen Analysen.

Hubert Knoblauch (Hrsg.)

Jack Katz: Über ausrastende Autofahrer und das Weinen

Untersuchungen zur emotionalen Metamorphose des Selbst

Herausgegeben, übersetzt und eingeleitet
von Hubert Knoblauch

 Springer VS

Herausgeber
Hubert Knoblauch
Technische Universität Berlin
Deutschland

Wissen, Kommunikation und Gesellschaft
ISBN 978-3-658-09689-2   ISBN 978-3-658-09690-8 (eBook)
DOI 10.1007/978-3-658-09690-8

Die Deutsche Nationalbibliothek verzeichnet diese Publikation in der Deutschen Nationalbibliografie; detaillierte bibliografische Daten sind im Internet über http://dnb.d-nb.de abrufbar.

Lektorat: Katrin Emmerich, Katharina Gonsior

Gedruckt auf säurefreiem und chlorfrei gebleichtem Papier

Springer Fachmedien Wiesbaden ist Teil der Fachverlagsgruppe Springer Science+Business Media
(www.springer.com)

Inhalt

Einleitung
Jack Katz' Untersuchungen zur emotionalen
Metamorphose des Selbst

Hubert Knoblauch

„Gefährliches Manöver eines 24-jährigen führt zu schwerem Unfall. Ein 24-jähriger Autofahrer hat sich in der Nacht zu Samstag mit seinem Wagen überschlagen und verletzt, nachdem ein anderer 24-Jähriger ihn mehrfach ausgebremst hatte. Beide wollten die A 114 in Französisch-Buchholz an der Ausfahrt Bucher Straße verlassen. Der eine Fahrer hatte bereits einige Zeit vorher den anderen am Überholen gehindert, indem er beschleunigte und wieder bremste. Vor der Ausfahrt konnte sich der so Genötigte nicht rechtzeitig einordnen. Er probierte es trotzdem, schaffte es aber nicht und überschlug sich mit seinem Auto. Der Verletzte kam ins Krankenhaus." (Tagesspiegel, 17.07.2011).

Auch wenn der Artikel nicht über Emotionen sprach, so assoziierte ich diese Meldung, die ich während der Übersetzung der Artikel von Katz in der Zeitung las, sofort mit dem Thema von Katz' erstem Aufsatz in diesem Band. In „Pissed off in Los Angeles" oder, wie er hier übersetzt wurde, „Ausrastende Autofahrer" analysiert er die emotionalen Turbulenzen, die Autofahrer in Los Angeles erleben. Dabei braucht es nicht zu solchen gefährlichen Situationen zu kommen, um uns emotional anzurühren. Ich erinnere mich sehr wohl, wie ich selbst neulich in meiner Wohnstraße einbog, die zwar zweispurig ist, zumeist jedoch auf beiden Parkstreifen so vollgeparkt ist, dass Autos jeweils nur in einer Richtung fahren können. Das ist keineswegs eine Seltenheit, und so hat sich die Regel eingespielt, dass die Autos, die sich näher an der Kreuzung oder einer Ausweichmöglichkeit befinden, den anderen Platz machen. Nicht jedoch in der Situation, die ich erlebte. Ich war schon tief in die Straße hineingefahren, als ein entgegenkommendes Auto die vor mir liegende Kreuzung überfuhr und mir in derselben Straße entgegenkam. Da die Spur zu schmal war und die beiden Autos nicht aneinander vorbei konnten, ohne Schaden zu befürchten, standen wir beide eine Weile. Ich fühlte mich im besten Gewohnheitsrecht und wies gestikulierend in die Richtung des anderen Autos. Das schien nichts zu nützen, und so öffnete ich das Fenster. Ein lauter Austausch setzte ein, bis die nächste Steigerungsstufe erreicht war – ich stieg aus.

Verärgert, aufgebracht und wild entschlossen – und man ahnt schon die Logik der Steigerung. Zum Glück hielt mich meine besonnene Beifahrerin zurück, sodass ich böse schimpfend nachgab („der Klügere gibt nach") und rückwärtsfahrend dem Entgegenkommenden Platz machte.

Wer meint, dies sei die unbesonnene Reaktion eines selten cholerischen Autofahrers, wird von Katz' eines Besseren belehrt. Die Wut scheint eine ständige Begleiterin beim Autofahren zu sein, und zwar recht unabhängig vom Geschlecht, vom Alter oder der ethnischen Zugehörigkeit. Selbst die Kultur macht wenig Unterschiede. Wer den von unzähligen Stoppschildern und scharfen Geschwindigkeitsbegrenzungen gebändigten Verkehr in den Vereinigten Staaten kennt, wundert sich, wie heftig die Reaktionen ausfallen – selbst im so entspannten „Sonnenstaat" Kalifornien. Vielleicht ist das Verhalten unter den dortigen Verhältnisse auch darauf zurückzuführen, dass auf den mehrspurigen Autobahnen Fahrspurwechsel in beide Richtungen häufig sind, die Geschwindigkeiten auf allen Spuren vergleichsweise einheitlich sind und so das Wechseln von beiden Seiten und damit auch das „Schneiden" eine größere Rolle spielt. Gleichwohl hatte ich schon beim ersten Lesen von Katz' Text den Eindruck, dass sehr vieles auch auf unsere Verhältnisse zutrifft. Deswegen wollte ich ihn unbedingt in die Sprache unserer Kultur übersetzen, in der das Autofahren eine etwas andere, aber nicht mindere Bedeutung hat.

Eine besondere Faszination übt Katz' Analyse auf mich aus, weil er das Autofahren als eine (beschränkte) Form der Kommunikation beschreibt – und viel Ärger geht, wie er betont, auf diese Beschränkungen zurück. Allerdings geht es Katz nicht vorrangig um die Kommunikation mit dem Auto – ihm geht es um die Emotion. In der Tat lautet der Titel des Buchs, aus dem der Aufsatz entnommen ist, „How Emotions Work". Emotionen spielen deswegen auch in dem zweiten hier aufgenommenen Aufsatz über das Weinen eine Rolle. Beide Aufsätze sind aus methodischen Gründen durchaus untypisch für Katz' Arbeiten. Denn viele seiner Untersuchungen zielen darauf, die Emotionen selbst zu untersuchen und nicht Aussagen über Emotionen. So zeichnet er im Regelfall Interaktionen mit Tonband oder Videoband auf, um genau zu analysieren, wie Emotionen ablaufen. Deswegen enthält das ganze Buch eine Reihe von weiteren Beiträgen, in denen er vor allem mit Hilfe von Videoaufzeichnungen Emotionen auf eine höchst originelle Weise analysiert. So hebt Dietz (2013) das Buch als eines der „Hauptwerke der Emotionssoziologie" hervor, und Jasper (2004) bemerkt, „How Emotions Work" sei „vielleicht das beste Buch der Emotionssoziologie seit Arlie Hochschild" (und ihrem „Gekauften Herzen" von 1983). So sehr es sich also gelohnt hätte, das ganze Buch zu übersetzen, muss ich gestehen, dass meine Zeit als Hobby- Übersetzer zu begrenzt ist; zum Zweiten enthalten die anderen Beiträge Bildmaterial, das vermutlich den heutigen Veröffentlichungsstandards nicht mehr gerecht wird. Und drittens erlauben es schon die beiden Aufsätze, wie ich meine, die großen Konturen von Katz' Theorie der Emotionen zu erkennen.

Katz formuliert die Frage, auf die seine Theorie der Emotionen antwortet, zu Beginn des Buches auf folgende Weise: „Jeden Tag werden wir von den Emotionen vor ein bleibendes Rätsel gestellt. Auf der einen Seite stehen die Emotionen offenbar außerhalb unserer Kontrolle. Wir können von der Angst besessen sein, von der Scham übermannt, hysterisch auf etwas Lustiges reagieren oder plötzlich vor Freude weinen. Auf der anderen Seite sind Emotionen Teil unseres höchst subjektiven Lebens." Man erkennt schon an diesem Zitat, dass Emotionen das Individuum für Katz in ein dialektisches Verhältnis stellen und es zum Subjekt und zum Objekt zugleich machen. Deswegen stellt sich die Frage, wie etwa Lachen dem Menschen geschieht und zugleich von ihm gemacht wird. Diese Frage zielt nach dem emotionalen Ausdruck: Wie können wir Gefühle auf häufig so kunstvolle Weise gestalten?

Daran schließt sich für ihn jedoch sogleich die Frage an: Wie kommt es, dass wir nicht den Eindruck haben, dass wir unsere Gefühle gestalten. Wenn uns die Scham übermannt – dann scheint sie etwas zu tun, ohne dass wir selbst den Eindruck haben, es zu tun. Durch welchen Trick verbergen wir vor uns, dass wir die Emotionen so kunstvoll gestalten?

Die Studie über das Weinen enthüllt diese Dialektik der Emotionen. Weinen beginnt geräuschvoll als ein willentliches Erzeugnis. Später, wenn man reifer ist und sein Leben besser in die Hand zu nehmen, kann man ironischerweise in unerwarteten Augenblicken willenlos erleben, wie die Tränen in die Augen treiben. Was immer Weinen eigentlich sein mag, es ist zweifellos ein variantenreiches expressives Verhalten. Diesem Variantenreichtum wird Katz auf seine eigene Weise gerecht. Denn er redet nicht nur mit den Leuten über ihre Emotionen, wie dies etwa hier im Aufsatz über ausrastende Autofahrer geschieht. Katz verfolgt auch nicht die Strategien der Psychologie, die zumeist sehr komplizierte Experimentalverfahren entwickelt, um das zu messen, was sie Emotion nennt. Er vermeidet auch die förmlichen soziologischen Fragebögen, die es häufig schwer machen, die Beziehung zwischen den Forschungsfragen und den Vorgehensweisen zu erschließen. Katz geht in seiner Arbeit davon aus, dass es auch möglich ist, Emotionen in den praktischen Situationen ihres Vorkommens zu untersuchen. Dazu setzt er, wie erwähnt, einmal Tonband- und Videoaufzeichnungen ein, etwa von lachenden Kindern und Familien vor Zerrspiegeln oder eines weinenden Mörders beim Polizeiverhör. In der hier nicht enthaltenen „Episode über das Weinen" zeigt er zum Beispiel, wie das Weinen eines dreijährigen Mädchens kleinstteilig mit den Handlungen ihrer Betreuerin abgestimmt sind; diese interaktive Abstimmung ist Teil eines übergreifenden Zusammenhangs, der das Weinen selbst transzendiert

und den er als Narration bezeichnet. Dabei wird der Körper im Weinen selbst auf
eine Weise transformiert, die er Metamorphose nennt. Auch in den Interviews,
die mit den ausrastenden Autofahrern geführt wurden, geht er davon aus, dass
sie vollständig in der Lage sind, aus ihren Emotionen Sinn zu machen, auch und
gerade weil er bemerkt, dass Emotionen etwas sind, das häufig dann auftritt, wenn
etwas nicht einfach in Sprache ausgedrückt werden kann.

Katz sieht sich mit seinen Untersuchungen drei Traditionen verpflichtet. Folgt
man seinen eigenen Erläuterungen in der Einleitung zu seinem Buch, so sieht er
sich zum einen in der Tradition der Psychoanalyse Freuds, wobei er besonders auf
die Resonanzen der Erfahrungen im Subjekt selber blickt. Es geht also nicht um
„unterbewusste" Bedeutungen, sondern solche, die von den Beteiligten auf eine
sinnlich wahrnehmbare Weise gemacht werden (die Freud zuweilen als „vorbewusst"
bezeichnet, weil sie, im Unterschied zum Unterbewussten, prinzipiell zugänglich
sind) und die auch für andere in der Situation manifest werden können. Die zweite
Linie der Forschung, die Katz ausdrücklich erwähnt, ist eine soziologische Tradition,
in der untersucht wird, wie emotionale Ausdrücke durch die Antizipation dessen
geprägt sind, wie sie wahrgenommen werden können.[1] Und schließlich orientiert
er sich an einer dritten Forschungsrichtung, die sich mit der Verkörperung von
Handeln beschäftigt.[2]

Vor diesem Hintergrund stellt er *drei Aspekte von Emotionen* heraus. So zeigen
zum Beispiel die Erzählungen der ausrastenden Autofahrer, wie sie aus der Situation
kleine Minidramen bilden, in denen die „gegnerischen" Autofahrer als Figuren
auftreten. Emotionen sind also mit *narrativen Projekten* verbunden, die auf die
Situation antworten und sie transzendieren. Neben diesen narrativen Projekten
sind, zweitens, *Interaktionsprozesse* für Emotionen zentral. Wie gestaltet eine
Person ihren emotionalen Ausdruck mit Blick darauf, wie andere darauf reagieren
können? Die Handelnden nutzen dabei nicht nur die Ressourcen des Schauplatzes,
sondern auch jene Ressourcen, die ihr Körper ihnen bietet. In der Nutzung dieser
Ressourcen zeigen sie eine erstaunliche Kreativität, um den Eindruck zu formen,
den die Anderen von ihren Emotionen haben sollen. Drittens schließlich sieht er in
den Emotionen eine *Metamorphose der Sinnlichkeit*. Emotionen sind also nicht nur
eine Art Erfassung der Implikationen für das eigene Leben und Performanz emotionaler Ausdrücke. Indem eine Person sich ins Lachen, Weinen oder Ärgern hinein
und wieder hinaus begibt, ändert sich der sinnliche Rahmen ihres Handelns. Diese
Veränderungen betreffen den ausführenden Körper. Den Begriff der Metamorphose

---

1   Vgl. z. B. Hochschild (1983), Clark (1997).
2   Vgl. Bermúdez, Marcel und Eilan (1995).

darf man keineswegs nur als Metapher ansehen. Denn Katz betrachtet zum Beispiel die Beschreibungen der Autofahrer, sie seien „geschnitten" worden, durchaus als wörtliche Beschreibungen, und er sucht in den Interviews nach Hinweisen für die körperliche Erfahrung des „Geschnittenwerdens" und analoger Semantiken. Dies gilt auch für das Weinen: In der kritischen Phase, wenn jemand aus der Phase des Weinens wieder heraustritt und in eine ungestörte Phase der Konversation übergeht, tritt der Körper der Person wieder in den Hintergrund und die dreidimensionale körperliche Existenz ist thematisch nicht mehr relevant.

Diese drei Aspekte der Emotion bilden keine ontologischen Eigenschaften des Gegenstandes ab. Allerdings betrachtet Katz sie auch nicht als analytisch geschaffene Artefakte. Vielmehr tragen sie der Komplexität Rechnung, die das Verhältnis des Selbst zum Sozialen auszeichnet. Das Selbst ist keineswegs nur ein Spiegel des Sozialen, sondern, so meint Katz, eher eine Art Prisma. Dabei erweisen sich gerade die Emotionen als die Aspekte von Handlungen und Erfahrungen, in denen der Körper als Mittel und Ausdruck eine Metamorphose erfährt. Diese Metamorphosen finden im Lichte der Interpretationen, Erwartungen und reziprok unterstellten Wahrnehmungen der anderen Personen statt, und sie betten die Erfahrungen und Handlungen in ein narratives Projekt ein, das die Situation so transzendiert, dass sich also eine sinnvolle Geschichte ergeben kann. Emotionen sind dabei dem Denken nicht gegenübergestellt, sondern ganz im Gegenteil selbstreflexive Handlungen und Erfahrungen, doch vollzieht sich diese Selbstreflexion in Katz Augen eben eher körperlich als diskursiv.

Wie schon angedeutet, zeichnet sich Katz' Forschung auch durch seine besondere Methodologie aus. Diese folgt einigen spezifischer Anforderungen, die schon deswegen erwähnt werden müssen, weil sie in den hier übersetzten Beiträgen nur begrenzt zum Ausdruck kommen, für die qualitative Forschung aber durchaus fruchtbar sind. Wie schon erwähnt, stützt er sich nicht auf experimentelle Anordnungen, sondern, erstens, auf natürlich auftretende Handlungsformen und Erfahrungen. Dabei fokussiert er, zweitens, auf emotionales Verhalten im Rahmen von Interaktionen von Angesicht zu Angesicht. Er hebt dabei, drittens, häufig persönliche Idiosynkrasien des Wahrnehmens, Verhaltens und der Ausdrucksweise hervor. Daneben ergänzt er, viertens, die Beschreibungen der Leute mit denen anderer Anwesender. Wie schon mit dem Begriff der Metamorphose angedeutet, nimmt er, fünftens, zur Erklärung die Metaphern der Handelnden ernst. Damit folgt er insgesamt einer Methodologie, die er, in Anknüpfung an frühere Arbeiten der Chicagoer Schule, analytische Induktion nennt. Analytische Induktion bedeutet, dass das zu erklärende Phänomen anhand der empirischen Fälle immer wieder neu definiert wird, so dass spezifische Merkmale, aber auch Variationen und Abweichungen benutzt werden, um die Erklärung zu validieren. Die Daten werden also nur beschrieben, um einen besonderen Aspekt der Erklärung aufzuzeigen. Neue Fälle werden deswegen herangezogen und geschildert, um Erklärungshypothesen herauszufordern oder zu bestätigen. Die empirischen Daten sind damit keineswegs nur Beschreibungen; vielmehr stellen die in ihnen herausgearbeiteten sinnhaften Merkmale analytische Kategorien, die als Bestimmungsmerkmale des Phänomens und, in einem Erklärungszusammenhang, als Explananda betrachtet werden können. Auch wenn diese Vorgehensweise durchaus auf Kritik gestoßen ist[3], so handelt es sich doch um eine sehr scharfsinnige qualitative Vorgehensweise, die, wie seine Untersuchungen zeigen, qualitativen Arbeiten eine besondere begriffliche Klarheit verleiht. Ausgehend von theoretisch bestimmten begrifflichen Vorgaben tragen die empirischen Daten zu einer Spezifizierung des untersuchten Phänomens bei – und zwar durchaus auch im Sinne einer Erklärung, wie sie in der qualitativen Sozialforschung ansonsten keineswegs gängig ist.

Aus diesem Grunde ist Katz auch einer der methodologisch interessantesten Vertreter einer qualitativen Erforschung von Emotionen in natürlichen Settings. Wer seine Texte liest, wird an verschiedenen Stellen eine vielleicht unnachahmliche Weisheit erhaschen. Daneben aber handelt es sich eben auch um einen sehr gründlichen und klar verfahrenden Autor, dessen Arbeit so anregend ist, dass sie zur Fortführung, Replikation und Nachahmung anregt. Vielleicht hat er deswegen auch den Leitfaden angefügt, mit dem die Studierenden die „ausrastenden Autofahrer" befragt hatten. Ich habe dieses Manual hier mit übersetzt in der Hoffnung, dass seine Untersuchung über die Autofahrer auch hierzulande Nachahmer findet und zu einer Forschung beizutragen, die Emotionen nicht auf etwas reduziert, das im Gehirn oder in der Psyche steckt, sondern etwas ist, das sich im Zusammenleben mit Anderen entfaltet.

---

3   Dietz 2013, 192.

Ausrastende Autofahrer[1]

Jack Katz[2]

Auf einem überfüllten Spielplatz hinter einem Kindergarten in Los Angeles schob ein dreijähriger Junge ein Plastikauto mit den Füßen vor sich her. Während er es lenkt, schreit er: „Fahr los, du blödes Arschloch", und, „mach dich vom Acker, blödes Arschloch". Ab und zu wandte er sich einem Kind zu, dass sogar mit ihm spielte, und schrie: „Was weiß ich, du blödes Arschloch". Bald darauf erfasste die skatologische Epidemie auch seine Gruppe und weitete sich auf den Kindergarten aus. Die Eltern des ersten fluchenden Kindes wurden zur Leiterin des Kindergartens beordert, gaben sich aber völlig überrascht, denn: „in unserem Haus kann er solche Sätze nicht gehört haben". Kurz bevor er seine Strafrede an das Kind richten wollte, überlegte der Kindergartenleiter noch einmal und fragte dann das Kind, ob es wisse, was ‚blödes Arschloch' bedeute. „Ja", antwortete es, „schlechter Autofahrer".

---

1 Anm. des Übersetzers: Im Englischen „pissed off". Das könnte auch als „stinksauer", „stocksauer" oder, sehr umgangssprachlich, als „angepisst" übersetzt werden. Während „sauer werden" meist auf einer Beziehung basiert, die beim Autofahren nicht unterstellt werden kann, ist die Verärgerung in den beschriebenen Fällen so groß, dass sie der Reaktion auf die Tabuverletzung beim Ausrasten ähnelt. Zudem enthält dieses Wort den Verweis auf die anderen, die (beim Autofahren) immer die Dümmeren sind. Katz verwendet in seinem Beitrag häufig männliche und weibliche Pronomen; weil das im Deutschen aber zu umständlichen und stilistisch unschönen Nebenfolgen führt, habe ich es bei einem Pronomen belassen. Auch wenn die Wut beim Autofahrer erstaunlicherweise nicht stark geschlechtsmarkiert ist, habe ich mich für die männliche Form entschieden, weil sowohl eine „Feminisierung" der Wut wie auch des schlechten Fahrens als sehr unhöflich erschienen.

2 Der Originaltitel lautet: "Pissed off in Los Angeles". Der Aufsatz bildet das erste Kapitel von „How Emotions Work". Chicago und London: University of Chicago Press 1999, 18ff. Übersetzt von Hubert Knoblauch. Für die Korrekturen bedanke ich mich bei Felicitas Heine und Leopold Meinert.

Beim Autofahren auszurasten, ist unglücklicherweise eine ausweichliche Tatsache des sozialen Lebens an vielen Orten. In Los Angeles aber ist es ein natürlich vorkommendes Füllhorn sozialpsychologischer Phänomene. Diese Form des Ärgers ist praktisch jedem in lebhaften erinnerlichen Beispielen präsent, der in Los Angeles Auto fährt, weil es sich um eine kurze und immens häufige Erfahrung handelt und weil verärgerte Reaktionen auf die anderen Autofahrer als so grundtief gerechtfertigt erscheinen, dass sie Fremden ohne jede Gefahr des Gesichtsverlustes erzählt werden können. Deshalb bietet die Erfahrung des „Ausrastens" beim Autofahren eine außergewöhnlich reichhaltige Quelle zur Erforschung grundlegender Fragen über die Natur und die Besonderheiten des Ärgers, sowie seiner Entstehung und seines Verschwindens in der sozialen Interaktion. Ihre beinahe universale Verbreitung ermöglicht es, dass wir ihre Funktionsweise über eine große Bandbreite von ethnischen, geschlechtlichen, sozioökonomischen Unterschieden, Altersgruppen und Persönlichkeitstypen hinweg in den verschiedensten Fahrsituationen und an den verschiedensten Stellen der Routinen und Lebensgeschichten der Fahrer untersuchen können.

Meine Daten stammen hauptsächlich aus 150 Interviews, in denen Leute im Alter von zumeist 30 Jahren und älter von einer entsprechenden Zahl an studentischen Interviewern gebeten wurden, eine oder mehr Geschichten zu erzählen, in denen sie ausrasteten, als sie durch Los Angeles fuhren.

Wenn man Emotionen in natürlichen Situationen untersucht, beginnt man die Suche nach den leitenden Ideen am besten dadurch, dass man das am Phänomen herausstellt, was als besonders absurd erscheint. Die Suche nach Erklärungen kann dann von den Mustern geleitet werden, die, vor dem Hintergrund des bestehenden Wissens und der Überlegungen der untersuchten Leute, als rätselhaftes Geheimnis erscheinen.

Was hat es zum Beispiel damit auf sich, wenn Einzelfahrer energisch vor sich her gestikulieren und lautstark fluchen, wenn sie in einem Auto sitzen, das komplett abgeschlossen ist? Es ist ja nicht so, dass sie glaubten, ihre Ausdrücke seien so mächtig, dass sie durch die Scheibe dringen, den Verkehrslärm übertönen und in das Bewusstsein der Übeltäter eindringen könnten, die ihre Empörung ausgelöst haben.

Mike, ein 30-jähriger Rechtsanwaltsgehilfe, erinnert sich daran, dass er „die anderen Fahrer meistens aus seinem Wagen heraus anschreit. Dann lachte er über sich selbst und bemerkte, dass er wisse, sie könnten ihn nicht hören."

Auch wenn die Erwähnung einer solchen Sinnlosigkeit verwundern mag, ist es doch ebenso erstaunlich, dass diese Praxis, trotz ihrer Sinnlosigkeit, dabei hilft, die emotionale Spannung zu lösen.

Lori, die ursprünglich aus Georgia kommt, aber seit vielen Jahren in Los Angeles lebt, bevorzugt zwar den öffentlichen Verkehr, muss hier aber häufig selber fahren. Als sie von einem „großen neuen braunen Lastwagen (...) geschnitten wurde, wandte sie sich zu ihm und sagte: ‚Was glaubst Du, wer Du bist? Du kannst mich mal!' Sie spricht zu sich selbst und bewegt dazu ihre Hände. Sie blickt seitlich auf den Fahrer und spricht dann zu ihm, den Blick gerade aus. ‚Sie möchte nicht Leben gefährden nur wegen eines kleinen Streits beim Autofahren.' Aber nachdem sie ein paar schimpfende Bewegungen gemacht hat, „ist sie es wieder los".

Eindrücklich sind auch Vorfälle, in denen die Teilnehmer ungewöhnliche Maßnahmen ergreifen, um das zu erreichen, was man bestenfalls den persönlichen Minimalgewinn nennen kann. Ein Beispiel dafür ist das Gefecht zweier Mütter, die mit ihren Kombiwagen voller Kinder um den Vorrang an einem McDonalds-Drive-In-Restaurant stritten. Beide Fahrerinnen fuhren einander wiederholt auf die Stoßstange und der Streit endete erst, als die Polizei kam. Sie war von der „Verliererin" gerufen worden, die mit ihrem Handy die 911 wählen konnte, während sie mit ihrem Auto um den Vorrang in der Schlange kämpfte. In einem anderen Fall kam ein Mann „erst wieder zu Sinnen", als er mit seinem Auto gegen eine Zementmauer am Mittelstreifen schliff, während er gerade versuchte, einen Fahrer „zu bestrafen", der ihn zuvor mit seinem Auto geschnitten hatte.

Man könnte solche Szenen als absurd bezeichnen, würde dann aber die Perspektive eines Außenstehenden einnehmen und damit die Grundregel aller verstehenden Forschung verletzen. Aber wie gehen wir damit um, dass solche Bewertungen sehr oft von den Leuten selbst vorgenommen werden, wenige Augenblicke nachdem sie ihren Dampf abgelassen haben?

Frau Minh, eine vietnamesische Einwanderin, die über Nebraska nach Los Angeles gekommen war, wundert sich über die Grobheit der Autofahrer in Los Angeles. Ebenso erstaunt wie peinlich berührt ist sie, wenn sie, nachdem ein Autofahrer sie geschnitten hat und sie den Kopf schüttelt, dieser ihr den Stinkefinger zeigt und sie sich plötzlich vor ihren Kindern „Scheiße" sagen hört.

Jana, die mit ihrem Mann und ihren zwei Kindern in Orange County lebt und als Fitnesstrainerin an einer großen Universität arbeitet, ist spät dran, als sie mit ihrem Corvette-Cabrio mit Gangschaltung auf einer kurvigen Straße in Palo Verdes unterwegs ist. An einer Kreuzung wundert sie sich über einen Fahrer, der verzögert anfährt. Als sie hinter ihm fährt, hat sie den Eindruck, dass er langsamer wird. Sie wartet auf eine Gelegenheit, ihn überholen zu können, und als sie auf eine lange Kurve zufahren, legt sie den zweiten Gang ein, beschleunigt und zieht schnell auf die Gegenspur, stellt jedoch fest, dass er auch beschleunigt und sie daran hindert, ihn zu überholen, bis sie die lange Kurve hinter sich haben. Wenige Augenblicke später hält sie „auf offener Strecke" an und zwingt ihn damit ebenso anzuhalten. Sie geht schnell auf seinen Wagen zu und schreit: „Du Arschloch. Du hättest mich töten können!!!" Er antwortete mit „Halts Maul, Du blöde Fotze!" Sofort klebte Jana ihm eine. Nachdem sie weitergefahren ist, konnte sie „nicht glauben, dass sie den Typen geschlagen hatte". „Es hätte ja sein können, der Typ verfolgt mich, zieht eine Knarre heraus und erschießt mich".

Obwohl sie nicht wirklich persönlich gefährdet wurden, bleiben die Motive der stinksauren Fahrer etwas rätselhaft, wenn sie dem regelverletzenden anderen „eine Lehre erteilen wollen", indem sie etwa den, der sie geschnitten hat, noch einmal schneiden. Das eigene Selbstinteresse reicht für diese Art der Antworten nicht aus, denn selbst wenn die Lektion wirklich gelernt würde, hätte der Lehrer keinen wirklichen Nutzen aus den Fortschritten des Schülers. Es bleibt nicht weniger rätselhaft, wenn man versucht, die Motivation als altruistisch zu bezeichnen. Indem er in die Rolle des Lehrers schlüpft, erklärt der wütende Fahrer die anderen Fahrer gegen deren Willen zu Schülern. Vielleicht teilen die wütenden Fahrer eine Weisheit mit den Hochschullehrern, die wissen, dass man eine Lehrveranstaltung sehr gut durchführen kann, ohne dass ein Studierender irgendetwas Bleibendes erlernt. Doch auch diese Weisheit klärt das Rätsel nicht ganz auf.

Dass die Erklärung des Ausrastens auf der Straße besondere Schwierigkeiten aufwirft, zeigt sich weiter daran, wie schnell es sich zerstreut. Ein Fahrer, der gerade geschnitten wurde und sich davon bis an den Rande des Wahnsinns treiben ließ, lässt sich häufig durch ein kleines entschuldigendes Nicken sofort wieder beruhigen. Was der Erklärung bedarf, ist die mysteriöse Metamorphose. Starke Mächte entwickeln sich gegen den Willen des Fahrers und ergreifen ihn trotz seines besseren Wissens. Ebenso rasch können diese störenden Kräfte auch wieder verschwinden.

Ein letztes Paradox, das auf der Suche nach einer Erklärung helfen kann, ist die gewohnheitsmäßige Herstellung einer gewissen Ungläubigkeit. Darstellungen der Erfahrungen von Wut sind voll mit Sätzen wie: „Ich glaube es nicht, dieses Arschloch", oder „Schau dir diesen Idioten an. Wie kann man so etwas machen?" Erstaunlich ist, dass solche Sätze denselben Fahrern Tag für Tag in die Köpfe schießen. Für viele reicht keine Erfahrung mit „fahrenden Arschlöchern" aus, um diese Lernunfähigkeit zu überwinden. Es ist zwar löblich, dass so viele Fahrer nicht zu hartnäckigen Zynikern werden, denn die Haltung der Ungläubigkeit belegt immerhin den bestehenden Glauben an die kollektive Besserungsfähigkeit. Geht man jedoch davon aus, dass es keine grundlegende Umerziehung der fahrenden Öffentlichkeit seit der letzten unangenehmen Begegnung mit ihr gegeben hat – warum wundert man sich dann, erneut einem solchen Arschloch über den Weg zu fahren? Neben der Feststellung offenbar widersprüchlicher und absurder Muster des Phänomens bildet die Betrachtung der Unzulänglichkeiten bisheriger gängiger Erklärungen eine weitere Strategie, um die Frage zu schärfen. Eine Erklärung, die häufig vorgebracht wird, ist dass dem wütenden Fahrer, bevor er die Fahrt antrat, etwas Schreckliches widerfahren sein müsse, vielleicht ein Streit mit dem Ehepartner oder dem Kind, vielleicht ein Konflikt mit Kunden, Kollegen, Vorgesetzten oder irgendjemand anderem bei der Arbeit; vielleicht auch nur die Erkenntnis eines schwarzen Tages vor Antritt der Fahrt. Diese Erklärung mag für einige der der wütenden Autofahrer zweifellos zutreffen, jedoch nicht für alle. In meiner Sammlung von 150 Berichten verärgerter Fahrer kommt die Wut auf

- bei einer Psychoanalytikerin, die zu sich nach Hause in Laguna Hills zurückkehrt und gerade in nostalgischen Erinnerungen an das Bat Mizwa-Fest ihres Sohnes schwebt.
- bei einem jungen Mann, der gerade von einer Freundin nach Hause zurückkehrt und noch träumt, nachdem sie „Sex hatten".
- bei vielen Fahrern, die Musik im Radio, von Band oder CD lauschen und dazu lustig, ernst oder animiert singen.

Eine andere gängige Erklärung für das Gefühl des Ausrastens beim Fahren könnte in der Reaktion auf Gefahr liegen. Wiederum fügen sich die Tatsachen manchmal, aber nicht immer in die Hypothese. Leute rasten auch bei geringen Gefahren aus. Manchmal bewegen sich ihre Autos überhaupt nicht, etwa wenn ein anderer Fahrer in eine Parklücke fährt, während man gerade davor steht. Häufig erzeugt die Reaktion des ausrastenden Fahrers weit mehr Gefahr als das auslösende Ereignis. Zudem ist auch nicht klar, warum Ärger eine natürliche, sinnvolle und wahrscheinliche Reaktion auf Gefahr sein sollte. Wenn man die Erläuterungen genau betrachtet, in denen von Angst die Rede ist, dann sind die irritierenden Aspekte keineswegs notwendig eng mit den beängstigenden Aspekten verknüpft. So berichtete Dana, eine 45-jährige Frau, die von einer nächtlichen Party in Fountain Valley nach Westwood zurückkehrte, wie sie Angst hatte und auf die Bremse drücken musste, weil sie von einem Fahrer auf der Autobahn 405 geschnitten wurde. Dies habe bei ihr eine ärgerliche Reaktion ausgelöst, doch fügte sie hinzu, dass sie vielmehr darüber verärgert gewesen sei, dass der Fahrer des Infiniti davongefahren sei, „als wäre nichts geschehen". Nicht einfach die Angst, sondern die achtlose Weiterfahrt des Infiniti-Fahrers hinterließ bei ihr ein Gefühl des grenzenlosen Ärgers.

Die Fahrer verwenden meist eine Abart der Frustrations-Aggressions-Hypothese, um ihren Ärger zu erklären. Die Erklärungen der ausrastenden Fahrer kann in zwei etwa gleich große Hälften eingeteilt werden: jene, die die Vernunft betonen und eine pragmatische Einstellung einnehmen, ein passender Ausdruck ihrer Philosophie ist der Satz „Fahren ist nur eine Art, um von A nach B zu kommen", und jene, die stolz auf ihre Taktiken sind, mit denen sie Hindernisse umgehen und bewältigen. Die Frustrations-Aggressions-Hypothese passt sehr gut auf die erste Gruppe, aber nicht auf den folgenden Adrenalinjunkie, ein nicht seltener Typus, der gerne die Aggressionen im Rahmen automobiler Herausforderungen sucht.

Marc, der Kunststoffe und Chemikalien an Erdöl- und Chemiekonzerne verkauft und dessen Verkaufsgebiet sich von seiner Heimat in Orange County bis nach Santa Barbara erstreckt, redet von seinem Ärger beim Fahren beinahe wie von einer Therapie. Er ist sich sehr klar über seine eigene Herstellung des Ärgers: „Ich bin immer in Eile, auch wenn ich es gar nicht sein müsste". Marc sagte wiederholt, „ich weiß nicht, warum ich so durchdrehe. Es passiert einfach". Dabei ballt er seine Fäuste und beißt die Zähne aufeinander, bevor er in Lachen ausbricht.

Brad, ein 31-jähriger Kreditberater, meinte es nicht ironisch, als er sagte, dass „das Überfahren roter Ampeln und das Fahren mit überhöhter Geschwindigkeit vielleicht die einzigen wichtigen Regeln sind, die ich breche". Bei solchen Fahrgewohnheiten überrascht es nicht, dass Aggressionen häufig frustriert werden und nicht anders herum.

Lena, eine Hotelmanagerin, fuhr mit ihrem Auto, während sie ein Interview hatte. An einem Punkt der Fahrt „überfuhr ein Fahrer vor uns ein Stoppschild. Da Lena kein Stoppschild vor sich hatte und auf der Vorfahrtsstraße war, beschloss sie, dass sie weder bremsen noch anhalten müsse. „Das ist sein Problem", war alles, was sie zu sagen hatte. Der andere Fahrer drückte auf seine Bremsen und schleuderte nach rechts, um nicht in uns hineinzufahren, als wir um die Kurve fuhren. Lena sagte, „Was für ein Idiot" und „Ha, ich wette, er meinte, ich würde anhalten!". Und sie hupte sogar noch für eine längere Weile. Der andere Fahrer war völlig schockiert, überrascht und irritiert über das, was ihm geschehen war".

Neben psychologischen Theorien zu Frustration und Wut ziehen die Fahrer auch soziologische Erklärungen heran, die auf verschiedene Hintergrundfaktoren demographischer Art sowie kulturell unterschiedlicher Formen rekurrieren. „Macho" und

„Testosteron" wird angeführt wie auch „Frauen am Steuer". Schlechtes Autofahren wird manchmal auf die abnehmenden Leistungen älterer Bürger zurückgeführt, aber die sorglose Jugend wird ebenso genannt. Auch ethnische Identitäten gelten als Grund, zuweilen werden auch Mischungen aus all diesen Identitäten gebildet. Wir werden sehen, dass irgendeine Form der abschätzigen Verallgemeinerung bei allen kausalen Erklärungen fürs Ausrasten beim Autofahren genannt wird; doch das bedeutet keineswegs, dass sie tatsächlich als wirkliche Ursache verstanden werden darf.

Es könnte schließlich auch möglich sein, dass die Erklärungsprobleme durch ein paar Ausreißer erzeugt werden, dass die circa 150 Befragten in meiner Erhebung tatsächlich die makellosen Fahrer sind, wie sie es behaupten, und dass sie alle das außergewöhnliche und zufällige Pech hatten, einigen unverbesserlich schlechten Fahrern zu begegnen, die jedoch nur eine sehr große und nicht repräsentative Ausnahme bilden. Glücklicherweise verfügen wir auch über Beobachtungsdaten, die während der Interviews mit Personen wie Lena aufgezeichnet wurden.

Wir stehen vor einem Rätsel, weil wir zum einen nicht wissen, wie und warum die Leute so häufig wütend werden, wenn sie fahren, und zum anderen nicht verstehen, wie es zu diesen emotionalen Phänomenen kommt und wie sie ursächlich zu erklären sind. Es scheint nicht so zu sein, dass die Wut auslösende Hintergrundfaktoren, wie etwa Ärger bei der Arbeit oder geschlechtsspezifische Fahrstile, als Ursache bei den Fahrern in Frage kommen, die nur auf einen Auslöser warteten, um auszubrechen. Es scheint auch nicht, dass es bestimmte Merkmale der Situation des Fahrens sind, Frustration oder andere Dynamiken, die immer am Prozess des Ausrastens beteiligt sind. Wenn wir aber nicht *in* die Handelnden hineinschauen können, um verlässliche Erklärungen zu suchen, und wenn wir *außerhalb* des Fahrers in ihrer Umwelt keine objektiven Faktoren entdecken können, die die Wut auslösen, wo *können* wir dann noch suchen? Wir können uns allein das Phänomen selbst genauer ansehen, und zwar auf eine Art, die das „innen" nicht vom „außen", das „Subjektive" nicht vom „Objektiven", das Psychologische nicht vom Soziologischen scheidet.

In diesem Kapitel möchte ich Fragen in drei Richtungen stellen, die immer dann systematisch voneinander getrennt werden, wenn man Emotionen untersucht. Zum einen betrachte ich die besonderen Eigenschaften der sozialen Interaktion des Fahrens, also die besonderen Probleme, die Fahrer beim Umgang mit ihrer Identität haben und wie diese von anderen Fahrern wahrgenommen wird. Zweitens können wir die Verkörperungen der Eigenschaften der Wut untersuchen. Das setzt voraus, dass wir die Idee der Metamorphose akzeptieren, einer sinnlichen Verwandlung, in der Körper von Personen zu Trägern ihrer Erfahrungen werden. Drittens müssen wir verstehen, dass Ausrasten nicht einfach eine „Spannungsentladung" oder irgendein anderes, negativ konnotiertes Phänomen ist, sondern eine aktive Leistung zur Konstruktion einer neuen Bedeutung der Situation. In den nächsten drei Abschnitten möchte ich das Argument führen, dass eine besondere Form der Deutung von Interaktionen, eine bestimmte Art der Erfahrung der Metamorphose und ein gezieltes erzählerisches Projekt die individuell notwendigen und, zusammen genommen, ausreichenden Bedingungen für das Ausrasten beim Autofahren sind.

Am Schluss möchte ich mich der Frage widmen, inwiefern sich die Wut der Fahrer in Los Angeles von der anderer Fahrer unterscheiden könnte. Vermutlich wird fast jeder Leser, der ähnliche Erfahrungen an anderen Orten gemacht hat, bezweifeln, dass Fahrer in Los Angeles eher, häufiger und auf eine besondere Weise wütend werden als anderswo. Dem zum Trotze möchte ich behaupten, dass diese Phänomene eine besondere Bedeutung im gesellschaftlichen Leben von Los Angeles einnehmen.

1   Fahren als blödes Verhalten: Die emotionale Herausforderung asymmetrischer Interaktion

Sieht man einmal von den engen Wegen, die durch Wälder, kleine Städte und Felder führen, ab, dann weist der von öffentlichen Straßen bedeckte Raum für gewöhnlich in eine von zwei diametral entgegengesetzten Richtungen. Das Zeichen für die Richtung der Reise wird durch die Linien gesetzt, die auf dem Boden verlaufen, durch Pfeile auf Schildern an den Rändern, durch einen Grünstreifen, der das Land zwischen den Teerspuren trennt, durch leeren Raum, zwischen geteerten Streifen, die in der Luft hängen oder durch physikalische Barrieren, die einen Wechsel von der einen auf die andere Seite der Straße verunmöglichen. In jedem Fall fordert die Kultur der Straße von den Fahrern, sich auf zwei Klassen zu verteilen, nämlich diejenigen, die in die eine Richtung fahren, und die anderen, die in die andere fahren. Einmal getrennt, verhalten sich die Fahrer in diesen entgegengesetzten Moietiés sehr friedlich.[3] Es ist eines der Wunder unserer Zivilisation, dass Leute in ungeheurer Zahl und mit einer atemberaubenden Geschwindigkeit aneinander vorbeirasen und dabei nur selten Unfälle erleiden oder auch nur Anfeindungen von Seiten jener, deren Leben in die entgegengesetzte Richtung fährt. Die Wut auf andere Fahrer beschränkt sich sehr systematisch weitgehend auf einen Bereich unserer räumlichen Beziehungen.

---

3   Anm. d. Übers.: Moietiés sind die beiden Teile von dual organisierten einfachen Gesell- schaften, die jeweils eigene Abstammungsgemeinschaften bilden.

Während Unfälle zumeist an Kreuzungen passieren, finden die routinemäßigen Staus beim Fahren zumeist in den Moietiés statt, die sehr klar getrennt ihren eigenen Richtungen folgen. Weder auf den Autobahnen noch auf den regionalen und lokalen Straßen außerhalb der Kreuzungen spielt das, was mit Fahrzeugen auf der Gegenfahrbahn geschieht, in der Regel eine unmittelbare Rolle. Die Fahrer beschränken ihren Horizont sehr erfolgreich auf die Spuren derselben Richtung und klammern die Gegenrichtung aus. Das Ergebnis ist, dass die Fahrer zumeist auf das Heck des vor ihnen fahrenden Fahrzeugs starren, eine Perspektive, die nicht zufällig mit der Tatsache verknüpft ist, dass das häufigstes Schimpfwort, das in den Augenblicken der Wut geäußert wird, zumindest in Los Angeles, „Arschloch" ist.

Die motorisierte Form der Interaktion von Angesicht-zum-Heck unterscheidet sich grundlegend von der sehr reichhaltigen Angesicht-zu-Angesicht-Interaktion, mit der Fußgänger aneinander vorbeigehen. Die außergewöhnlichen Grenzfälle der Verlegenheit, bei denen die Fußgänger anhalten und umeinander herum tanzen, zeigen ex negativo, dass ihre Arten des Aneinandervorbeigehens ohne größere Schwierigkeiten ausgehandelt werden. Fußgänger haben recht wenig Grund und Anlass, ihre eigenen Rückseiten zu observieren, obwohl es Sinn machen würden, dies zu tun – wie die taktischen Eiertänze zeigen, wenn sie sich gegenseitig anblicken oder anzublicken vermeiden.[4] Im Unterschied dazu haben Autofahrer recht wenig Anlass und Gelegenheit, für längere Zeit ins „Angesicht" der entgegenkommenden Autos zu blicken. Selbst wenn sie in den Rückspiegel schauen, um die Gesichter derjenigen zu sehen, die hinter ihnen unterwegs sind, achten sie zumeist darauf, wie viel Abstand zu ihren eigenen Hinterteilen gehalten wird.

Diese etwas seitenverkehrte Struktur der Interaktion zwischen Fußgängern und zwischen Autofahrern führt zu mehr oder weniger seitenverkehrten Formen der persönlichen Inkompetenz. Nur weil andere Fußgänger die eigene visuelle Wahrnehmung so leicht beobachten können, geht man in der Öffentlichkeit ungefähr so herum wie ein Pferd mit Scheuklappen. Wenn Fußgänger aneinander vorbeigehen, ist die Linie zwischen dem kurzen Hinsehen und dem Sich-Anschauen moralisch hoch bedeutsam; im vollen Gewissen um die soziale Bedeutsamkeit ihrer Blicke

---

4   Goffman (1963, 87) deutet auf das hin, was geschieht, wenn man beim Einsatz solcher taktischen Eiertänze erwischt wird, „wenn eine Person daraus Nutzen zieht, dass eine andere sie nicht anblickt und dann plötzlich entdeckt, dass das Objekt ihres Blickes den sich unbeobachtet Wähnenden beim Blicken ertappt.... Die ertappte Person kann dann ihren Blick anwenden, was häufig eine gewisse Verlegenheit oder gar Scham nach sich zieht; sie kann aber auch so tun, als wäre sie nur in dem kurzen Moment des Anblickens beobachtet worden, der statthaft ist. In beiden Fällen erkennen wir Hinweise auf eine Form des Anstands, der gewahrt werden sollte."

wird sie von den Fußgängern gewohnheitsmäßig gewahrt.[5] Im Unterschied dazu sind Fahrer relativ frei, hinzusehen wo und wie es ihnen immer beliebt – gerade weil ihr eigener Blick für die anderen beinahe unsichtbar ist.

Wenn eine Person vom Fußgänger zum Autofahrer wird, dann tauscht er einen dialektischen Komplex interaktiver Kompetenzen und Inkompetenzen in einen anderen ein. Aus demselben Grund, aus dem die Sicht des Fahrers etwas eingeschränkt wird, ist auch seine Fähigkeit zu reden und sein Verständnis der Situation sowie Absichten zum Ausdruck zu bringen ernsthaft beeinträchtigt. Die bildliche Bezeichnung der Blödheit („Idiot", „Depp", „Dummkopf") ist ein Ergebnis der außergewöhnlichen und wortwörtlichen Ausdrucksschwäche von Autofahrern in der sozialen Interaktion. So projizieren sie in Anklagen idiosynkratischer persönlicher Inkompetenz die systematische Unfähigkeit zu etwas auf andere Personen, die der Verkehr als eine Methode des öffentlichen Umgangs miteinander von allen erfordert. Wenn der Fußgänger aus der Sicht des Autofahrers blind ist, dann ist der Autofahrer aus der Sicht des Fußgängers dumm.[6]

---

5   Wenn der Blick zwischen Fußgängern, die einander anblicken, beim Vorbeigehen aufrechterhalten wird, können schnell moralische Bedeutungen entstehen, wie etwa sexuelles Interesse oder „Charakterwettbewerbe" (Wolfinger 1995, 335-336 in Anlehnung an Goffman 1967b, 239-258). Goffman bezeichnet das Wegblicken der Fußgänger als „höfliche Unaufmerksamkeit". Mit einer Metapher aus dem automobilen Bereich beschreibt Goffman das erforderliche Niederfallen der Augen beim Passieren des Anderen als eine Art „Abblenden der Scheinwerfer". Für die ersten Züge einer Analyse von sozialen Interaktionen zwischen Fußgängern und Fahrzeugen vgl. Goffman 1971, 5-18. Auf den Straßen amerikanischer Innenstädte der Gegenwart müssen Fußgänger das Risiko abwägen, ihr Sehfeld zu sehr zu öffnen, damit ihnen nicht ein verdächtiger Blick zugeschrieben wird, der als rassistisch gedeutet werden könnte (Anderson 1990), oder es zu wenig zu öffnen, was sie in den Verfolgungswahn führen könnte. Mittlerweile gibt es auch beträchtliche Geschlechts-bezogene Machtkämpfe über die Regeln des Blicks beim öffentlichen Aneinandervorbeigehen.

6   Zu anderen Aspekten der Inkompetenz, die Autos bei ihren Fahrer erzeugen, vgl. McCrane 1994, 170-197. Die Variationen der Kompetenzen und Inkompetenzen von Fußgängern und Autofahrern verdienen eine ausführlichere Betrachtung, als dies hier möglich ist. Jede Art der sozialen Interaktion schafft sich ihre eigene Ontologie, eine einzigartige Verbindung von Maßstäben für das Verhalten von Menschen, die sie erhalten. Das Thema der Verkörperung sozialen Handelns genießt derzeit große Popularität, doch wird der Begriff unter der unangemessenen Annahme verwendet, dass Menschen verschiedene Handlungslinien in dauerhafte Verkörperungen verwandeln. Marcel Mauss schrieb 1935 (1973) mit den „Techniken des Körpers" einen bahnbrechenden Artikel, in dem er den Begriff des Habitus einführte. Diesem Hinweis folgend, können wir nach Körpern suchen, die durch verschiedene Arten von Technologien erzeugt werden. Dadurch können wir der Forderung Goffmans (1967c, 3), nicht zuerst Menschen und

Dass die soziale Interaktion beim Fahren die Fahrer dumm macht, ist keineswegs nur das moralische Urteil eines Außenseiters[7], sondern etwas, das die Fahrer selbst anerkennen, wenn sie ihre ausführlichen und originellen Strategien erläutern, mit denen sie einen Ausgleich für die beleidigenden Beschränkungen suchen, die ihren Ausdrucksmöglichkeiten vom Auto auferlegt werden. Durch persönliche Originalität begegnen sie dem stummen Charakter des Fahrzeugs und überwinden ihn zuweilen sogar. Ein Fahrer, den wir für diese Studie interviewt hatten, hält einen Stapel Karten bereit, mit denen er blitzartig Rüffel erteilt („Du hast mich geschnitten, Du &*@#%!") und Anerkennung zeigen kann („xxxGott segne Dich!xxx").

Einige bemühen sich, das vergleichsweise ausdrucksarme Wesen des Autos durch seine Umstrukturierung auszugleichen. Jill, die Assistentin des Vizepräsidenten einer Baufirma, erinnert sich lebhaft an die Originalhupe ihres vorherigen Autos, eines Toyota: „Erbärmlich, ich meine ‚piep, piep'. Man konnte das gar nicht anhören". Jills Ehemann machte ihre eine Freude und baute ein Lufthorn in ihren Toyota. Jetzt fährt sie einen Mercedes, der eine „Super-Hupe" hat. Etwas extravaganter sind diejenigen, die einen Geländewagen kaufen, obwohl sie die geteerten Straßen nie verlassen werden, da er ihnen in der gegenwärtigen modischen Weise die Möglichkeit verleiht, im Rückspiegel der anderen von hinten drohend näher zu rücken. Fahrer solcher Fahrzeuge sind voll des Lobs über die damit erlangte „Kontrolle" und genießen sehr bewusst ihr ungewöhnliches Instrument, mit dem sie sich der Wahrnehmung anderer aufdrängen.

Die ärgerliche Dummheit des Fahrens wird noch verstärkt durch die Asymmetrie der Kommunikation zwischen den Fahrern. Ob man im Verkehrsstau steckt oder Autos an sich ungehindert vorbeifahren sieht, muss doch jeder Fahrer und jede Fahrerin den Eindruck gewinnen, dass seine oder ihre wache Aufmerksamkeit anderen Fahrzeugen gegenüber nicht erwidert wird. Mit geschlossener Seitenfensterscheibe andere Fahrer anzuschreien, ist deswegen kein gängiges Phänomen (das man in Schweden ebenso wie in den USA findet), weil die Fahrer gewalttätige Reaktionen von den Objekten ihrer eigenen Aggression fürchten. Vielmehr schreien die Leute die geschlossenen Fahrzeuge an, weil diese Praxis viel grundlegender das

---

ihre Situationen, sondern vielmehr Situationen und ihre Menschen zu erforschen, eine mehr als nur symbolische, nämlich sinnliche Bedeutung abgewinnen.

7   Man vergleiche das mit der Vorstellung, wie sie ohne jeden Hinweis auf Ironie in einer psychologischen Studie über das Fahren steht: „Jemand hat einmal gesagt, dass Idioten die besten Fahrer seien. Vor dem Hintergrund aller uns bekannten Studien ist das nicht zutreffend. Es wäre zutreffender zu sagen, dass eine Person von durchschnittlicher Intelligenz der beste Fahrer ist. Die Aufgabe wird ihm gerecht und passt zu seinen Fähigkeiten". Lauer 1960, X.

treibende Problem beschreibt, das in der Herausforderung besteht, von anderen Fahrern tatsächlich anerkannt zu werden, derer man sich nur allzu bewusst ist. Die Fahrer bemühen sich, die kommunikative Interaktion symmetrischer zu gestalten. Hupen sind häufig ungenügend, sei es wegen der Beschränkung ihres Gebrauchs durch die Verkehrsordnung, sei es dadurch dass die Deutung des Hupens im kollektiven Getöse anderer Hupen untergeht oder, dass das Ziel in seinem Auto und durch ein eigenes „Sound-System" so sehr abgeschirmt ist, dass die einzige voraussagbare Wirkung des eigenen Hupens in der Störung der eigenen akustischen Umwelt liegt. Eine Alternative besteht darin, das Lichtsystem des Autos für kommunikative Zwecke einzusetzen, etwa mit dem Aufblenden des Fernlichts. Doch auch wenn der Schalter oder Hebel leicht zu bedienen ist, haben die Fahrer häufig gute Gründe zum Zweifel, ob die Lichthupe wirklich angemessen „gelesen" werden kann, außer man benutzt die Lichthupe von einem besonderen Ausgangspunkt aus, etwa wenn man dicht auf ein vorausfahrendes Auto auffährt.

Wie der Einsatz der Lichthupe als Kommunikationssignal zeugen auch Handzeichen von der Unangemessenheit akustischer Signale als Kanäle des effektiven Ausdrucks. Es ist sehr häufig, dass man Fahrer beim Versuch sieht, einen Kommentar abzugeben, indem sie ein paar Autos überholen, um dann auf gleicher Höhe neben einem Auto zu fahren, dessen Fahrer sie geärgert hat, um vor ihren Augen dann eine ihnen eigene Zeichensprache einzusetzen. Wenn ein anderer Fahrer sie geärgert hatte, der nicht zu einschüchternd wirkt, dann, so berichtete Carolina zum Beispiel, eine 24-jährige Universitätsstudentin, werde sie neben ihm herfahren und ihm „einen bösen Blick zuwerfen und mit ihren Händen anzeigen ‚Was zur Hölle machst Du da?'. Und Marc, ein 31-jähriger Verkäufer, setzt als Mittel ein, dass er, während er neben dem Übeltäter herfährt, „mit seiner Hand in der Luft die Bewegung der Masturbation" nachahmt. Marc und seine weibliche Interviewerin brachen beide in lautes Gelächter aus, als er die Geste wiederholte, die für sie „Geh, fick Dich selber" ausdrückte.[8]

Wenn man die Scheinwerfer als Ausdrucksmittel von Autofahrern betrachtet, werden sie zumeist auf eine vergleichsweise sanfte Art eingesetzt. Die Fahrer richten das Aufblendlicht auf ein Auto in ihrer Fahrspur, um mitzuteilen ‚Fahr zur Seite!'

---

8   Die kommunikative Wirksamkeit solcher Botschaften beruht auf der Annahme, dass die gestikulierenden Fahrer und die Rezipienten ein gemeinsames symbolisches Universum teilen, doch ist es nicht sicher, ob alle Fahrer und Rezipienten in sozialen Welten leben, in denen solche Gesten vertraut sind und erkannt werden. Bemerkenswert ist nicht nur, dass das denen gleichgültig ist , die gestikulieren, sondern auch ‚dass sie sich so sehr bemühen, eine Geste auszuführen, um deren Wirkung sie sich nicht bekümmern. Dieses Paradox der persönlich zwingenden, interaktiv aber unnützen Eigenschaften beleidigender Ausdrucke wird in Teil 3 dieses Textes angesprochen werden.

oder ‚Blende ab!'. Aber wenn Bremslichter verwendet werden, um absichtsvoll zu kommunizieren, dann werden sie zu etwas perversen Instrumenten. Während sie für gewöhnlich als Mittel verwendet werden, die unabsichtlich signalisieren, dass man bremst, können sie auch als strategische Mittel dienen, um das eigene Autoheck jemandem regelrecht aufzudrängen. Indem man sich vor einen Fahrer setzt, der einen durch das Verhindern eines Überholmanövers geärgert hat, wendet man sich gleichsam wörtlich an ihn zurück. Das ist eine gängige Art, mit der man eine Beschwerde etwa mit dem folgenden Sinn bemerkbar macht: Du hast mich vorher nicht beachtet, doch jetzt musst du es tun. Auf diese Weise verweisen die Bremslichter sowohl zeitlich als auch räumlich zurück auf ein Vergehen, das schon erlitten werden musste.

Zuweilen suchen aufgebrachte verärgerte Fahrer ihre Umwelt nach Mitteln ab, mit denen sie andere Fahrer zwingen können, ihre Existenz anzuerkennen. Ein kleines Fenster wird dieser Möglichkeit dadurch geöffnet, dass sie gezwungen sind, regelmäßig in den Rückspiegel zu schauen.

Tara, eine vierzigjährige Frau, erinnert sich an ein Vorkommnis vor mehreren Jahren, als sie mit aller Kraft bremsen musste, um nicht in ein Auto hineinzufahren, das sie plötzlich geschnitten hat. Als sie den Übeltäter dabei ertappte, wie er in seinen Rückspiegel blickte, starrte sie ihn an, um ihre Empörung anzuzeigen: „Meine Augenbrauen fielen nach unten und ich wünschte, ich hätte ihn in einen kleinen Frosch verwandeln können, winzig und hässlich. Ja, ich war wirklich frustriert. Dann achtete ich darauf, dass ich jedes Wort meines Fluchens so deutlich aussprach, dass der Typ es durch den Rückspiegel von meinen Lippen lesen konnte."

Dies ist ein kleiner Überblick darüber, wie Fahrer, die sich beim Autofahren über andere Fahrer ärgern, die Grenzen des Ausdrucks ihrer Fahrzeuge bemerken, wenn sie die Handlungen beschreiben, mit denen sie sie überschreiten wollen. Es bleibt jedoch noch zu zeigen, wie man einen kausalen Zusammenhang zwischen dem Ausrasten beim Fahren und der verblödenden Asymmetrie der Kommunikation zwischen den Fahrern herstellen kann. Ist das Bewusstwerden dieses Interaktionsdilemmas eine notwendige Bedingung für die Erfahrung des Ärgers? In der Tat verbinden Fahrer die kausale Bedingtheit ihres Ärgers sehr genau und sehr ausführlich mit der Asymmetrie ihrer kommunikativen Interaktionen mit anderen Fahrern. Was die Fahrer ärgert, ist ihre Unfähigkeit, die anderen Fahrer in die Verantwortung ziehen zu können, die sie als eigene Dummheit erfahren. Ein dramatisches Beispiel dafür bietet Philip, ein fünfundzwanzigjähriger Rockmusiker. Wenn er hinter jemandem herfährt, der zu langsam fährt und ihn nicht passieren lässt, dann setzt er sich manchmal vor die Nase der Person und verlangsamt seine Fahrt, um zu sagen: „Siehst Du mich jetzt endlich, Du Wichser?"

Bewohner von Los Angeles verunglimpfen andere Fahrer als „schwachsinnig" selbst dann, wenn diese offenbar kompetent genug sind, nicht von der Straße abzukommen. Der narzisstische Anspruch in dieser Bezeichnung bleibt nur angedeutet, denn ärgerlich ist, dass der andere taub ist für die eigenen Anliegen. Für verärgerte Fahrer nimmt die Verstörung durch die offenbar undurchdringliche Abkapselung anderer Fahrer zuweilen existentielle Dimensionen an. Jim, ein dreiundvierzigjähriger Immobilienmakler, der an einer Herzstörung und an einem schwachen Immobilienmarkt leidet, war gerade ein Geschäft geplatzt, weil ein Kaufinteressent kein Darlehen erhalten hatte. Hinter ihm näherte sich ein Mercedes, der ihn verwirrte, weil er rasch die Spuren wechselte, um andere Autos zu überholen und schließlich vor ihm die Spur schnitt. Jim bemerkte, „Ich kann wirklich verrückt werden, wenn andere dauernd die Spur wechseln und dich schneiden. Sie glauben wohl, die Straße gehöre ihnen und wir seien gar nicht da."

„Idiot", „schwachsinnig" oder andere Beschimpfungen bezeichnen andere offen als inkompetent, sind aber auch Ergebnis der hohen Sensitivität für die eigene Inkompetenz. Denn in jeder praktischen Hinsicht macht die Taubheit anderer auch einen selber taub. Hier liegt eine Ironie, die als bittere Wahrheit erfahren wird. Je besser man selber in dem Sinne fährt, dass man pflichtschuldig die Bewegungen der anderen respektiert, umso klarer wird es, wie begrenzt die Aufmerksamkeit der anderen ist. Die eigenen Anstrengungen, auch auf die weniger guten Fahrer Rücksicht zu nehmen, rennen gegen ihre Unfähigkeit an, zu sehen und noch weniger anzuerkennen, was man zu tun versucht. Indem sie gewissenhaft nach Hinweisen für die Aufmerksamkeit der anderen suchen, erkennen die guten Fahrer, was auf das Straße gilt: Unwissen ist Macht. Dass sie andere Fahrer als inkompetent erkennen, ist für die anderen Fahrer zugleich ein Beleg für die bessere Güte ihrer eigenen Fahrkünste und eine Erklärung für die frustrierende Sinnlosigkeit ihrer eigenen Überheblichkeit.

Ich meine also, dass die Wahrnehmung der asymmetrischen Bewusstheit eine Bedingung dafür ist, beim Fahren auszurasten. Indem sie wie Alltagssoziologen handeln, analysieren Fahrer unausgesprochen die Struktur ihrer Interaktionen mit anderen Fahrern als Teil des Prozesses, in dem ihr Ärger über sie wächst. Während sie diese notgedrungen übereilten und unzureichenden soziologischen Studien betreiben, können sie die anderen Fahrer nicht etwa über deren Orientierungen auf der Straße befragen. Stattdessen verwenden sie das, was Soziologen als nicht-reaktive Beobachtungen bezeichnen. Dabei geht es um die Beobachtung der subjektiven Wirklichkeiten von eher selbstbezogenen Menschen, die sie nicht durch ihre Beobachtungen verändern wollen. Zur Zeit sind zwei dieser Methoden Autotelefone und

Diät-Cola. Philip, der oben zitierte junge Rockmusiker, beklagt sich über Fahrer die, „die anderen völlig aus den Augen verlieren, wenn sie in ihrem Auto sitzen. Sie suchen dauernd nach einer Musikkassette oder etwas anderem, anstatt sich aufs Fahren zu konzentrieren, oder (halten) sich an ihrer Diät-Coladose fest. Sie befinden sich in ihrer eigenen kleinen Welt." Andere Befragte wiesen empört auf die Fahrer, die weit jenseits von Ausfahrten ihre Blinklichter an- und ausschalten.

Einige Fahrer erzeugen eine typische emotionale Atmosphäre, indem sie eine etwas entwickeltere ethnosoziologische Analyse der Interaktionsasymmetrie auf der Straße vornehmen. Ebenso wie Sonnenbrillen dazu dienen können, ein „cooles", hartes Bild von sich zu erzeugen, so können auch die Autoscheiben so ausgestattet werden, dass sie das ganze Auto regelrecht abdunkeln. Dies führt in beiden Fällen zur Schaffung einer Aura des Geheimnisvollen, die in einem einzigartigen Interpretationsproblem wurzelt: Die Deutung, ob jemand aufmerksam ist und worauf seine Aufmerksamkeit gerichtet ist, wird zu einem Problem nur noch für die Person, die keine abgedunkelten Scheiben hat. Es ist sehr verbreitet, dass die Person mit Abdunkelung als jemand angesehen wird, der anderen gegenüber etwas gleichgültig ist und vielleicht sogar zu einer gewissen Grausamkeit neigt.

Weil eine Person hinter verdunkelten Fenstern nicht so leicht Anzeichen für ihre Absichten setzt, aber ohne Probleme die Blickrichtung anderer beobachten kann, bietet sie ein emotional sehr provozierendes Potential asymmetrischer Unsicherheiten in der Interaktion auf der Straße. Das wurde zu einem ernsthaften Problem für Rudi, den Sohn eines Priesters aus Woodland Hills, der um Mitternacht auf der Hollywood-Autobahn nach Hause fuhr. Nachdem er erbost ein Auto schnitt, das ihn geschnitten hatte, sah er sich von zwei Autos umgeben, die ihn gemeinsam auffahren ließen, jagten und auf ihn mit einer Feuerwaffe schossen. Die getönten Scheiben der beiden Autos hatten ihm lange verborgen, dass die Aufmerksamkeit beider auf ihn gerichtet war und dass sie sich miteinander abstimmten.

Der emotionale Ablauf dieser Interaktion verlief beinahe parallel zu der Entwicklung der Deutungen. Nachdem er zuerst glaubte, dass ein anderer Fahrer ihn nicht wahrnahm, war Rudi zuerst sauer, weil er geschnitten worden war. Dann wurde Rudi ängstlich, als er bemerkte, dass er mit dem gerade entgegengesetzten Problem konfrontiert war: einem überstarken Interesse an ihm. Autofahrer in Los Angeles kämpfen häufig damit, die Linie zwischen Unachtsamkeit und übermäßigem Interesse zu finden, eine Linie, die auf dem verschlungenen Grat zwischen Angst und Furcht verläuft.

Die enge Verbindung zwischen der Asymmetrie der Interaktion und der Wut beim Fahren offenbart sich in einer besonders lehrreichen Weise, wenn wir den emotionalen Verwicklungen in denjenigen Fällen folgen, in denen sich die Deutung dieser Beziehung umkehrt. Es ist zum Beispiel nicht selten, dass ein Fahrer, der wegen eines langsam vor ihm fahrenden und nicht reagierenden Fahrzeugs vor ihm plötzlich hupte, bemerkt, dass der Grund seines Ärgers ihn gar nicht ignoriert hat, sondern selbst von einem anderen Hindernis aufgehalten wurde. Denise, eine Computer-Analystin, die in Century City arbeitet, hatte hinter einem Land Cruiser gehupt, um den Fahrer zu drängen, schneller zu fahren, damit sie vorankommt, als sie bemerkte, dass vor ihr noch ein anderes Auto fuhr. In diesem Augenblick fiel sie in ihren Sitz zurück, drehte die Seitenfenster nach oben, wünschte, im Erdboden zu versinken, und „verdammte sich selbst für ihre eigene Dummheit". Was als Erniedrigung begann, verwandelte sich in Scham, als Denise bemerkte, dass sie nicht nur in dem Sinne „dumm" war, dass sie unfähig war, den Fahrer dazu zu bewegen, ihre Perspektive einzunehmen, sondern auch „blöd" genug, das zu übersehen, was der Fahrer selbst sehen konnte.

Verlegenheit ist das übliche Ergebnis, wenn man bemerkt, dass es eine Asymmetrie der Deutung ablaufender Interaktionen gibt und sich die Unfähigkeit, die Perspektive der anderen einzunehmen, als eigener Fehler entpuppt. Brad, der Besitzer eines Import-Export-Unternehmens, erinnert sich an seinen wachsenden Ärger, als auf dem Weg zu einer Chormufführung ein Wagen dicht auf sein Auto auffuhr.

„Ich konnte seine Scheinwerfer in meinem Spiegel sehen, so machte ich einen Wink, dass er an mir vorbeifahren solle, doch er tat es nicht. (…) Jede einzelne Bewegung, die ich machte, machte er auch. Ich begann zu denken, wo lebt der denn? Ich meine, der Typ folgt mir. Sieht er nicht, dass ich mich verfahren habe?" Ich sagte meiner Frau: „Warum fährt dieses dumme Arschloch hinter mir so eng auf?" (…) Später kam der Typ, der das Auto fuhr, zu mir her und bedankte sich dafür, dass ich ihn zur Aufführung geleitet hätte. Ich war etwas verlegen und sagte nur: „Kein Problem".

Die begrenzten Ausdrucksmöglichkeiten bei der Interaktion zwischen den Fahrern schafft in der Tat eine unbegrenzte Zahl an Mehrdeutigkeiten. Als soziale Praxis ist das Fahren ein endloser Rorschach-Test, in dem Fahrer dem Bewusstsein anderer Fahrer gewisse sinnliche Selbstverständlichkeiten zuschreiben müssen, sofern sie die Deutungsdilemmata nicht als ein Untersuchungsgegenstand wählen. Erst wenn wir erkennen, dass Fahren eine „dumme" Weise der Bewegung ist, können wir verstehen, warum die emotionalen Reaktionen bei Interaktionen von Autofahrern häufig so beängstigend sind.

2   Geschnitten werden:
Die Metamorphosen des verärgerten Körpers

In einigen Traditionen der Soziologie würde man sich nun alleine auf die Interaktionen konzentrieren, durch die der Ärger beim Fahren entsteht. Aber dass man beim Autofahren ausrastet, ist auch eine Sache des Gefühls. Deswegen müssen wir das Augenmerk nun auf eine Art des sozialen Handelns richten, die von den Sozialwissenschaften durchgängig übergangen wird: Die *sinnliche* und *ästhetische* Dimension der Erfahrung.

Man sollte dabei beachten, dass die Mitfahrenden nicht dieselben emotionalen Erfahrungen haben wie die Fahrer. Während der Passagier neben dem Fahrer sitzt, mag er dieselbe Rücksichtslosigkeit beobachten, vom selben Verkehr frustriert sein, durch dasselbe aggressive Verhalten der anderen Fahrer verblüfft werden. Doch zugleich kann er amüsiert oder erschreckt beobachten, wie der Fahrer des eigenen Wagens sauer wird. In allen unseren Interviews verstreut finden sich Erinnerungen an Ereignisse, in denen sich die befragten Beobachter darum bemühten, ihre Forschungsobjekte zu beruhigen, während sich diese mit beängstigender Wildheit über die „Idioten" und „Arschlöcher" auf der Straße aufregten.

Barry, ein fünfzigjähriger Rechtsanwalt, der in Orange County arbeitet, rollt in seinem schwarzen Lexus die Rosecrans-Avenue mit 70 km/h herunter. Er hört sanfte Musik. Seine Frau und zwei andere Personen sitzen im Auto. Als er verlangsamt, um in die linke Spur zu wechseln, bemerkt er ein Auto hinter sich, „einen weißen Integra mit fünf Asiaten drin". Es fährt über den doppelten gelben Mittelstreifen hinaus [ähnlich wie in Deutschland die durchgängige weiße Linie, über die man nicht fahren sollte], um die Abbiegespur zu erreichen, bevor Barry dort ankommt. Verärgert darüber, dass „mich dieser kleine Scheißer nicht reinlassen will, steuert Barry weiter auf die linke Spur zu, als wollte er das andere Auto wegstoßen. Der Integra quietscht beim Stoppen und sein Fahrer stürzt aus dem Auto. Barry hält an und „stellt sich der Herausforderung". Die Mitfahrer sind „verwundert und verblüfft" – weniger über den Integra als über Barrys Reaktion.

Die Fahrer bemerken den Unterschied zwischen ihrer Wut und der Angst der Beifahrer oft selber. Ein wichtiger Hinweis auf die Ursachen der Wut kann man darin erkennen, dass die Einsicht in diesen Unterschied die Wut selten dämpft. Ralph, der in einem Architekturbüro in Beverly Hills angestellt ist, fährt mit seiner Freundin und seinem Bruder nach Las Vegas. Während sein Auto an einer starken Steigung auf 70 Meilen herunterfährt, sieht er hinter sich einen Lastwagen, der mit

Aufblendlicht drängelt. Als die Straße zu schmal wird, um überholt werden zu können, verlangsamt er sein Auto weiter, um den Verfolger zu ärgern. Als es dem Lastwagenfahrer dann gelingt, Ralph zu überholen, zeigt er Ralph den Stinkefinger und schneidet ihn scharf. Daraufhin blendet Ralph auf, überholt den Lastwagen und wird dann wieder deutlich langsamer. Ralph erinnert sich, wie seine Freundin und sein Bruder ihn bedrängten, sich zu beruhigen und die Sache abzubrechen:

> *„Ich habe nicht auf ihre Bemerkungen reagiert. Ich blickte meine Freundin an, die rechts von mir saß, und bemerkte, dass sie sich am Handgriff an der Beifahrertür festhielt. Das war mir aber egal. Es war mir egal, dass ich sie und meinen Bruder verängstigte. Ich spürte, wie ich rot wurde, als ich zum Lastwagen aufschloss. Während ich fuhr, schrie ich den Typen so laut an, als wollte ich mir die Lunge aus dem Hals schreien mit Sachen wie ‚Du blödes Arschloch! Wer glaubst du dass du bist? Dir gehört diese Scheißstraße nicht! Ich zeig dir, wem die Scheißstraße gehört.‘ Gleich nach diesem Vorfall schaute ich meine Freundin an und sie schüttelte missbilligend den Kopf und sagte mir, dass ich dasselbe Temperament hätte wie mein Vater."*

Es gibt einen entscheidenden Unterschied zwischen der Situation der Mitfahrer und der des Fahrers. Auch wenn sich beide im selben Auto befinden, ist es doch nur der Fahrer, der geschnitten wird. Für den Fahrer ist, „geschnitten zu werden", nicht nur eine Metapher. Im Unterschied zum Mitfahrer muss der Fahrer, um fahren zu können, das Auto zum Teil seines Körperschemas machen. Das sinnliche Fahrzeug als Teil der Handlung des Fahrers unterscheidet sich grundlegend von dem der Beifahrer, weil der Fahrer, als Teil des Fahrens, gleichsam im Fahrzeug aufgeht, die Stöße von der Straße als Berührungsstellen mit dem eigenen Körper wahrnimmt und nicht nur als Schläge gegen die Reifen, weil er sich mit in die Kurven hinein-schmiegt, als würde sein Gewicht einen Unterschied für die Richtung des Autos machen und weil er in der Interaktion mit anderen Fahrzeugen den Griff mit dem Steuerrad anspannt oder lockert.

Ein Beifahrer zu sein hat mehr damit zu tun mitgenommen zu werden, nur dabei zu sein als das Auto durch Kurven zu steuern, sich an anderen Autos durch den Fahrer im Sitz nebenan zu orientieren, als das Auto wie einen Körper zu mani-pulieren. Beifahrer neigen deswegen nicht dazu, die Gefühle des Fahrers zu teilen. Wenn Beifahrer genervt sind, dann werden sie dies mehr auf die Fehler des eigenen Fahrers zurückführen als auf die anderer Fahrer. Man achte im folgenden klassischen Kommentar über einen schlechten Beifahrer auf die unterschiedliche physische Situation dieses Kritikers. Wenn Anns Ehemann der Beifahrer ist, kritisiert er sie häufig. Ihr Interviewer paraphrasiert ihre Charakterisierung seiner Einstellung so:

„Zuerst fährt sie zu langsam, dann zu schnell. Warum fährt sie jetzt nicht los?
Warum ist sie damals nicht losgefahren. Sie illustriert seine Position, indem
sie sich nach hinten legt wie in einen Liegestuhl."

Die Struktur und die Einflüsse auf die Emotionen von Fahrern und Beifahrern
kann nicht erklärt werden, wenn wir nicht die Tatsache berücksichtigen, dass sich
die Art, in der sie die Situation körperlich verstehen und wortwörtlich verkörpern,
sehr grundlegend unterscheidet, auch wenn sie nur wenige Zentimeter voneinander
entfernt sitzen und die Interaktion fast in derselben Position bezeugen.[9]

Wenn wir uns mit der Frage beschäftigen, wie wir verkörpertes Handeln und
die Inkorporation der persönlichen Identität beschreiben, dann kommen wir in die
Nähe der Philosophien von Michael Polanyi und Maurice Merleau-Ponty.[10] Falls
wir die Umstände der Entstehung des Ärgers von Autofahrern etwas angemessener
erklären wollen, müssen wir beachten, dass das Fahren eine Art metaphysisches
Verschmelzen erfordert und erzeugt, eine Verbindung der Identität des Fahrers
und des Autos, die sich durch die besondere Ontologie eines Personen-Dings, eines
vermenschlichten Autos oder, alternativ, einer automobilisierten Gesamtperson
auszeichnet.[11] Würden wir darauf bestehen, auf der einen Seite der ontologischen
Grenze lediglich menschliche „Subjekte" und auf der anderen Seite lediglich die
objektiven Bedingungen der materiellen „objektiven" Begleitumstände für das

---

9   Die Situation des Beifahrers im Rücksitz verkehrt die Interaktionsasymmetrie, die wir
     betrachtet haben, in einer gewissen Weise, weil hier jemand das Verhalten des Fahrer
     fortwährend genau sehen kann, der selbst außerhalb des Aufmerksamkeitsbereiches
     des Fahrers ist. Sofern sich diese „Rücksitz"-Lage auf einen Ort im Vordergrund und
     im Hintergrund des Bewusstseins bezieht, kann sie sich phänomenologisch ebenso auf
     einen Beifahrer auf dem Vordersitz beziehen. Die vom Nörgeln eines Rücksitzbeifahrers
     ausgelösten Emotionen können ebenso unangenehm sein wie die Wut, die vom Schneiden
     durch einen anderen Autofahrer stammt. Doch ist die Struktur dieses unangenehmen
     Gefühls anders, wenn sich der Eindruck der asymmetrischen Wahrung an einem Gefühl
     der fortwährenden Überaufmerksamkeit festmacht, als einer plötzlichen Realisierung
     einer Unaufmerksamkeit durch einen anderen Fahrer. Man kann die Annahme, dass
     die Fahrer unausgesprochen diese Strukturen der Interaktion, die ihre Wut auslösen,
     analysieren, an den Antworten festmachen, die sie geben. Man zeigt häufig jemandem
     den Stinkefinger, der einen schneidet, doch macht man das nicht mit seinem Beifahrer
     auf dem Rücksitz. Für diese Art der Störung ist die passende Art der Antwort eine
     Stimmung der anhaltenden, empfindungslosen Ablehnung, indem man etwa mürrisch,
     zickig oder sarkastisch ist.
10   Polanyi 1962; 1966; Merleau-Ponty 1968.
11   Mit der Aufnahme von Mauss' Begriff des Habitus und mit Sätzen wie „die absichts-
     lose Erfindung geregelter Improvisationen" bekämpft Bourdieu (1990: 57) diese in der
     Geschichte der Sozialtheorie gemachte Grenzziehung auf einer breiten Front.

Verhalten anzuerkennen, dann können wir die Unterschiede in der Perspektive zwischen dem Fahrer und den Beifahrern nicht vollständig erklären, und wir können nicht verstehen, warum das Geschnittenwerden so viel Wut beim Fahrer erzeugt.

Hinsichtlich der Beziehung des Fahrers zu anderen Autos handelt es sich beim Geschnittenwerden um ein Ereignis mit sehr vielen unterschiedlichen Ausprägungen. Doch alle die verschiedenen Erfahrungen damit sind mit dem Eindruck einer gewissen Amputation verbunden, dem Verlust eines davor aktiven, stillschweigenden Gebrauchs des Autos und des Verlusts eines transzendenten Körpers, den der Fahrer im Verlauf des Fahrens als selbstverständlichen Teil seiner Natur ansah. Auch wenn seinem oder ihrem wirklichen Körper nichts zustößt – also dem Körper, den wir als Ding in Absetzung von seiner Umwelt beschreiben können –, so zweifelt der Fahrer nicht an der sinnlichen Wirklichkeit der Tatsache, dass *sein oder ihr* gelebter oder erfahrener Körper geschnitten wurde. Indem wir im nächsten Abschnitt die stillschweigende Verkörperung des Autos durch den Fahrer beschreiben, werden wir zu verstehen versuchen, was uns ansonsten entgeht: wie das Wütendwerden als Handlungsprojekt verstanden werden kann, mit dem der Fahrer versucht, seine selbstverständliche Verbindung mit der Umwelt wieder herzustellen.

Der natürlich transzendierte Körper des Fahrers

Was ist es denn, das vom Fahrer so lebhaft wahrgenommen werden kann und das sich der Wahrnehmung seiner unmittelbarsten Zeitgenossen entzieht? Das, was der Fahrer in der Wut wahrnimmt, sind die transzendenten Züge des Augenblicks. Wenn man die Sache aus der Perspektive des Beifahrers betrachtet oder nur die nachträglichen Legitimationen des Fahrers, die er in einem Interview äußert, dann werden nur die spezifischen Bedeutungen des Ereignisses sichtbar, die aus sich heraus die Wut nicht rechtfertigen. Wenn wir uns die sozial situierte Interaktion zwischen Autos näher ansehen, dann geht es doch nur um

- ein besonderes räumliches Anliegen, dass nämlich der Fahrer seinen Fuß ein paar Zentimeter vom Gas zur Bremse bewegt;
- ein zeitliche Angelegenheit, nämlich den „Verlust" von ein paar Augenblicken
- und aus der öffentlich sichtbaren Perspektive um eine Veränderung in der Beziehung von Autos, nicht von lebendigen Menschen.

Aber Emotionen haben einen doppelten Resonanzboden. Durch ihre eigenen Emotionen bezieht sich eine Person sowohl auf die unmittelbare Situation wie auch auf Aspekte, die die augenblickliche Erfahrung transzendieren. Das Gefühl, die sinnliche Wirklichkeit der Emotion, ist dieser doppelte Resonanzboden.

Die Menschen laufen in die emotionale Dimension ihrer Erfahrung hinein, sie stoßen auf sie, bemerken oder entdecken sie. Wie andere Dinge, die man findet oder entdeckt, wird die Bedeutung der Emotion, die eine Person erfährt, als etwas angesehen, das schon da war, zuvor jedoch die Grenzen der eigenen Wahrnehmung überschritt. Anders gesagt, haben wir den Eindruck, dass wir von Emotionen überwältigt werden. In der emotionalen Erfahrung bezieht sich eine Person körperlich auf einen zeitlichen, räumlichen oder privaten Sinn, der ihre augenblicklichen sozialen Handlungen mit anderen widerspiegelt und transzendiert. Emotionen sind eine paradoxe Form, sich dem verkörperten Selbst zuzuwenden, eine sinnliche Form der Selbstwahrnehmung, die uns im spürbaren Medium des Körpers die Beziehungen zu Bewusstsein bringt, die zuvor nur stillschweigend im Hintergrund waren.

Wenn man von der gängigen Annahme ausgeht, dass sich Reflexion und Emotion widersprechen, dann bemerkt man verwundert, dass die Menschen dann, wenn sie emotional werden, mit großem Elan bislang unausgesprochene Aspekte in ihr Bewusstsein bringen. *Doch nimmt diese Selbstreflexion nicht die Form des Denkens an.* Fahrer nehmen normalerweise nicht zuerst wahr, dass sie geschnitten werden, um dann zu beschließen, sich zu ärgern; vielmehr ist der Ärger dann da, wenn sie bemerken, dass sie geschnitten wurden. Man kann den selbstbewussten Zug der Emotion nur deswegen schwer erkennen, weil die Wendung zum Selbst nicht die Form der diskursiven Vernunft annimmt, die man aus den meisten Hinweisen auf die „Reflexion" kennt, sondern weil sie auf eine sinnliche und ästhetische Weise vollzogen wird, als handelte es sich um lebende Poesie.

Wie kann es sein, dass, wenn man wütend wird, zuvor stillschweigende, transzendente Dimensionen des Handelns in die lebendige körperliche Aufmerksamkeit geraten? Zunächst ist das Fahren selbst eine Tätigkeit, bei der man den Raum transzendiert, also von Hier nach Dort kommt. Wenn man vom Verkehr oder einem rücksichtslosen Fahrer darin behindert wird, erfährt man das, wie wenn man aus einem Fluss herausfällt, stecken bleibt oder zurückgehalten wird. Mit dem Eindruck der Begrenztheit, die ihre Wut mit sich bringt, erfahren Fahrer die Festigkeit der Grenzen zwischen den weitreichenden Zielsetzungen ihrer gegenwärtigen Reise und der örtlichen Situation, in der sie mit anderen Autos interagieren. Wie die Autos im Verkehr anfahren und wieder bremsen, so reagiert man auch mit Stop-and-Go-Anfahren und Anhalten. Dabei wird die Linie immer dicker, die die Grenzen des eigenen Handelns anzeigt. Wenn der Verkehr glatt läuft und man von einem rücksichtslosen Fahrer hart geschnitten wird, dann fällt man aus dem Fluss, indem man auf die Bremse tritt oder wenigstens vom Gaspedal geht. Dabei wird man körperlich aus einer zuvor still eingespielten Verbindung von Körper und Maschine gerissen.

Kein Fahrer hat für gewöhnlich eine Ahnung von dem, wohin andere Fahrer wollen und warum, wenn der Verkehr nicht zusammenbricht und die Fahrer aussteigen und miteinander reden.[12] Sie wissen, dass jede oder jeder von ihnen alleine weiß, welche Tragweite die Interaktion „hier" für ihre Aktivitäten und Beziehungen an einem anderen Ort „dort" haben können, und dass das, was „jetzt" in der Interaktion mit einem anderen Fahrer geschieht, für eine Situation „dann" Folgen haben kann, also mit Blick auf das, was er oder sie zuvor erlebt hat und später erleben wird. Während die Fahrer die Bewegungen der Autos aufeinander beziehen, haben alle ihr eigenes, privates Bewusstsein vom transzendenten Sinn ihrer Handlungen.

In einigen Beispielen des Wütendwerdens waren die Fahrer ganz klar frustriert, weil sie „dorthin" wollten und sehr klare Vorstellungen davon hatten, dass sie sich an diesem anderen Platz befinden oder gleich befinden würden. Beachten sie, wie beim folgenden Fahrer die Wut aufkommt, wie er sich mit einer unvorteilhaften Variante seiner Person identifiziert, die er in die Zukunft entwirft und aus der jüngeren Vergangenheit kennt:

Sintflutartige Regenfälle behindern den Verkehr in Malibu als Clarence, ein Steuerberater, bei einer öffentlichen Beratungsfirma in Santa Monica seine

---

12 Dies geschieht mit gewisser Regelmäßigkeit in bestimmten Situationen und weist dabei eine besondere emotionale Tönung auf. Wenn Wochenendausflügler aus Mexiko-Stadt an Sonntagnachmittagen zurückkehren, kann es sein, dass der Verkehr für eine Stunde stillgelegt ist, und es kann sein, dass man für eine „Einstundenfahrt" fünf Stunden benötigt. Wenn die Fahrer ihre Autos verlassen, nehmen sie direkten Kontakt miteinander auf. Sie bemerken, dass sie gemeinsame Bekannte haben, dieselben Erfahrungen am Wochenende teilen und lernen, aus der gemeinsamen Not besondere interaktive Möglichkeiten zu schöpfen. Jemand holt einen Gummiball aus seinem Kofferraum und beginnt ein Volleyballspiel über die Autospuren hinweg. Andere bauen einen riesigen Picknicktisch auf, der sich über zwölf Autos hinweg erstreckt. Fremde arbeiten zusammen, um die Absperrungen an den Randstreifen abzubauen, damit sie in die anliegenden Felder können. Was diese Ereignisse deutlich machen und was üblicherweise von der Privatheit unserer gegenwärtigen Lebensführungen verborgen bleibt, ist dass die Wut dadurch entsteht, dass wir aus der Gemeinschaft gefallen sind. Sie ist durch die Wiederherstellung der Gemeinschaft in anderer Form wieder heilbar. Für gewöhnlich unterscheidet sich das transzendente Projekt, das der Verkehr verhindert, von Fahrer zu Fahrer. Der eine ist auf dem Weg zur Arbeit, ein anderer zum Markt, ein dritter zu einem Treffen mit Freunden. Doch für jeden ist die jetzige Fahrt nur eine mögliche Form, sein individuelles Leben mit einer Gemeinschaft zu verbinden. Bei den seltenen Gelegenheiten, wenn sich alle auf demselben biographischen Weg befinden (etwa wenn alle nach Hause oder zu einem „großen Spiel" fahren), wenn sie einem gemeinsamen Problem begegnen und die Fahrer plötzlich in der Lage sind, den kommunikativen Begrenzungen ihrer Fahrzeuge zu entkommen, dann erweisen sich viele Autofahrer mit begeisternder Kreativität neuer Formen der Gemeinschaftsbildung fähig.

Fäuste gegen das Lenkrad schlägt, eine Zigarette anzündet und dann mit seinem Kopf wiederholt gegen die Scheibe schlägt. Im Bewusstsein, dass er schon jetzt spät dran ist und dass seine Leistungen bei der Arbeit in jüngerer Zeit mehrfach in Frage gestellt wurden, sieht er wie ein Strom an Autos auf dem Seitenstreifen vorbeizieht, und er erinnert sich, wie er für dasselbe Manöver vor einer Woche einen Strafzettel erhalten hat. Während er ein anderes Auto weiter oben auf den Seitenstreifen hinausfahren sieht, schließt er zu seinem Vorderwagen auf, um einen Minivan daran zu hindern, wieder in die Schlange hineinzukommen. Er schüttelte seine Fäuste wütend in Richtung des Minivan und schrie, „Ich werde dieses blöde Arschloch hier nicht vor mich lassen."

In anderen Erfahrungen, in denen Fahrer wütend werden, steht eher ein räumlicher als ein zeitlicher Aspekt der Transzendenz im Vordergrund. Für Dita ist das Reden ins Handy, während sie fährt, „eine Art von Therapie", erlaubt es ihr doch, an zwei verschiedenen sozialen Orten zugleich zu sein und mit anderen Fahrern wie auch mit ihren telefonischen Gesprächspartnern zu interagieren. Wenn andere Fahrer rücksichtslos sind, dann sieht sie sich in ihrer Fähigkeit beschnitten, beim Telefonieren aufmerksam zu sein. Eine Reihe von Feldnotizen zu Francine, einer 45-jährigen Reisebürokauffrau und Mutter zweier Kinder, zeigt, wie sie einmal wütend wurde, während sie mit ihrer beifahrenden Tochter über ein Kleid sprach, dass sie, Francine, im Einkaufscenter anprobiert hatte und zu kaufen plante. Ihr Gespräch war im Gange, als ein weißes Auto links zu blinken begann und sich in ihre Spur hineinschob. Francine war nicht wütend, sie verlangsamte die Fahrt und sprach weiter über das Kleid. Doch als das weiße Auto selbst immer langsamer wurde und unter dem Geschwindigkeitslimit fuhr, musste Francine mehrfach bremsen.

„Sie wurde immer wütender, wenn sie auf den Tachometer blickte und bemerkte, dass wir nur noch 40 Meilen in der Stunde fuhren. Sie hörte auf, über dieses Kleid, das sie kaufen wollte, zu reden und blickte über die Schulter, um den weißen Camry zu überholen."

Unverschämte und achtlose Fahrer verletzen nicht nur auf eine symbolische Weise, etwa indem sie respektlos sind; sie kratzen an der sozialen Existenz, indem sie etwa wie in diesen Fällen die Fähigkeit des Fahrers, an zwei Orten zugleich zu sein, beeinträchtigen.

Als eine sinnliche Form machen die Emotionen den Körper zu einem Prisma, das ansonsten unsichtbare transzendente Bedeutungen beleuchtet, wie sie in jeder Interaktion immer durch die Beteiligten hindurchgehen. Selbst für diejenigen Fahrer, die von einem drängenden Vorhaben getrieben werden und die sich ganz auf die Straße konzentrieren können, hat das Fahren eine Reihe anderer zeitlicher und räumlicher Implikationen, die über es hinausweisen und den besonderen Begegnungen mit anderen Fahrern eine besondere emotionale Bedeutung verleihen. Fahren ist ein bevorzugtes Feld für das, was Michel de Certeau als „Taktiken" des gegenwärtigen alltäglichen Lebens bezeichnet.[13] Viele Menschen entwickeln, was sie als besonders gerissene Methoden ansehen, durchs Leben zu kommen.[14] Das schließt ein, dass man sorgfältig bestimmte Straßen auswählt, in denen wenig Verkehr aufkommt, dass man heimlich über Tankstellen fährt, um Ampeln zu umgehen, dass man unauffällig ein anderes Auto als Schutzschild benutzt, wenn man auf die Autobahn auffährt, dass man geradeaus über eine Kreuzung fährt und dann unverschämterweise die Spur wechselt, um die Schlange auf der Linksabbiegerspur zu umgehen und, als Höhepunkt der automobilen Chuzpe, dass man der sich sanft öffnenden Fahrlücke folgt, die ein Krankenwagen freimacht, der durch den verstopften Verkehr pflügt. Die Vielfalt der Einfälle von Autofahrern ist unbegrenzt.

Eddie hält seine Geschwindigkeit zwischen verschiedenen Niveaus, denn führe er zu langsam, würde er in einen untertourigen Gang wechseln, und wäre er zu schnell, würde sein Verbrauch um 20% steigen, weil der Windwiderstand wüchse.

Bob, ein 37-jähriger Angestellter in einer Drogeriehandlung, der einen jüngeren Toyota-Lieferwagen fährt, hat seine 8-Meilen-Strecke zwischen seinem Haus und seinem Arbeitsplatz genau ausbaldowert. Er kennt die Frequenz, in der die Ampeln normalerweise geschaltet sind, und er weiß, welche Spuren er vermeiden muss, damit er nicht von plötzlichen Linksabbiegern aufgehalten wird.

Für diese gewieften Fahrer geht es in der jeweiligen Situation um eine transsituative Strategie, von der die anderen Fahrer überhaupt nichts wissen können. Was hier geschnitten werden kann, ist ein umfassender Handlungsplan und ein mehr oder weniger großartiges Bild des eigenen Selbst.

Die emotionalen Bedeutungen aller Begegnungen im gesellschaftlichen Leben zehren aus der Spannung zwischen zwei Seiten: der jeweiligen lokalen Situation, an der sich die Beteiligten orientieren, wenn sie ihren Sinn konstruieren und ihre Grenzen im „Hier" und „Jetzt" bestimmen auf der einen Seite und den lediglich privat zugänglichen Zielpunkten, für die die jeweilige Situation jeweils nur eine Durchgangsstation ist. Eine zufällige Begegnung auf der Straße, eine kurze sexuelle Episode, ein Mittag, den man mit den Kumpels beim Reparieren seines Daches

---

13   de Certeau 1984.
14   Beispiele, wie Fahrer das „Verkehrsspiel spielen", finden sich in Berger (1993, 53ff).

verbringt, oder das Treffen von Managern und Juristen, die sich mit den Sicherheitsfragen eines Einkaufszentrums beschäftigen – für jeden der Beteiligten hat das, was gemeinsam als Ausfluss der Situation angesehen wird, nicht von allen geteilte, transzendente Implikationen, die als Relevanzen für andere Begegnungen zu anderen Zeiten und an anderen Orten erahnt werden. Die emotionalen Bedeutungen des Alltagslebens bleiben natürlich und notwendig verborgen, denn die Identitäten sind zwar immer für die jeweiligen sozialen Zeiten und Orte zurechtgeschnitten, werden aber immer von Körpern getragen, und das Haben eines Körpers bedeutet im Wesentlichen, dass eine Person ihr Leben über die Situationen hinaus lebt, die sie im Alltagsleben durchläuft. Körper machen uns auf lange Frist sterblich, doch bis dahin sind sie Vehikel einer situativen Unsterblichkeit, die uns fortwährend das erwünschte oder unerwünschte Geschenk macht, auf das Leben jenseits der Tode jeweils lokaler Interaktionen zu verweisen, die unser mundanes Leben auszeichnen.

Wenn ein Fahrer geschnitten wird, kommt es zu einer plötzlichen und außergewöhnlich ursprünglichen Konfrontation nicht nur mit anderen Fahrern, sondern mit der existentiellen Forderung, die Beziehung zwischen den isolierten sozialen Situationen und dem transzendenten Lebensverlauf herauszuarbeiten. Fahren produziert Konflikte, die eine unerwünschte therapeutische Herausforderung, eine unerwünschte Einführung in die sozialpsychologischen Strukturen des Alltagslebens und zugleich eine ermüdende Verpflichtung dazu sind, im eigenen Leben einen Sinn zu finden.

Wer sucht diese Zuspitzung? Vermutlich nur diejenigen Fahrer, die zufällig Sozialpsychologen sind. Die meisten Menschen haben andere Hobbies und andere berufliche Interessen. Und so geht es, wie es immer geht, wenn man sich ärgert: ausrastende Fahrer ärgern sich darüber, dass sie sich ärgern und dass sie der Beziehung zwischen den unbedeutenden Interaktionen mit anderen Fahrern und den beherrschenden Themen ihres eigenen Lebens so viel Gewicht verleihen müssen.

Weil sich Autos fast natürlich als wortwörtliche und metaphorische Träger der zeitlichen und räumlichen Transzendenz eignen, bieten sie sich auch als Träger für eine dritte Dimension der Transzendenz an. Autos sind Gegenstände, und dem Fahren als einer Tätigkeit werden private Bedeutungen zugeschrieben, die das transzendieren, was andere – andere Fahrer wie auch die eigenen Mitfahrer des Fahrers – beobachten können. Das heißt dass der einzelne Fahrer nicht nur nicht weiß, wohin andere Fahrer fahren und wie lange sie noch brauchen, bis sie dort ankommen, sie haben auch keinerlei Wissen darüber, welche symbolische Beziehung diese anderen zu ihrem Auto haben. Autos werden wie private Wohnzimmer behandelt, die öffentlich herumgefahren werden. Im sicheren Gefühl ihrer Privatheit, gehen Fahrer davon aus, dass andere keine Spanner sind. Ernie zum Beispiel, ein Gebrauchtwagenhändler, der im Valley lebt, fühlt nicht einmal die Notwendigkeit, seinen Schlafanzug auszuziehen, als er sein Haus um halb elf abends verlässt, um einen Freund nach Hause zu fahren. Er erklärt seiner Frau, dass ihn ohnehin keiner sehen wird: „Ich brauche niemanden zu beeindrucken."

Was die Privatheit aber meistens eher verdeckt, ist weniger der physische Körper des Fahrers als die Folk-Psychologie, die er oder sie hinsichtlich des Autos und des Fahrens entwickelt hat. Denn das Fahren lockt nicht nur deswegen oder gar hauptsächlich die Emotionen hervor, weil es eine situierte Interaktion mit anderen Fahrern ist, die einen beim Näherkommen an sein Ziel behindern. Ihr emotionales Potential liegt darin, dass die sozialpsychologische Struktur der Interaktion beim Fahren sich zu einer Herausforderung verdichtet, die das gesamte Sozialleben kennt. Denn weil der Sinn des Fahrens auf dem natürlichen metaphorischen Charakter dieser Aktivität aufbaut, ist er entsprechend subtil in seiner verführerischen Kraft; zudem bleibt der Sinn sowohl für die anderen Fahrer wie auch für das eigene Selbst verborgen. Während zu Freuds Zeiten noch das Zugfahren als zentrales Motiv der Träume galt, spielen deswegen gegenwärtig Geschichten vom Autofahren eine reichhaltige hermeneutische Rolle in den Albträumen der Erwachsenen. In diesen Träumen sehen sich die Menschen in einem ewigen dauernden Stau gefangen, sie kurven mit ihren Familienmitgliedern in kleinen miefigen Autos durch enge Serpentinen den Berg hinunter, oder sie werden von rücksichtslosen Fahrern belästigt, während in ihrem Auto lauter Fremde sitzen.[15]

Wenn Fahrer geschnitten werden, dann stellt ihre Wut eine Antwort auf eine von zwei möglichen Formen des körperlichen Verlusts dar. Zum einen kann es sein, dass sich der Fahrer von einer zuvor als selbstverständlich hingenommenen körperlichen Verbindung verabschieden muss, die sehr eng mit der bestimmten Fahrt verbunden ist. Die jeweilige Interaktion mit einem anderen Fahrer kann ein Telefongespräch unterbrechen, das man mit einem Freund führt, sie kann eine ganze Reihe von strategischen Manövern beenden, die man während der Fahrt durchgeführt hat, um seine eigenen ungewöhnlichen Kenntnisse der städtischen

---

15 Im 19. Jahrhundert war die Eisenbahnfahrt eine große Stimulation. Schivelbusch (1986, 77-78) erinnert an die sexuelle Bedeutung, die Freud der Eisenbahn zuschrieb. Freud betrachtete Träume, bei denen man einen Zug verpasste, als „Träume der Kompensation für eine andere Art der im Schlaf gefühlten Angst – der Angst vor dem Sterben". Diese Idee wandte er auf den Traum eines Patienten an, der seinen Vater sechs Jahre zuvor verloren und der geträumt hatte, dass sein Vater mit dem Nachtzug gefahren sei, der entgleiste. Freuds eigener Traum, der unter dem Namen Graf Thun oder der „revolutionäre Traum" bekannt wurde, erwuchs aus der Erfahrung einer Zugreise und enthielt vielerlei Erfahrungen mit der Eisenbahn (Freud 1965, 241-252). Zur Bedeutung von Autos und dem Fahren in der heutigen Zeit vgl. Berger 1993, 18-19.

Schleichwege zu belegen, oder sie kann einen dazu zwingen, die Hand vom Schenkel der Freundin zu nehmen und das Lenkrad fest zu umfassen, statt sie zu streicheln.

Unabhängig von den jeweiligen Machenschaften, die eine Fahrt als besondere Aktivität auszeichnen, kann das Fahren, zum anderen, die umfassende Art symbolisieren, wie man sich durch die Gesellschaft bewegt.[16] Die Körperhaltungen und Mienen im folgenden Beispiel zeigen, wie die Fahrer gewohnheitsmäßig ihre Identitäten mit dem Körper ihrer Fahrzeuge verschränken. Der Herd, der die ungewöhnlich emotionale Kraft des Fahrens erzeugt, besteht in der gewohnheitsmäßigen Gegenüberstellung der situierten Interaktion mit anderen Fahrern auf der einen Seite und dem situativ transzendenten Sinn des Fahrens auf der anderen. Diese Gegenüberstellung ist eine konstante Quelle für die Wut auf der Straße, auch wenn sich die situativen Lagen und die transzendenten Bedeutungen von einem Fall zum nächsten deutlich unterscheiden können.

Rick, ein Universitätsstudent, hält seinen 1994er Ford Probe blitzeblank. Er ist für ihn:

„...mehr als nur ein Mittel um von Punkt A nach Punkt B zu gelangen. Es macht mich stolz, wenn er gut aussieht, es ist ein Ort, in dem ich von der Schule und der Arbeit abschalten kann."

Während einer Fahrt von Glendale nach Malibu zum Geburtstag seiner Freundin geriet er in einen Stau. Das „macht mir schmerzlich klar, dass ich nicht der Meister meines eigenen Schicksals bin, der ich glaubte zu sein."

„Als klar wurde, dass sich der Stau nicht rasch auflösen und dass ich zu spät kommen würde, egal was ich dagegen tat, rastete ich aus – ich meine wirklich ausrasten. Ich – ich flippte völlig aus und verlor meine Selbstkontrolle."

---

16 John Brinckerhoff Jackson beschreibt die Entwicklung der Bedeutung von Straßen folgendermaßen: „Die Reise eines Navaho-Indianers ist eine Form, die von Regeln geleitet und von Ritualen und Vorsichtsmaßnahmen geschützt wird. Er folgt den Pfaden, die seine Vorfahren gegangen sind. Sie führen zu Orten, an denen es seltene und besondere Kräuter gibt. Sie meiden alle Orte, die mit dem Tod verbunden sind. Im siebzehnten Jahrhundert verwies die metaphorische Bedeutung von „Straße", der „Pfad" in Europa, auf die Schwierigkeiten, denen jeder durchschnittliche Wandersmann im Laufe seines Lebens begegnet. [...] Doch in den letzten 150 Jahren [...] nimmt eine neue Deutung Gestalt an: Eine Vielzahl von Straßen, jede mit ihrer eigenen Richtung, zwingt uns dazu, selber Entscheidungen zu treffen, und der Planungsdiskurs wie auch die Maßnahmen, die im öffentlichen Raum ergriffen werden, nehmen zunehmend auf Begriffe Bezug, die mit Straßen assoziiert sind, wie etwa Kreuzung, Einbahnstraße, Korridor, Stau, Kollisionskurs, Sackgasse oder Umweg." Vgl. Jackson 1994, 203-5.

Weil das Auto für ihn eine glänzende Version seines Selbst darstellt, erinnern ihn Staus an die beschämenden Episoden in seiner Vergangenheit. Rick erinnert sich, dass „meine Mutter mich als Kind darauf drillte, Zuspätkommen sei böse; es zeigt, dass du kein Verantwortungsgefühl hast."

Wenn das Auto für Rick ein makelloser Körper ist, den andere Fahrer zu verunreinigen drohen, dann wäre das Auto von Mark für ihn ein Albtraum. Dennoch sind auch dessen symbolischen Bedeutungen stark genug, den Besitzer in Wut zu versetzen. Marks Auto ist schon über 200.000 Kilometer gefahren, seine Reifen sind abgefahren und beim Fahren bekommt man Rückenschmerzen. Auch wenn das Auto in seinem Zustand kaum signalisiert, dass der Fahrer auf dem schnellen Weg in eine glänzende Zukunft ist und obwohl es kein sehr zuverlässiges Fahrzeug ist, dient es Mark doch als ein sehr gut funktionierendes Schlafzimmer. Als nur gelegentlich beschäftigter Dachdecker, der beklagt, dass er häufig von mexikanischen Konkurrenten unterboten wird, gelingt es Mark häufig nicht einmal dann, seine Rechnungen zu bezahlen, wenn er vierzig Stunden in der Woche arbeitet. „Mein Leben ist zerbrechlicher denn je". Wenn andere Autos ihn schneiden, dann scheint es, dass sie sein letztes Zeichen des Respektes in der Gemeinschaft ankratzten. Unschöne Begegnungen mit anderen Fahrern erregen tiefe Ressentiments, die häufig als Gegensätze zwischen sozialen Klassen gerahmt werden. „Manchmal träume ich davon, einen Drängler von der Straße zu schieben oder das Auto eines Reichen zu zertrümmern".

Die Art der weltanschaulichen Vorstellungen, die eine Person mit ihrem Auto verbindet, prägt auch ihre körperlichen Dispositionen beim Fahren. Als Jil zum Beispiel einen Mercedes bekam, bedeutete das für sie, „zu wachsen" und eine „Erwachsene" zu sein – was für sie zur Folge hatte, nun vorsichtig fahren zu müssen. Den „biederen" Toyota, den sie davor hatte, zu fahren war wie der „Aschenbecher des Mercedes, sehr blechern". Die Schwere des Autos verbindet sie mit einem Aspekt der Stabilität, den sie noch verstärkt, indem sie etwa lange vor dem Punkt, an dem sie anhält, zu bremsen beginnt. Sie nimmt auch die Kurven langsam genug, sodass das Auto sich nicht verkanten kann. Wenn ein „Arschloch" sie schneidet, dann ist sehr wahrscheinlich auch ihr Glaube beschnitten, dass sie nun sicher und abgeschottet ist von den Überraschungen und Dummheiten, die Unsicherheiten in das Leben zu bringen drohen.

Autos können auch mit Aufklebern und anderem Zubehör so ausgestattet werden, dass sie die von den Fahrern erwünschte Identität widerspiegeln. Noch interessanter ist, dass manche Fahrer sich insgeheim *selbst umgestalten*, um dem Bild zu entsprechen, das ihr Fahrzeug in ihren Augen entwirft. Brandy, „eine attraktive dreiunddreißigjährige Latina aus dem Osten von Los Angeles" ist Hilfslehrerin in einer Mittelschule, die Kindern bei Lernproblemen und Verhaltensschwierigkeiten hilft, eine „Arbeit, die viel Geduld erfordert". Als sie von ihrer Freundin interviewt wird, berichtet sie, dass der 95er samtschwarze Jeep Wrangler „ihr ganzer Stolz und Freude" sei. Sie arbeitet intensiv daran, das Fahrzeug, sich selbst und ihre Passagiere in eine makellose Fassung dessen zu verwandeln, was die Interviewerin als „das Jeep-Bild von Freude, Abenteuer, wilder Jugend und Spannung" charakterisiert. Das Auto besitzt kein Radiogerät, weil Brandy nicht möchte, dass es aufgebrochen wird. Bei einer Reise ins mexikanische Tijuana parkt sie auf der amerikanisch-kalifornischen Seite und geht mit ihrem Freund zu Fuß über die Grenze, denn die Leute dort „fahren wie die Teufel aus der Hölle". Das Auto und ihr Körper werden gegenseitig so geändert, um eine umfassende Einheit zu bilden. Jedes Mal, wenn Brandy an einer Ampel hält oder wenn der Verkehr ins Stocken gerät, „findet sie eine Möglichkeit, etwas an sich zu machen, wie etwa ihr Haar glattzustreichen oder ihr Gesicht im Rückspiegel zu überprüfen". Das Auto erhöht den Fahrer, stellt ihn in ein Schaufenster, doch wirft sie ihren Blick nicht in andere Autos, weil das unhöflich wäre. Sie „sagt immer, dass nur eine bestimmte Art von Leuten einen Jeep besitzen kann, so wie sie selbst", und aus diesem Grund „möchte sie nicht im Auto gesehen werden, wenn sie dicke Brillengläser trägt", auch wenn (wie die Eintragung in ihrem Führerschein zeigt) sie nachts nicht ohne Brille fahren darf.

Als sie einmal von einer Fahrt nach Mexiko zurückkehrt, geraten die verschiedenen Elemente, die sie in ihrer Auto-Körper-Identität verbindet, in einen Konflikt. Als sie von einem Autobahnpolizisten wegen zu schnellen Fahrens angehalten wird, steht sie vor der Wahl, ein Strafgeld von 400 Dollar zu zahlen, ihre Brille aufzusetzen oder ihren mitfahrenden Freund ans Steuer zu lassen. Weil sie keine Brille tragen wollte, um ihre Erscheinung zu wahren, erlaubte sie ihrem Freund zu fahren – eine Geschichte, die ihr noch vielfach Schmach einbrachte, weil sie in ihrer Familie und ihrem Freundeskreis wieder und wieder erzählt wurde.

2.1 Verführerische Metaphern und das Geschnitten-Werden

Eines der vielleicht nach außen sichtbarsten Anzeichen dafür, dass die Wut beim Fahren aus der Erfahrung des Geschnittenwerdens von einer stillschweigenden Verkörperung in und mit dem eigenen Auto entspringt, ist die wachsende Spannung im Körper des Fahrers. Interviews und Feldnotizen der teilnehmenden Beobachtung weisen auf Veränderungen in der Steifheit und Neigung der Körperhaltung, im Zugriff auf das Lenkrad und in der Richtung und Intensität des Blickverhaltens des Fahrers hin. Doch würden wir uns bei der Betrachtung des Verlusts stillschweigender Körperbeziehungen lediglich auf solche Oberflächenphänomene beschränken, dann hielten wir die Trennung zwischen Subjekt und Objekt bzw. Person und

Welt aufrecht, und die ist es doch, die gerade im natürlichen Vollzug des Fahrens transzendiert wird. Fahren besteht nicht aus einer Reihe einzelner Kontakte mit einer Maschine und spezifischer Wahrnehmungen in einem Sehfeld, sondern ist ein fortwährender Prozess, bei dem sich das mechanische Werkzeug und das Wahrnehmungsfeld unausweichlich ineinander verflechten.

Die Notwendigkeit, in den Objekten zu hausen, um sie in einer Art natürlicher Kompetenz nutzen zu können, ist nicht auf das Autofahren beschränkt. Erinnern wir uns an die bemerkenswerte Weise, in der Michel Polanyi dies veranschaulicht: Wenn man mit der Hand schreibt, so kann man einen Gedanken nicht weiter verfolgen, wenn man sich auf die Gestaltung jedes Zeichens konzentriert; man muss die Reihen von Buchstaben und Worten einfach schreiben. Anders gesagt: wenn man schreiben will, muss man die bewusste Aufmerksamkeit auf sich selbst verlieren und in eine Art des Malens wechseln (oder, beim Tippen, in eine Art des Klavierspielens).[17] Polanyi bemerkte, dass wenn der Füllfederhalter beim Schreiben auf dem Papier wegrutscht, dieses Rutschen *an der Spitze des Federhalters* erfahren wird. Der Schreiber sitzt im Federhalter.

Das gilt auch fürs Sprechen. Um einen ungebrochenen Eindruck natürlicher Kohärenz zu erzeugen, muss man ohne bewusste Reflexion eine Art des Singens betreiben, das die gehörte, aber unbemerkte Kontinuität des Klanges als Träger für die Artikulation einzelner Worte aufrecht erhält. Sprache, die so ausgesprochen wäre, wie sie üblicherweise auf Papier transkribiert wird, also mit merklichen Abständen zwischen den Wörtern, oder genauer: mit einer kurzen Stille zwischen jedem Buchstaben, würde nicht nur sehr merkwürdig klingen, sie würde auch die Fähigkeit des Sprechers untergraben, irgendetwas anderes zu tun als nur zu artikulieren.

Der Hauch des Surrealen, der verbunden ist mit dem Bild des Schreibers an der Spitze des Stiftes oder mit dem Bild des Sprechens, das einen denkenden Körper erst schafft, zwingt dazu, uns die praktische Notwendigkeit des Surrealen einzugestehen. Die surreal erscheinende Dimension der Erfahrung des Fahrens ist kein Kunsterzeugnis der Interviews und keine Übertreibung des Analytikers, sondernd die Grundlage des Verhaltens jedes Fahrers. Komikkünstler, die Autos animieren oder Leute, die ihren Autos Namen geben und sie mit Persönlichkeitsmerkmalen verknüpfen, zeugen davon, dass ihre Identitäten in einem gewissen Sinne mit der ihrer Autos „vermengt" werden, damit sie mit ihnen fahren können. Man darf mit gutem Grund die Frage stellen, ob jemand, der dem eigenen Auto einen Namen gibt, dümmer ist als jemand, der denkt, dass als Komik animierte Autos nur tumbe Täuschungen darstellen, weil Autos leblose, austauschbare Werkzeuge sind.

---

17 Polanyi 1966. Zur Anwendung der Kenntnisse beim Klavierspielen vgl. Sudnow 1978.

Autos sind natürlich verführerische Instrumente. Der fünfundzwanzigjährige Alexander sagt, dass ihm sein Auto „dicke Eier" verleihe und seinen "Penis automatisch zehn Zentimeter größer macht". Als ich diese Interviewpassage in einem Seminar vorlas, fragte ein männlicher Student ohne jedes Anzeichen von Ironie: „Welche Automarke fährt er denn?" Wie Fahrer mit ihren Autos verschmelzen und was bei ihnen jeweils betroffen ist, wenn sie geschnitten werden, wird nicht immer so klar. Doch auf so vielfältige Weise, die hier gar nicht aufgelistet werden kann, verführen Autos, indem sie eine neue Form bereitstellen, in die man sich einschmiegen muss, als wäre es die eigene Haut, um damit mit Kompetenz und Routine fahren zu können.

Wie Michel de Certeau bemerkt, sollte man daran erinnern, dass öffentliche Busse in Athen „metaphori" genannt wurden. In der Kultur von Los Angeles verführen Autos Fahrer zu einer Metamorphose, die man in mancher Hinsicht als eine wortwörtliche Verwandlung in ein praktisch nützliches Fahrzeug des Selbst ansehen könnte. Betrachten wir die folgenden beiden Rentner. Sie fahren einen gegensätzlichen Stil, doch für beide sind andere Fahrer unerträglich, wenn sie ihre hochgeschätzte Freiheit beeinträchtigen.

Der achtundfünfzigjährige Steve ist ein pensionierter Hochschulprofessor. Als er sich an einige Erfahrungen erinnert, wie er geschnitten wurde, vergleicht er sie mit seinen Erfahrungen an den öffentlichen Personenverkehr, die er vor fünfunddreißig Jahren hatte, als er in New York lebte. Ein junger Mann, der offenbar ungeduldig geworden war, weil Steve so langsam auf eine Autobahnausfahrt zufuhr, hatte ihn überholt und sich vor ihn gesetzt, um vor ihm in die Ausfahrt zu fahren. Im Unterschied zum öffentlichen Personenverkehr bietet das eigene Auto die Freiheit, „nicht von anderen abhängig zu sein, um irgendwohin zu kommen, wo man hin muss". Was solche Vorkommnisse beschneiden ist die Freude an dieser Freiheit, die Steve häufig empfindet, wenn er fährt – eine Freude, bei der das Auto so sehr Teil des Fahrers wird, dass es nicht einmal mehr, wie er sich ausdrückt, als „etwas anderes" erfahren wird, von dem man abhängt, damit man irgendwohin kommt. Unglücklicherweise stellt es sich manchmal heraus, dass Autofahren auch bedeutet, von einer besonderen Art des Narzissmus eingeengt zu werden, die dem Autofahren eigen zu sein scheint.

Paco, der die größte Zeit seines Lebens in der kleinen ländlichen Gemeinde Salinas gewohnt hatte, ist nun ein neuer Bürger von Los Angeles.

Wenn ihn andere Fahrer wütend machen, dann „los maltrato [verfluche ich sie]... Wenn mich ein junger Mann schneidet, dann schreie ich ihn an: ‚Orale vato! Que no vez'[Hey du Punk. Hast Du keine Augen?] ... Manchmal nenne ich jemanden ‚menzo' oder ‚menza' [hirnlos]. Aber die Alten sind die

Schlimmsten. ... Ich sage nur, schau dir diesen ‚viejito' [alter Mann] an, er ist zu alt zum Fahren."

Paco setzt seinen Unmut über das Fahren in Los Angeles von seinen Erfahrungen in der kleinen Stadt ab. „Wo ich wohnte, fuhren die Leute langsamer, und da gab es auch nicht so eine Hetze. Die Leute hier fahren einfach zu schnell." Im Grunde besteht Paco darauf, sich in Los Angeles so zu bewegen, als wäre es Salinas. Er vermeidet die Autobahnen, und die teilnehmenden Interviewer haben festgestellt, dass er auf den Ortsstraßen fünf Meilen langsamer fährt als vorgeschrieben. Seine Interviewer paraphrasieren Pacos Bemerkungen so: „Ich fühle mich zu sehr eingeengt, und als eine Folge davon fahre ich vielleicht einfach deswegen langsam, um langsamer zu sein."

Was in diesen beiden Fällen an den Fahrzeugen so verführerisch erscheint, ist ihre von einem Augenblick zum nächsten gelingende Beschwörung einer Perspektive, die langen Strecken der persönlichen Biographie einen Sinn verleihen. Steve und Paco beschreiben ihre Fahrten zuweilen so, als sei das ihr Leben, und sie verteidigen diese Beschreibung gegen Leute, die kein Gefühl dafür haben, wie wichtig ihnen das Fahren ist.

Für andere Fahrer ermöglichen Autos Metamorphosen in Zustände moralischer Perfektion, die sie in anderen Bereichen ihres Lebens kaum finden. Reine, die in Guadalajara in Mexiko aufwuchs und seit langem in Los Angeles wohnt, arbeitet morgens freiwillig in einem Geschenkladen eines örtlichen Krankenhauses, bevor sie zur Arbeit geht. Für sie ermöglicht das Auto einen vergleichsweise glatten Übergang aus Situationen, bei denen das Eintreten wie das Austreten Schwierigkeiten bereitet. Eines Mittwochmorgens setzte sich Reine in ihr Auto; nachdem sie hektisch und an viele Dinge denkend noch einmal ins Haus zurückgerannt war, um ihre Briefe einzustecken, die sie zur Post bringen wollte. Sie steckte auf dem Rückweg noch schnell eine Flasche stilles Wasser ein, die auf der Schachtel neben ihrem Auto stand. Dabei dachte sie daran, dass der Tank zwar ziemlich leer sei, doch glaubte sie, dass es reichen sollte, bevor sie sich auf ihre etwa zwölf Meilen lange Fahrt nach Pasadena machte. Die Bedenken, die beim Einsteigen ins Auto kurz aufgeleuchtet waren, rückten wieder in den Hintergrund, nachdem das Fahren seine eigenen Forderungen an sie stellte. Als sie beim Krankenhaus ankam, entdeckte sie einen „Dummkopf", der aus dem Parkplatz auf ihrer Spur herausfuhr und ihr entgegenkam – eine Spur, die nur für die Einfahrt gekennzeichnet war. Für Reinas Gefühlswelt kann die Beobachtung wichtig sein, dass ihr Auto als Vehikel für ihre freiwillige Mitarbeit im Krankenhaus dient. Doch selbst wenn das Auto ihrem Leben keinen umfassenden moralischen Sinn vermittelt, so verkörpert es doch das Versprechen einer zeitweiligen Perfektion und Ordnung für eine kurze

Dauer des Alltags. Abgesehen von der Gefahr, dass das Wasser verschüttet wird, wenn die Flasche in den Fußraum des Beifahrersitzes fällt, bleiben die Bedrohungen der Kohärenz außerhalb des Fahrzeuges, mit dem sie fährt, und so hat sie für eine gewisse Zeit eine reibungslose und konzentrierte Fahrt.

Das Marketing von Fahrzeugen bietet seit langem die Möglichkeiten an, sich vor anderen öffentlich auf eine beneidenswerte Weise zu präsentieren.[18] Es bietet auch das Versprechen einer täglichen privaten Metamorphose, die eine leibhaftige, empirische und sinnliche Bestätigung erfordert, dass man sich natürlich in die friedliche, unsterbliche oder transzendente Form einpasst. Autos werden zunehmend als Verkörperung dieser Botschaft gestaltet. Der Knopf, mit dem man das Seitenfenster senkt, liegt zufällig gerade dort, wohin die Hand des Fahrers fällt. Sein Schlüssel unterscheidet sich von ihrem, und wenn er an der Zündung dreht, „weiß" das der Sitz und bringt sich automatisch in eine Position, die sich seinen Körperformen angenehm anpasst. Autos haben Armbanduhren ersetzt (Selbstaufdrehend! Stoßgeprüft! Wasserdicht!) als der bis ins Kleinste technisch gestaltete persönliche Gegenstand der, wie etwa eine Miniatur-Weltausstellung, die letzten technologischen Erfindungen unter die Massen bringt. Sie ähneln Uhren auch darin, dass sie leicht als Garantien benutzt werden können, um die weniger entwickelten Aspekte des Lebens abschätzen zu können.[19]

Dass Emotionen ziemlich unmittelbar aus dem immer schon sinnlichen Wesen in die soziale Welt fließen und nicht aus Persönlichkeitsmerkmalen, drückt sich schön in Morgans Erfahrung aus. Bei ihm tragen die metaphorischen Dimensionen von Fahrzeugen ausgesprochen scharfe Züge. Morgan fährt einen Lastwagen mit sieben Achsen, mit dem er Bier nach Culver City und Santa Monica ausliefert. In seinem Lastwagen erscheinen Autos

„so mickrig, so wie Ameisen und sie sind irgendwie niedlich. Wann immer ich fahre, kümmere ich mich nicht darum, ob ich rücksichtslos sein könnte, denn ich weiß, dass ich nicht verletzt werden kann. Mein Lastwagen ist viel zu stark,

---

18 Für eine besonders raffinierte Deutung vgl. Arthur Leffs (1976) Konzept der „calvinistischen Verursachung".

19 Das Marketing von Autos und Uhren hat eine Art des kulturellen Wettbewerbs zwischen den Metaphern des Raums und der Zeit erzeugt, wobei Autos in diesem Streit deutlich die Oberhand gewinnen. Autos haben üblicherweise auch Uhren, die die Zeit besser sichtbar machen als Armbanduhren. Autos enthalten mittlerweile auch andere Geräte (Telefone, Faxgeräte, CD-Spieler), die es erlauben, Zeit und Raum zu bewältigen und dabei zugleich mehrere Handlungslinien zu verfolgen und Identitäten einzunehmen. Bislang ist es noch nicht gelungen, Chronometer in Geräte zu verwandeln, die ihre Träger fortbewegen können.

dass ich etwas abkriegen kann. Ich habe ein paar Telefonsäulen umgefahren,
ein oder zwei Feuerhydranten und sogar die Mauer eines Hauses. Abgesehen
von ein paar Kratzern ist meinem Lastwagen nichts geschehen. Und dann
kümmert sich auch noch die Firma darum… Also ich fühle mich sehr viel
mächtiger als irgendjemand sonst auf der Straße."

Die Form des Fahrzeugs führt zu einer passenden Persönlichkeit. Wenn Morgan
seinen BMW fährt, dann „bin ich nicht so unbesiegbar, und ich versuche etwas
vorsichtiger zu fahren, denn ich weiß, dass ich mir eine Karambolage nicht leisten
kann".

Führt ein Lastwagen zu einem anderen Fahrstil als ein BMW? Es wird nicht
ausreichen, die Mystik um die Natur verschiedener Fahrzeuge durch die Mystik
um Werte und Charaktere zu ersetzen. Wenn auch die Emotionen der Fahrer nicht
aus ihrer Persönlichkeit entspringen, dann werden sie auch nicht durch die Form
determiniert, in der sie verkörpert wird. Beide Auffassungen sind falsch, denn
beide sind statisch. Wenn eine Person fährt, dann begibt sie sich in die Form eines
Fahrzeugs, um mit anderen zu interagieren und ihre Emotionen sind ein Ergebnis
dieses körperlichen Prozesses.

Max ist ein 120 Kilogramm schwerer Zweimetermann, der im „milden" Ran-
cho Cucamonga wohnt und mit einem Lastwagen aus Ontario arbeitet. Als er mit
seinem Diesel nach Beverly Hills fährt, um dort Gefahrengut am Hilton aufzu-
laden, wird sein Lastwagen zu einem gefährlichen Monster, das ihn noch mehr
bedroht als andere Fahrer. Weil er zu weit gefahren war, musste er in Wilshire eine
Kehrtwende machen. Doch die anderen Fahrer ließen ihm nicht genügen Platz. Sie
beschleunigten und schnitten ihn.

„Er sagte, dass es so schlimm wurde und so viel Zeit erforderte, dass (…) er
anfing zu schreien und zu hupen, und zwar nicht nur an die Fahrer um ihn
herum gerichtet, sondern auch an einige Fußgänger, die nicht warten wollten,
bis er seine Wende gefahren war und weiter die Straße überquerten."

Die Lastwagenfahrer Max und Morgan machen es ziemlich leicht etwas zu sehen,
was sonst verdeckt ist: Die Emotionen der Fahrer folgen aus der Wahrnehmung,
wie ihre Fahrzeug-Form in die soziale Umwelt hineinpasst. Im einen Augenblick
macht der Lastwagen-Körper den Fahrer gegen alle Anforderungen, sich einer
Gemeinschaft anzupassen, immun, im anderen Falle macht es ihn emotional so
verletzbar, dass er von der ihn umgebenden Gemeinschaft isoliert wird.

Die Fahrer beobachten die Interaktionsverläufe der Fahrzeug-Form in der sie
sitzen und managen ihr Selbst-Ding von innen und außen. Was wütende Fahrer

zu verteidigen versuchen, wenn sie geschnitten werden, ist nicht die Fahrrichtung des Fahrzeugs, sondern die Verflechtung von Körper und Auto. Die Energie der Wut besteht im Wesentlichen in der Anstrengung, eine eingespielte Form fortzuführen. Wenn jemand geschnitten wird, dann liegt die Regelverletzung genau in der Annahme, dass andere Fahrer das eigene Auto wie ein unpersönliches Ding behandeln. Sie erkennen damit die Tatsache nicht an, derer sich der Fahrer im Inneren bewusst ist, dass er selbst damit geschnitten wird. Fahrer stellen sich nicht vor, dass sie von den Idioten, die sie schneiden, als Individuen beschimpft werden. Das ist nicht der Grund, weswegen sie Idioten sind. Das Problem ist, dass sie es *nicht* persönlich machen. Die Verletzung wird gemeinhin so formuliert, dass die anderen handeln, „als sei ich nicht da". Der erzürnte Fahrer sieht sich selbst in der unpersönlichen Perspektive des regelverletzenden Fahrers und wechselt aus diesem Blickwinkel ohne Anstrengung in die gleichgültigen und respektlosen Perspektiven der anderen, denen man zuvor begegnet ist.

Es ist kaum möglich, die genauen Abstände, Geschwindigkeiten und Abfolgen des Spurenwechsels auf eine Formel zu bringen, um das Gefühl des Geschnittenwerdens zu bestimmen. Das Problem besteht nicht darin, dass es zu viele Faktoren gibt, die man in die Formel aufnehmen müsste, sondern darin, dass der Körper des Fahrers nicht dort ist, wo man ihn vermuten würde: Im Fahrersitz, in der metallenen Karosserie des Fahrzeugs oder an einem anderen festen Ort. Fahrer operieren von einem beweglichen Punkt innerhalb des Gebiets der Interaktion aus und dieses Gebiet wird von dem Stil bestimmt, in dem sie gerade fahren.

Die erzürnende Erfahrung, durch die Gefühllosigkeit anderer aus dem eigenen Fahrzeug-Körper herausgeworfen zu werden, kann man machen, bevor sich das Fahrzeug noch in Bewegung setzt. Eltern von jugendlichen Autofahrern kennen die Zumutungen, wenn sie den Schlüssel in der Zündung drehen wollen und bemerken, dass die Sitze verstellt sind und ihnen am Rücken drücken, ihre Füße gegen leere Blechdosen stoßen, laute Musik in ihre Ohren bläst und die Benzinanzeige auf Null steht. Man kann ganz einfach sehen, wie die Wut aus solchen sinnlichen Wahrnehmungen aufsteigt, doch haben wir es auch damit zu tun, wenn wir verstehen wollen, warum Fahrer wütend werden, wenn sie sich durch die interagierenden Fahrlinien ihrer Autos aufeinander beziehen.

Es gibt eine gemeinsame Dimension bei allen Erfahrungen des Geschnitten-Werdens, sei es beim bewegten Körper oder bei stationären Körpern. Es geht dabei darum, auf den rohen Zustand des Seins reduziert zu werden. Das wird als eine Art des Fallens empfunden, ein Erwachen in einem selbstbewussten Zustand der Nacktheit. Der Auto-Körper, der eine Form der aktiven sozialen Bekleidung darstellt, wird abgezogen und übrig bleibt man selber, ungeschützt, verletzlich, ohne jede Art von Persönlichkeit, mit der man sich auf andere beziehen könnte.

Plötzlich, aber auch nur vorübergehend, verliert sich alles, was normalerweise als zivile und weltliche Rationalität erscheint, und damit opfert man auch diese etwas verzerrt-karikaturhaften Dimensionen des gewöhnlichen rationalen Handelns.

3 Ausflippen und andere narrative Praktiken der Wut: Über rechtmäßige Empörung, stereotype Vorurteile und die sozioemotionale Logik von Racheszenarien

Als Mehdi den schwarzen Porsche fuhr, um das Luxuswagengeschäft seines Vaters bei einer Autoversteigerung zu vertreten, rastete er überhaupt nicht aus, als er von einem „unglaublich hellen 911er" überholt wurde, der „von einer der heißesten Frauen" gefahren wurde, die er je gesehen hatte. Stattdessen nutzte er die Zufallsbegegnung zum Anlass, um in einer Art Katz-und-Mausspiel mit ihr zu flirten und darüber zu fantasieren, was es bedeuten würde, wenn er gewänne.

Damit sich die Wut entwickeln kann, wenn man von anderen beim Autofahren geschnitten wird, die damit eine Gleichgültigkeit gegen die Existenz der anderen zur Schau stellen, bedarf es noch einer weiteren Arbeit des Sinnmachens. Die zwei Aspekte des sozialen Handelns, die wir besprochen haben, reichen nie aus, um Verhalten zu erklären. Menschen können nicht eine „Wahrnehmung" der Beziehung zu anderen machen und dabei außerhalb der Welt praktischen Handelns stehen; Wahrnehmung und die Reaktion darauf sind nahtlos miteinander verknüpft. Die Menschen erfahren auch keine Wandlung ihrer Sinne, ohne dabei zu versuchen, ihren Erfahrungen Sinn zu verleihen. Wir können das Ausrasten nicht vollständig erklären, wenn wir nicht geklärt haben, auf welche Weise die Erfahrung ein praktisches Projekt des Sinnmachens in einer dynamischen Situation ist.

Wir haben schon eine Ahnung, in welcher Richtung wir suchen müssen, um zusätzliche Faktoren zu finden. Falls die Wut des Fahrers in der Erfahrung gründet, von einer stillschweigenden Verbindung mit seinem automobilen Körper abgeschnitten zu werden, dann besteht die implizite und egoistische Logik der Wut vielleicht darin, dass man die als selbstverständlich angesehen Verzahnung mit der Welt wieder herstellt. Sicherlich gibt es auch in dieser Hinsicht noch etwas zu klären, denn die Fahrer in Los Angeles werden nicht einfach wütend, sie leben ihre Wut auf all die erstaunlichen und scheinbar absurden Weisen aus, die wir schon beobachten konnten: Sie schreien andere Fahrer aus großem Abstand, inmitten brausenden Verkehrslärms und mit geschlossenen Fenstern an, sie holen den Übeltäter mit riskanten Verkehrsmanövern ein, die ihnen einige Augenblicke später unverhältnismäßig vorkommen, oder, als häufigste Reaktion, sie zeigen den Stinkefinger.

Zur Analyse des vertrauten Phänomens der alltäglichen Wut sind wir einen langen Weg gegangen, nur um nun auf eines seiner größten Geheimnisse zu stoßen. Der wütende Fahrer versucht ein Drama zu inszenieren, in dem er eine Geschichte über die Interaktion erzählt, die ihn so aufgeregt hat. Wenn die Geschichte in einer ästhetisch befriedigenden Weise erzählt worden ist, kühlt die Wut schnell ab. Warum ist das geheimnisvoll? Weil in der Art, wie die Wut in der Interaktion entsteht, garantiert sie eigentlich, dass sie, unabhängig davon, wie sie erzählt wird, von niemandem so verstanden werden kann, wie sie vom Erzähler berichtet wird. Das Geheimnis besteht darin, dass die Wut einerseits aufkommt, um zu einer praktischen Erzählung zu führen und in dieser zu gipfeln; andererseits aber sucht die Wut gar nicht nach der Anerkennung durch ein Publikum. Auf eine gewisse Weise ist es offenkundig, dass die Bemühung, „eine Lehre zu erteilen", ein Vorwand ist, doch ist das für den Erzähler nicht offensichtlich, jedenfalls nicht in der Situation. Sicher im Augenblick danach, wenn die Wut verraucht ist. Aber in der Situation schiebt der Erzähler jeden Zweifel zur Seite und glaubt ganz fest an das, was er darüber erzählt, wie man anderen eine Lehre erteilt.

Wie kann diese „Amputation", dieser Schnitt, repariert und das stillschweigende Wissen wieder in seinen natürlichen und selbstverständlichen Zustand versetzt werden, wenn man eine Rachegeschichte inszeniert? Welche Art von emotional zwingendem natürlichen Sinn macht dieser anscheinend etwas dümmliche Vorgang der Sinnerzeugung? Und wenn die Moral der Geschichte am Ende vermutlich nur den Erzähler selbst überzeugt – würde es nicht ausreichen, sich ein Racheszenario einfach vorzustellen, um den Ärger zu behandeln und zu vertreiben?

Das Geheimnis der magischen Kraft dieser Inszenierung liegt in ihrer sinnlichen Dimension. Im Unterschied zum bloß imaginären Erzählen einer Geschichte, erfordert es das wirkliche Erzählen, dass man körperlich handelt, und der Vorgang der Verkörperung der Geschichte in ihre Dramatisierung erzeugt beim Erzähler einen sinnlichen Widerhall. Indem er ein Skript der Handlung beschwört, das den Ereignissen eine große Bedeutung zuschreibt, wird der Fahrer durch seine eigenen Handlungen zu einem Magier.

Die Wut der Fahrer verbirgt das emotionale Geheimnis sogar vor ihnen selbst. Das Problem mit dem Rachegedanken als einer Strategie für die Auflösung der Wut ist nämlich, dass er nur gedacht wird. Man müsste immer noch handeln, und wenn das Racheszenario nicht umgesetzt wird, dann steht es im Wettbewerb mit den Handlungen, die man gerade durchführt, und schafft eine wachsende Spannung, die das Problem verkompliziert. Wenn der Rachegedanke nur ein Gedanke bleibt, der nicht umgesetzt wird, dann belegt er die eigene Impotenz und dies zeigt der wütenden Person nur auf eine andere Weise, wie sie von sich abgeschnitten wurde. Rachegedanken lassen den Charme der Umsetzung von Rache vermissen, denn im Handeln gestalten die Erzähler die wahrgenommene Welt um, damit sie den Umrissen der eigenen Wut entsprechen und sich in diesem Prozess zugleich auch verändern.

Es hat den Anschein, dass dabei einige „unterbewusste" oder „paranormale" Mechanismen am Werk sind. Doch solche Adjektive verdecken das Problem nur und verhindern, dass man sich daran macht, das Problem wirklich zu erklären. Die Lösung, um die verdeckten Ziele der Wut des Fahrers zu erklären, besteht darin, seinen „manifesten" Sinn ernst zu nehmen. Ich mache das, indem ich die diesen Sinn konstituierenden Elemente betrachte.

Wenn wir die drei wesentlichen Elemente betrachten, die solche Geschichten über die Wut der Fahrer auszeichnen, dann beobachten wir drei unterschiedliche Phasen: Zuerst wird der sozialen Situation eine moralische Bedeutung verliehen, indem der Fahrer als Opfer erscheint. Dieser Schritt ist schon sehr klug. Sich selbst als ein Opfer zu beschreiben, bedeutet, dass man der Situationen schon eine moralische Bedeutung unterjubelt, bevor man noch moralisierende Antworten vorzeichnet.

Zweitens wird der Sinn der unmittelbaren Situation verallgemeinert. Der Interaktion wird durch verschiedene Weisen eine transzendente Bedeutung verliehen, vor allem durch die Anrufung stereotyper Vorurteile. Das ist der wesentliche Schritt um ein neues Selbst vorzubereiten, denn der Sinn der Situation transzendiert das, was sich vor dem Fahrer abspielt. Indem er über das hinausgeht, was vor ihm liegt, bricht sich der Fahrer einen Weg frei um das aufzunehmen, was hinter ihm liegt, einen Körper, der als schweigende Ressource für die Gestaltung des Verhaltens dient.

Indem der augenblickliche Sinn verallgemeinert wird, schafft der wütende Fahrer die Bühne für seinen Versuch, den moralischen und sinnlichen Vorgang, den er bezeugte, umzukehren. Nun kann der Fahrer wie ein ritueller Schauspieler handeln mit Blick auf ein allgemeines Publikum, das er selbst heraufbeschworen hat. Wenn der Fahrer, an dieser gemeinschaftlichen Ebene angekommen, einmal in einen Kampf einsteigt, den er nicht gewinnen kann, wird er eine ganze Weile verdrießlich sein. Wenn er aber die Rolle der ritualisierten Rache zumindest so erfolgreich zu spielen mag, dass er sie als Darstellung ganz durchhält, dann kann der Fahrer seinen gemeinschaftlichen Status kurz zelebrieren und dann, aus den Höhen dieses angenehmen Selbstbildes, wieder heruntersteigen und die Welt wieder weniger unbefangen betrachten.

Fassen wir die Situation des wütenden Fahrers zusammen: Sein Ausgangspunkt ist der Verlust einer als selbstverständlich angesehenen Grundlage des Handelns, das körperlich als stillschweigende Form des Seins-in-der-Welt erfahren wird. Sein Dilemma besteht darin, etwas wieder herzustellen, was nicht sichtbar ist, ein

Maßstab des Verhaltens, der per definitionem nicht konkret gefasst werden kann. Etwas Fingerfertigkeit ist also erforderlich. Der Trick besteht darin, eine moralische Energie aufzurufen, um ein Drama von kollektiver Bedeutung in der unmittelbaren Situation zu gestalten und sich dann in die Rolle des rächenden Helden zu hüllen. Ist es einmal gelungen, der Situation eine moralisch transzendierende Bedeutung zu verleihen, spielt es auch keine Rolle, wenn niemand zusieht, denn man bezieht sich ja auf ein universales Publikum, das körperlich ohnehin nie ganz zur Erscheinung kommt. Es spielt auch keine Rolle, dass der Feind unnachgiebig bleibt. Indem man eine kollektive Bedeutung für seine Rolle schafft, scheint man selbst mit dem transzendenten Bereich in kompetenter Tuchfühlung zu stehen, und das ist ohnehin das leitende Motiv.

Aber es genügt nicht, diese Logik nur durchzudenken; sie muss auch in irgendeiner Form in eine Handlung umgesetzt werden. Die Wut bedarf eines praktischen, verkörperten Entwurfes, wenigstens eines Fluches, der im abgeschlossenen Gehäuse nachhallt – denn ungleich dem Denken nimmt ein Fluch sinnliche Gestalt an, die einen doppelten Sinn erfüllt. Der Fluch ist einmal eine Antwort auf den anderen in diesem örtlich begrenzten Interaktionsdrama, und er ist, noch wichtiger, zum anderen sinnvoll, weil er universale Vorstellungen beschwört, die das Selbst zu einem kompetenten Mitglied einer moralischen Gemeinschaft machen.

Die Annahme der Opferhaltung

Die Annahme einer Opferhaltung ist eine Voraussetzung für das Ausrasten, doch es ist schwierig, die moralischen Verletzungen vorherzusagen, die die Fahrer als Beleg für eine gefühllose Behandlung ansehen. Bei ihrer Fahrt durch Santa Monica wird Dita von einem Polizisten zur Seite geholt, „weil ein Fußgänger, der unachtsam war, einen Fuß auf die Straße gesetzt hatte" und Dita weitergefahren war, „ohne anzuhalten". Um ihren Eindruck zu unterstreichen, durch offensichtlich drückend dumme und erniedrigende Gesetze zum Opfer gemacht worden zu sein, führte Dita das Beispiel von Kindern auf den Kindersitzen an. „Wenn Du ein Kind hast, das jünger ist als vier Jahre, dann muss es im Sicherheitssitz festgezurrt werden. Wenn Du aber das Kind deines Nachbarn fährst, das sieben Monate alt ist, dann kann es einfach auf dem Sitz liegen, es muss nicht einmal angeschnallt sein."

Idiosynkratische Empfindlichkeiten für Unterdrückungsverhältnisse im Auto sind keine Eigenheit von Dita. George erlebt harte Zeiten, er ist arbeitslos und darf aufgrund eines Gerichtsbeschlusses seine Kinder nicht mehr besuchen. Er fühlt sich in vielen Lebensbereichen besonders empfindlich, gerade auch wenn er fährt. Weil er seinen Führerschein verloren hat, kann er sich an schlechten Fahrern nicht rächen, die nicht nur die Regeln der Höflichkeit brechen, indem sie Auto fahren, sondern die ihn auch folgenlos beschimpfen können. Praktisch jedes Mal, wenn er fährt, erleidet er nun lebhaft diese offensichtliche Ungerechtigkeit! Mitfahrer sind selten in der Lage vorher zu wissen, wodurch ein Fahrer zum Opfer wird. Bang, einem sechzigjährigen aus Vietnam eingewanderten Geschäftsmann, geht es wirtschaftlich sehr gut. Er fährt einen „neuen schwarzen Toyota 4-Runner", doch hat er den Eindruck, dass es „andere Leute auf mich abgesehen haben und nur mich schneiden, niemanden anderen". Als die Interviewerin mit ihm fuhr, war sie überrascht, dass er sogar „jenen Fahrern unterstellte, ihn zu schneiden, die sich in einigem Abstand wieder vor ihn einreihten. Craig, der von seiner Freundin als japanisch-amerikanischer „Doktor der chinesischen Medizin" bezeichnet wird, der Akupunktur und Naturheilkunde betreibt, wird von einem „alten Mann in einem Kleinlaster geschnitten". Obwohl Craig beklagt, dass „er nicht einmal geschaut hat, bevor er die Spur wechselte" und damit einräumt, dass der Übeltäter ihn gar nicht gesehen hat, schneidet er den Typen zur Vergeltung und bemerkt dabei: „Du glaubst wohl, du hättest mich schon gehabt, oder?"

Ein wichtiger Aspekt bei der Bestimmung des eigenen Ausrastens beim Autofahren besteht darin, dass man sich persönlich als Opfer wahrnimmt, und das kann selbst dann aufrechterhalten werden, wenn man weiß, dass der regelverletzende Fahrer es nicht persönlich meint und wenn man mit einer Masse anderer Fahrer in einem Verkehrsstau steckt. Wenn man keinen bestimmten anderen Fahrer beschuldigen kann, dann wenigstens „diejenigen, die dafür verantwortlich" sind. Cindy zum Beispiel hat Probleme, aus einem „zugestellten" Parkplatz herauszukommen, weil andere Autos zu nahe daran abgestellt sind. Es bildet sich eine kleine Schlange, die darauf wartet, dass sie herauskommt, während der Parkwächter zuschaut und lacht. „Ich begann mich zu ärgern. Ich dachte bei mir – warum haben die überhaupt so schmale Parkplätze? (…) Warum mussten die Leute, die die Uni in Los Angeles betreiben, tausende Parkplätze in den Parkhäusern der Studenten für das neue medizinische Personal abgeben?"

Ein zweiter Aspekt bei der Bestimmung des eigenen Ausrastens durch eine Opferhaltung besteht darin, dass man das eigene Leid als Verletzung der gemeinschaftlichen Regeln ansieht. Das Opfer beansprucht keine besonderen Bevorzugungen, sondern fordert in seinem Protest nur die Rechte eines jeden ein. Ellen, eine „unabhängige Geschäftsfrau" bezieht sich auf das Muster des Einfädelns, wenn zwei Fahrspuren zusammengeführt werden, als „reine Etikette: du lässt jemanden rein, und dann wirst du reingelassen". Als sie an der Reihe war und eine Frau die Lücke schloss, um sie am Einfädeln zu hindern, verstand Ellen das als eine Beleidigung, und zwar nicht nur ihrer Person, sondern als Angriff auf die ganze Gemeinschaft: „Als sie mich schnitt, hat sie die ganze Mannschaft fallen gelassen".

Viele Interviewte sprechen im selben Geist, wenn sie nach einem Bericht über die eigene Opfersituation hinzufügen: „Würden sie da nicht auch ausrasten?"

Eine psychoanalytische Fahrerin versuchte den offenkundigen Konflikt zu versöhnen, der sich auf der einen Seite durch das Gefühl bildete, von schlechten Fahrern ausgenutzt zu werden, und auf der anderen Seite dadurch, sie als schlecht anzusehen, wenn sie sich nicht um die Autofahrer um sie herum bekümmern. Ihre Formulierung ist, dass solche Fahrer „absichtlich unbewusst" seien. Daraus folgte in ihren Augen, dass man sich nicht gegen solche Fahrer richten könne, ohne dabei die Aufmerksamkeit dieser Übeltäter auf etwas zu lenken, dass die gesamte fahrende Öffentlichkeit unterdrückt.

Gerade weil die Regelverletzung eine unpersönliche Gleichgültigkeit mir gegenüber zum Ausdruck bringt, betrifft sie jedermann. Auf der Grundlage dieses Verständnisses von Selbst und Anderem, beginnt die altruistische Reaktion Sinn zu machen. La Verne ist böse auf Fahrer, die zwar „schnell" fahren, aber nicht von der Überholspur weichen, wenn sie sich von hinten nähert. „Weißt Du, sie befolgen die Regeln nicht. Dann mache ich einen Aufstand und schreie und hupe". Bruce, ein Atemtherapeut, argumentiert dass er die Leute, die ihn schneiden, auch wieder schneidet, und zwar unabhängig davon, ob sie es beabsichtigten oder nicht, „weil sie aufpassen sollten". Seine Rache dient keineswegs nur der persönlichen Befriedigung. „Du glaubst nicht, wie viele Unfälle passieren, nur weil die Leute nicht aufpassen."

Bob, der 37 Jahre alt ist und für eine Drogerie arbeitet, hat eine ungewöhnlich verfeinerte Moralphilosophie, mit der er den Schlag gegen gemeine Autofahrer führt. Er versteht seine Reaktion als einen Dienst an den Interessen, die einst soziale Gesetze der natürlichen Selektion leisteten, bevor die Gesellschaft ihre disziplinierenden Kräfte einbüßte.

„Die Zivilisation entstand, weil wir bessere Wesen sind, weil wir eine soziale Form des Zusammenarbeitens entwickelt haben, um unsere ganze Art zu erhalten. Im Laufe unserer Evolution und der Veränderungen in der Zeit haben wir Regeln entwickelt, nach denen wir zusammen leben... und die Leute, die unfähig waren und den Regeln in den alten Zeiten vor Hunderten von Jahren nicht folgten, wurden getötet oder aus der Gesellschaft verwiesen. Das wird heute nicht mehr so häufig gemacht und sollte auch nicht gemacht werden, aber Kalifornien und die Fahrer in Los Angeles bringen mich dazu, diesen Gedankengang zu überdenken. Ich meine, wir haben jetzt Regeln in unserer Gesellschaft, die formal und geschrieben sind, und andere, die ebenso stark und ungeschrieben sind, für alle Aspekte des Lebens in Amerika. Einer dieser Bereiche ist das Fahren... Wenn du diesen Regeln nicht folgst oder folgen kannst, hast du es nicht verdient zu fahren."

Die Interviewerin, seine Freundin, erfasst den Altruismus in seinen aggressiven Ansichten: „Bob setzt sich auch zugleich für alle anderen ein, wenn er Leute anschreit, wenn er jemanden schneidet oder wenn er drängelt, dann leistet er einen öffentlichen Dienst. Und er weiß das." Letzten Endes kommt er von seiner eigenen Spur ab, um den schlechten Fahrern eine Lektion zu erteilen, auch wenn er vermutet, dass sie eigentlich alle „beschissene Hirntote" sind.

3.1 Typisieren und Bedeuten: Die moralische Anziehungskraft des Vorurteils

Dass der Fahrer sich selbst als Opfer sieht, bildet die erste Phase der Selbstdefinition im Prozess des Wütendwerdens. In der zweiten Phase muss sich die Person, die ausrastet, mehr auf den anderen beziehen, und zwar auf eine Weise, die den Geist des Wütens beibehält. Die zentrale Herausforderung besteht an dieser Stelle darin, den anderen eine doppelbödige Identität zuzuschreiben: Während man die besondere Persönlichkeit in all ihren Eigenheiten anerkennt, muss man den anderen auch als Repräsentanten einer moralischen Inkompetenz beschreiben, die man praktisch überall in der Gesellschaft antreffen könnte.

Als Folge der besonderen Logistik sozialer Interaktionen unter Autofahrern fällt der Vollzug der Selbstdefinition viel leichter als die Zuschreibung zum anderen. Man ist ja mit dem Objekt der Selbstdefinition besonders vertraut. Doch der andere ist für den Fahrer nur für ganz kurze, flüchtige Augenblicke verfügbar und auch dann nur als eine Person, auf die man nur kurze Blicke aus verqueren Winkeln werfen kann und die sich in einer dunklen Metallhülle verbirgt. Unter diesen engen Wahrnehmungsbeschränkungen muss der ausrastende Fahrer große Dechiffrierkünste anwenden, um dem anderen Fahrer bestimmte Eigenschaften abzugewinnen, die Verallgemeinerungen über seine charakterlichen Eigenschaften erlauben.

So geschieht es häufig, dass Fahrer, nachdem sie geschnitten wurden, unmittelbar und scharf auf den anderen Fahrer fokussieren und sich rasch auf jede auch nur mögliche Information stürzen: die Machart und das Modell des anderen Autos, die Gepflegtheit des Fahrzeugs, das Gesicht des Fahrers und seine Kleidung. Zuweilen wagen die Fahrer, die geschnitten wurden, knifflige Manöver innerhalb des Verkehrsgeschehens, um neben dem anderen Fahrzeug zu fahren und zusätzliche Informationen zu sammeln.[20]

---

20 Als ich meine Studie zu den wütenden Autofahrern begann, ertappte ich mich selbst bei solchen Manövern. Ich begann mich zu fragen: was suche ich da bloß? Meine Suche, so schloss ich, zielte auf ein Zeichen, das ich der Situation entnehmen und anderswo

Gleichzeitig setzt der Fahrer, der sich als Opfer sieht, einen wilden Prozess der Generalisierung in Gang, in dem er die regelverletzende Partei mit einem halbwegs passenden Etikett zu versehen versucht, ein Etikett, das wenigstens so lange halten kann, dass die Wut aufkommen und ihre rasche Metamorphose durchlaufen kann. Um dieser zweiseitigen Aufgabe des Zuschreibens nachkommen zu können, machen die Fahrer verblüffende Sprünge zwischen Besonderem und Allgemeinem, stellen Details über die Hersteller der Autos fest und reflektieren über das Wesen der Leute „da draußen". Sie wechseln zwischen Beschreibungen von dem, was an einer bestimmen Kreuzung an einem bestimmten Tag geschieht und dem Angebot von soziologisch formulierten Erklärungen der allgemeinen Pathologien unserer Gesellschaft. Gängige Erklärungen der letzteren Art bestehen darin, dass der Vorfall zeige: warum Menschen auf Autobahnen erschossen werden, wie die Zivilisation allmählich aus dem Leben in Los Angeles schwinde sowie die Mängel der verschiedenen zugeschriebenen Untergruppen der Bevölkerung.

Wenn man sich die verschiedenen Typen von Generalisierungen einmal ansieht, die die Autofahrer vornehmen, dann erkennt man schnell, wie der Vorgang des Generalisierens der anderen als Rahmen dient, in dem die Wut sich entfaltet. Es gibt kein bestimmtes Kategoriensystem, nach dem die Fahrer die Unfähigkeit derer, die sie wütend machen, anrufen. Es gibt nur ein allgemeines Merkmal, nämlich der logische Sprung von einem besonderen Augenblick oder einem Zug im Fahrverhalten zum Charakter der Person als Ganzes. Bei den Mitgliedern unserer Stichprobe wurde dies am häufigsten dadurch erreicht, dass man „Idiot" auf eine ansonsten sehr vielgestaltige Reihe von mutmaßlichen Nachlässigkeiten und Fehlern beim Fahren anwendet.

„Dieser idiotische Fahrer (an den sich Tara im Zusammenhang mit einem Ereignis erinnerte, bei dem sie ganz eng geschnitten wurde) war einfach nur widerlich und ärgerlich. Er war wie jemand, der versucht, jeden Zentimeter auf der Straße einzunehmen, den er nur kriegen kann. Das ist in Ordnung, aber er muss dabei auf die anderen Fahrer achten. Er muss sicherstellen, dass das, was er tut, die anderen nicht gefährdet. Nicht andere Fahrer wie mich zu erschrecken. Aus diesem Ereignis habe ich gelernt, auf der Straße besser aufzupassen und mich vor dummen Fahrern in Acht zu nehmen."

---

als nützliche Stütze für mein Vorurteil nutzen konnte, etwa der Art „Ah ja, so schauen diese Leute aus."

Indem sie von einer bestimmten Fahrhandlung auf den allgemeinen Charakter des Fahrers schließt, interpretiert Tara die spezifische Situation auf einen Sinn hin, den sie aus ihr herausnehmen kann. Das bringt sie auf dumme Fahrer im Allgemeinen. Wütende Fahrer nehmen verschiedene Untertypen von fehlerhaftem Fahren wahr.

„Raumschnorrer", wie sie Francine verärgern, versuchen an die Spitze von Staus zu kommen, indem sie flink in die kleinen Lücken hüpfen. Indem sie sich auf ihre Wahrnehmung bezieht, um ein, zwei Fahrer zu charakterisieren, lässt sie diese Raumschnorrer an ihr vorbeiziehen, wann immer sie muss, doch ihre Verärgerung löst sich manchmal, wenn „sie tatsächlich sieht, wie diese Raumschnorrer scheitern und eine Meile weiter hinter dem Punkt enden, von dem sie ursprünglich ausgingen". George dagegen ärgert sich über den Typus des Dränglers; er träumt davon, ihnen ihre wohlverdiente Strafe zu Teil werden zu lassen. „Manchmal habe ich Phantasien darüber, wie ich einen Drängler von der Straße drängle."

Anstatt auf bestimmte Fahrhandlungen des regelverletzenden Fahrers können sich die wütenden Fahrer auch auf Merkmale von dessen Fahrzeug konzentrieren, um der Begegnung allgemeine Merkmale abzugewinnen. Lastwagenfahrer werden häufig auf eine Weise gesehen, wie sie im folgenden Beispiel zum Ausdruck kommen. Pablo ist einundsechzig und pendelt nach Burbank, wo er in einen Pendelbus nach Palmdale wechselt; er bringt es so zum Ausdruck: „Diese Lastwagenfahrer glauben, dass jeder sofort für sie den Weg frei macht, weil er nicht riskieren möchte, zerquetscht zu werden. Nur weil sie keinen Selbstwert haben, müssen sie nicht glauben, dass sie das an mir abreagieren müssen."

Manchmal schaffen wütende Fahrer neue Charaktertypen, indem sie Merkmale der äußeren Erscheinung von anderen mit der ihrer Fahrzeuge verbinden.

Patrick, ein dreiunddreißigjähriger erfolgreicher spezialisierter Versicherungsverkäufer, der in einer „Mittelschichtsgegend in Studio City" wohnt, schrieb einem körperlich kleinen Fahrer einen „Napoleon-Komplex" zu, weil er in einem Mercedes-Benz saß und „eine coole kleine Sonnenbrille auf seinem Kopf mit schütterem Haar hatte… er war ein kleiner Mann, der mit seinem teuren Auto hoffte, die Leute zu beeindrucken." Wenn Patrick „solchen Leuten" begegnet, dann versucht er sie „in ihrem teuren Auto, wieder auf den Boden zu bringen und ihnen zu zeigen, dass ihre Scheiße genauso stinkt wie die anderer Leute."

Der Interviewer war weise genug, Patrick zu fragen, ob es für ihn einen Unterschied machte, wenn der Fahrer eine große Frau in einem Toyota Tercel gewesen wäre. „Er dachte für ein paar Sekunden nach und mit einigem Zögern behauptete er dann, dass es für ihn nichts anderes wäre. Er sagte, dass er ebenso reagiert hätte." Seine Wut mag vielleicht dieselbe gewesen sein, aber man kann darauf wetten, dass seine

Charakterisierung anders ausgefallen wäre. Der andere Fahrer muss so definiert werden, dass er das Problem verursacht, weil er unfähig ist, die Einzelheiten der Situation um ihn herum zu erfassen oder weil er ihnen gleichgültig gegenübersteht. Eine völlig unpassende Charakterisierung würde nicht funktionieren. Doch macht es nicht sehr viel aus, welchen Typus der Vorurteile wütende Fahrer benutzen? Unter dem Druck, in einer Situation schnell handeln zu müssen, in der man wenig erkennen kann, arbeitet der Fahrer mit allem, was ihm gerade zu Händen kommt.

Man muss das im Kopf behalten, wenn wir uns der nächsten Art von Vorurteilen zuwenden, nämlich jenen, die mit der Rasse oder ethnischen Herkunft verbunden sind. Denn der politisch sensationsträchtige Aspekt dieses Themas verleitet zur falschen Vorstellung, dass es hier um die Enthüllung von ursächlich relevanten rassistischen Motiven geht. Unsere Daten zeigen, dass wütende Autofahrer die ethnische Herkunft abwechselnd mit Stereotypen über politisch unbedeutende Merkmale verbinden. Vielleicht gibt es für manche Fahrer eine Art Präferenz für ethnische Kriterien anstelle anderer, etwa der Art: wenn man Ziele für seine Wut auf einen anderen Fahrer sucht, schau zuerst nach der ethnischen Herkunft, dann nach Geschlecht, dann nach dem Alter, dann nach der Art des Vergehens, dann nach dem Typ des Autos usw. Unsere Daten lassen keine Schlüsse auf solche Präferenzen zu. Doch sie zeigen, dass der Großraum Los Angeles viele Möglichkeiten bietet, um rassistische oder ethnische Stereotypen auf regelverletzende Fahrer anzuwenden, und unsere Daten zeigen auch, dass diese rassistischen Stereotypen zwar nicht wesentlich sind für die Aufarbeitung und Aufrechterhaltung der Wut, dass sie aber von den Fahrern doch sehr ernst genommen werden.

Eine Weise, Vorurteile ernst zu nehmen, besteht darin, sie in die hochgradig respektable Form einer gut untersuchten soziologischen Theorie zu bringen.

So beschreibt, Rod, ein ehemaliger Marinesoldat, eine „schäbige orientalische Dame, die über hundert Jahre alt gewesen sein muss, als die Person, die eine rechtswidrige Wendung vollzog und sein Auto berührte. Als nicht unbeteiligter Beobachter lieferte Rod eine belegende Fußnote nach: „Ich war in Korea und in Japan, und sie fahren dort überall wie die Verrückten herum."

Philip, ein junger Musiker, dem wir schon weiter oben begegnet sind, wurde wütend, als er auf dem Melrose-Boulevard Richtung Osten unterwegs, eine Kassette von Melvin hörte und dabei hinter zwei Autos zum Stehen kam, deren Fahrer angehalten hatten, um ein Gespräch zu führen.

„Philip hupte und schrie und war aggressiv gegen die Scheiß-Iraner. Zornig griff er in seinen Aschenbecher und schnappte sich ein paar Münzen, die er in Richtung der Autos vor ihm warf".

Wenn aggressive Fahrer manchmal als selbstsüchtige, verschwörerische Iraner charakterisiert werden, so bleiben die am häufigsten missbrauchten Kategorien, die der „Asiaten", „Japaner", „Koreaner" und „Chinesen". Barry, ein jüdischer Rechtsanwalt mittleren Alters, der von einer koreanischen Studentin interviewt wurde, erklärt ihr, dass „die meisten Asiaten die Fahrprüfung bestehen, weil ihnen die Antworten zu den schriftlichen Tests von den asiatischen Fahrschulen gegeben werden", denn „sie brauchten mehr Fahrerfahrung, bevor man sie auf die Straße lassen kann". Als Ursula, eine Latina, geschnitten wird und herausschreit: „Blöde Chinesen, warum gibt man euch überhaupt den Führerschein?", sagt ihre Tochter: „Die kaufen sich den Führerschein, nicht wahr?"

Die asiatischen Fahrer sind sich dieser Vorurteile durchaus bewusst, und als Revanche teilen sie diese. Die folgende Geschichte wurde von einem japanisch-amerikanischen Studenten namens Hugh erzählt, der aus einer Familie stammt, die in der dritten Generation in den USA lebt und als Buchhalter im Zentrum von Los Angeles arbeitet. Hugh führt die problematische Situation mit der Frage ein: „Kann man glauben, dass diese Leute mit 45 Meilen pro Stunde auf der Autobahn fahren?"

„Ich hing hinter einem Honda. Die anderen Autos fuhren mindestens 75 Meilen. Ich schaute auf meinen Tacho und sah, dass ich 45 Meilen fuhr. Ich versuchte zu überholen (...) aber (...) die anderen Autos fuhren einfach zu schnell. So fuhr ich eng auf das Auto vor mir auf. Man denkt sich, die merken das. Aber das Auto fuhr einfach weiter 45 Meilen. Deswegen beschloss ich grob zu werden und zu hupen. Das Auto beschleunigte einfach nicht. Junge, war ich sauer. Schließlich sah ich ein Bremslicht (...) Als ich vorbeifuhr, sah ich einen asiatischen Fahrer. Weil ich ziemlich sauer war, flippte ich beim Vorbeifahren aus. Mann!" Die Interviewerin fragte ihn, warum er so sauer war. „Nun, die Leute ziehen immer so über uns asiatische Fahrer her. Es sind solche Autofahrer, die unseren Ruf verderben."

Welche Stereotypen auch immer über Asiaten in anderen Bereichen des sozialen Lebens vorherrschen, auf der Straße gelten sie offenbar nicht als die „Vorbildminderheit". Afroamerikaner wurden in unserer Stichprobe nur einmal beschimpft (von einem Latino, der „Affe" schrie), während Mexikaner als solche oder als „Bohnen" selten beschimpft wurden. Wie Leser weiter unten sehen werden, sind bestimmte Stereotype oder Code-Wörter für Weiße weitaus häufiger als für Schwarze, wie etwa

„Yuppie", „Vorstadtvolvo-Mutter", „steiler Zahn" und „reiches Punk-Kind". Mars, eine unserer studentischen Interviewerinnen, die selbst weiß ist, bot das folgende Beispiel für ein populäres Vorurteil gegen einen Untertypus des Kaukasiers: „Sofort als ich sah, wie die Frau mich schnitt, machte ich verschiedene Verallgemeinerungen darüber, was für eine Frau sie war, eine ‚Blondine in einem Cabrio in Los Angeles'. In diesem Moment schossen mir alle Blondinenwitze-Stereotypen durch den Kopf."

Wenn hier der Rassismus am Werke ist, dann handelt es sich dennoch nur um eine einfache Ausweitung auf die Situation des Fahrens. Wir werden ein besseres Bild von der Art erhalten, wie die rassischen Stereotypen bei der Aufrechterhaltung der Wut der Fahrer wirken, nachdem wir gesehen haben, wie andere Zuschreibungen gebraucht werden. Für gewöhnlich wird auch das Alter als eine sichtbare Evidenz für die Inkompetenz von Fahrern angesehen. Hugh erinnert sich in seiner Beschreibung einer Situation, in der zwei Fahrspuren von einem Auto blockiert wurden:

> *„Ich versuchte auszuweichen, aber als ich es versuchte, scherte der Wagen in dieselbe Richtung aus wie ich. Ich sah diesen alten Mann hinter dem Lenkrad, wissen Sie, die sollten nicht mehr fahren dürfen. (…) Diese alten Leute bringen alle anderen auf der Straße in Gefahr."*

Selbst wenn ältere Menschen zu schnell fahren, kann ihr Alter als allgemeiner Hinweis auf ein ungehöriges Ereignis dienen. Mario, ein zweiundvierzigjähriger Export-Import-Händler, erinnert sich, wie er ganz knapp von einer Frau geschnitten wurde, die einen weißen Volvo auf eine sehr aggressive Weise fuhr. „Man würde meinen, ältere Leute wären ein wenig dezenter."

Wenn auf das Alter Bezug genommen wird, dann zieht man jedoch nicht über eine einzige Alterskategorie her. Junge Fahrer werden regelmäßig als rücksichtslos bezeichnet. „Banker" und „Mütter", aber auch Kategorien mit Altersbezug wie „Scheißalte" oder „Jungpunk", werden ebenso verurteilt als selbstzufrieden oder nur mit dem eigenen und vermeintlich konservativen Interesse beschäftigt, dass sie arbeitende Menschen nicht schnell genug zu ihren viel dringlicheren Aufgaben kommen lassen. Tony, der eine Reihe von Jobs hat (im Antiquitätengeschäft seines Vaters, als Installateur von Autosicherheitsanlagen und Leiter einer Kinderschwimmschule) erinnert sich wie er wütend wurde, als er auf dem Coldwater Canyon fuhr, einer in beiden Richtungen einspurigen Straße, die er täglich benutzt. Er traf plötzlich auf Personen, die er „Schwachköpfe" nannte, weil sie aus übermäßiger Vorsicht zu langsam fuhren. Genauer handelte es sich um einen

> *„Volvo mit zwei Frauen, die ihre Kinder mit sich schleppten" und die, weil sie so langsam fuhren, „nicht die Coldwater entlang fahren sollten". Der Interviewer*

bemerkt, „Ist es so, dass sie gar nicht da sein sollten, wenn sie spät zur Arbeit fahren?" – „Ja".

In einem anderen Interview erklärte Marnie, eine Kunstlehrerin im Valley, die in Malibu wohnt, dass er scharf bremsen musste, um einen Unfall mit einem Auto zu verhindern, das auf einer Schlucht-Straße unerwartet ausscherte. Marnie schrie spontan: „Du saublöde Schlampe" und beschrieb die Übeltäterin als eine „Hausfrau in einem hässlichen Kleinlaster", die glaubte, „ihr gehöre die Straße".

Wie auch das Alter, so dient auch das Geschlecht häufig dazu, den ärgerlichen Begegnungen einen allgemeineren Sinn zu verleihen, doch wie auch beim Alter zielen die geschlechtlichen Stereotypen nicht nur in eine Richtung und sie beziehen sich auch weder hinsichtlich der Quelle noch hinsichtlich des Ziels der Beschimpfung immer nur auf das andere Geschlecht. Wie schon das letzte Beispiel zeigt, sehen Frauen gerne Frauen als das Übel an und bei Männern sind es häufig auch Männer. Mark, der schon oben genannte Dachdecker, spricht seinen Ärger über verschiedene Arten von Fahrern aus, unter anderem auch „einen dieser Macho-Angeber mit einem überdimensionierten Truck". Natürlich sprachen die Männer in unserer Auswahl auch von der „klassischen Frau am Steuer", zum Beispiel im Falle eines Autos, das die Abfahrt von der Autobahn nicht nahm, obwohl der Blinker leuchtete. Auf der Gegenseite erkannten die Frauen einen „Testosteronüberschuss" als Ursache für schlechtes Fahrverhalten.

Die Kategorien, mit denen die Fahrer ihre Wut erklären, lesen sich wie ein altmodisches soziologisches Handbuch. Neben Ethnie, Geschlecht und Alter wird häufig auch die soziale Klasse als eine alltagstheoretische Kategorie verwendet, um der Erfahrung von automobiler Ungerechtigkeit Sinn zu verleihen. Als Hilfsmittel zur Bestimmung der sozialen Klasse dienen die Marke, das Alter und der Zustand des Autos. Fahrer, die als wohlhabend angesehen werden, weil sie in teuren Autos herumfahren, werden häufig mit Phrasen beschimpft, in denen die revolutionäre Leidenschaft des Klassenkampfes so sehr nachzuhallen scheint, dass es für die meisten verzagten Marxisten eine richtige Freude wäre. Hier sind nur einige Beispiele von vielen:

- Hilaria: „Du musst mit dem Fluss schwimmen. Ich schwimme mit dem Fluss. Es gibt keine Sonderrechte. Und dann gibt es meistens ein Arschloch in einem BMW. BMWs glauben, ihnen gehöre die Straße. Aber sie können die Leute nicht einfach schneiden. Mercedesfahrer sind auch so."
- Darlene, die ein Auto zu schneiden versuchte, das sie selbst geschnitten hatte, nur um wieder geschnitten zu werden: „Sie wollte sich und alle anderen Fahrer an diesem BMW rächen, und sie bemerkte, dass ihre Mission gescheitert war.

Sie (…) fühlte etwas Neid – reiche Leute scheinen immer die Oberhand zu gewinnen, bei was auch immer. Durch diesen Vorfall erkannte sie, dass sie nur auf eine Chance gelauert hatte, einen reichen Yuppie zurechtstutzen zu können."

- Catherine, eine Hausmanagerin mittleren Alters, kurz nachdem sie einen Unfall mit einem Sportwagen vermied, der mit Lichthupe fuhr, verdammt die „kleinen, reichen LA-Oberklassen-Fuzzies".

- Drew, ein öffentlich zugelassener Buchhalter, ärgert sich vor allem über die Privilegierten: „Man kann viel über jemand anderen erfahren, wenn man weiß, welches Auto er fährt." Beim Versuch, Übeltäter einzustufen, erklärt er, dass er sich am meisten über „Yuppies" ärgert, die BMW fahren und mit Autotelefonen reden, oder vielleicht auch „Frauen mittleren Alters im Jaguar, die übers Autotelefon mit ihrem Pudel reden, der auf dem Rücksitz hechelt. Aber dann besinnt er sich: „Am schlimmsten sind die kleinen Teenager, die in den Autos ihrer Väter und deren Sportwagen mit ihren kleinen Freundinnen herumfahren und so tun, als gehörte ihnen die ganze verdammte Straße."

Man darf diese Rhetorik des Klassenkampfes nicht als Ausdruck einer revolutionären Einstellung betrachten, denn man sollte bedenken, dass sich ein gerütteltes Maß an Empörung auch gegen diejenigen richtet, von denen man auf der Grundlage ihrer Autos annehmen kann, dass sie arm sind. So erinnert sich Dana daran, dass sie bei einem Schnellrestaurant anhielt, um rasch etwas zum Essen mitzunehmen: „Ich wollte gerade in die Parklücke hineinfahren, als ich sah, wie eine Frau in einem völlig abgestürzten Auto vor mir hineinfuhr, obwohl ich an der Reihe war." Der schäbige Zustand des Autos der Übeltäterin wird, wie ich vermute, nicht als ein Teil des Geschehens betrachtet, sondern eher als ein Hinweis auf die scheinbare moralische Inkompetenz dahinter. Ellen, die gerade auf die Autobahn einbiegen möchte, als sie vom Arbeiten auf dem Weg in ihren Fitnessclub ist, wird frustriert von „dieser einen Tante in einem Volkswagen oder sonst so einem Kübel, die nicht noch einmal nach vorne aufschloss, obwohl ich so nah an ihr dran war."

Wütende Fahrer rufen dieselben Variablen zur Beschreibung der Objekte ihrer Aufmerksamkeit an, wie sie üblicherweise von Soziologen verwendet werden, die mit statistischen Verfahren arbeiten. Demographische Merkmale sind besonders hilfreich für die Erklärung des Verhaltens von Menschen, wenn man nur wenige Indizien dafür hat. Ausrastende Fahrer sehen es als selbstverständlich an, dass sie nur durch einen kurzen Blick auf das andere Auto schnell und genau persönliche Identitätsmerkmale wie Rasse, Ethnie, Alter, Geschlecht und sozialen Klassenstatus erkennen. Indem sie sich auf demographische Faktoren konzentrieren, stützen sich die wütenden Fahrer auf ein Allgemeinwissen, das solche Faktoren als wichtigste und umfassendste Determinanten menschlichen Verhaltens ansieht.

Wenn Sie Übeltäter benennen, dann legen die Fahrer großen Wert auf die empirische Grundlage ihrer Beschreibung. Obwohl sie schnell urteilen müssen, akzeptieren sie diese Einschränkung nicht als Ausrede für Schlampigkeit in ihrer Datenerhebung. Yolana, eine Latina, fokussiert ihre Aufmerksamkeit sehr genau, als ihr RX7 beinahe von einem Auto gerammt wird, das aus einer Parklücke fährt. „Als ich durch meinen Rückspiegel blickte, konnte ich erkennen, dass der Fahrer ein junger Mann von etwa 20 Jahren war, vielleicht philippinischer oder spanischer Herkunft." Wenn sie bemerken, dass ihre ersten Beschreibungen unzutreffend sind, beeilen sie sich, Korrekturen vorzunehmen. May, die sich als „halb asiatisch" bezeichnet, ist „stolz darauf, dass sie nicht in die stereotype Kategorie der geistig abwesenden Asiaten" fällt. In einer der letzten Nächte, als sie von ihrem Training zu dem „echt angesagten Club in Brentwood" fährt, findet sie sich hinter einem „abgeratzten Kompaktwagen einer unbestimmbaren Marke. Dem Auto und damit auch dem Fahrer gelingt es nicht, auch nur halbwegs die vorgeschriebene Geschwindigkeit zu erreichen." Zuerst sagt sie „Scheiß Rentner!", dann sieht sie, dass der Fahrer ein junger Mann ist. Nachdem sie eng aufgefahren ist, fährt sie an ihm rechts vorbei und „erinnert sich zu erkennen, dass der Fahrer ein Perser anfangs zwanzig war mit etwas, das sie als riesige Augenbraue bezeichnete." Nach ihren ersten oberflächlichen Beobachtungen über den Status des Autos und ihre Unfähigkeit, die Marke zu identifizieren, wird sie schärfer und versucht eine Altersbestimmung. Dann zeigt sie so viel Rechtschaffenheit, diese Variable zu streichen und geht zu einer ethnischen Dimension über, als ihre Erkenntnisse die frühere Hypothese widerlegen. May fügt mit der Augenbrauen-Beobachtung eine Art methodologischer Fußnote an, da diese ihre Codierungskriterien hinsichtlich der ethnischen Identität offen legt.

Wenn man die Fahrer als Laiensoziologen betrachtet, dann erkennt man bald ihre erfrischende Bescheidenheit hinsichtlich der Grundlagen ihres Wissens. Einige Interviewpartner machten von sich aus Bekenntnisse über ihre Vorurteile, mit denen sie die Glaubwürdigkeit der von ihnen bevorzugten Stereotype schlechter Fahrer vollkommen unterwanderten. Von Mark, einem arbeitslosen Dachdecker zum Beispiel, berichtet sein Interviewer:

> „Einmal mehr verlor er seine Stelle in einem Dachdeckerbetrieb an eine mexikanische Firma, die für weniger zu arbeiten bereit war. Wenn er dann beim Fahren jemanden schlecht fahren sieht, so erzählte er mir dann, neigt er dazu, ihn für einen Mexikaner zu halten und dann anzugehen."

Und Bob, der motorisierte Darwinist, dem wir schon einmal begegnet sind, denkt immer an Sex und Ethnie, doch erkennt er, dass

„seine Wut auf Gleichberechtigung beruht. Kein Typ von Fahrer kann vor seinen abfälligen Bemerkungen sicher sein. Er sagt: „ich passe die Beschimpfung an die Person an, die mich wütend macht".

Viele der Interviewten brachten einen selbstabschätzigen Humor zum Ausdruck, mit dem sie die schmale rationale Basis ihrer Wut mischten und sprachen ihren in der Situation stark vertretenen Ansichten jede über die Situation hinausgehende Geltung ab.

Wir haben hier ganz eindeutig sehr gute Evidenzen für die situativen Praktiken, mit denen andere durch demographische Merkmale charakterisiert werden, um den besonderen Augenblicken der Wut eine allgemeinere Bedeutung zu verleihen. Es genügt dem wütenden Fahrer offenbar nicht, seine Erfahrungen in den Grenzen eines Rahmens zu deuten wie „Jemand schneidet mich gerade, verdammt!". Es genügt dem Fahrer auch nicht, sich den anderen in einer Weise vorzustellen, die den eigenen Phantasien folgt und nicht von der Wirklichkeit beeinträchtigt wird. Vielmehr wird eine *dualistische* Beschreibung gefordert. Es muss eine Perspektive eröffnet werden, die sowohl den *spezifischen* Merkmalen der Situation wie auch den *repräsentativen* einer Klasse von Menschen gerecht wird.

Indem der wütende Fahrer in der örtlichen Situation eine transzendente Bedeutung schafft, verfolgt er das praktische Ziel, einen Weg aus der bedrückenden Situation zu finden. Jetzt können wir den ausrastenden Fahrern folgen, wie sie sich beeilen, diesen Fluchtweg zu begehen.

3.2 Ausflippen, Dominanzspiele und andere narrative Strategien, um den stillschweigend zugrundegelegten Körper zur Sprache zu bringen

Will ist ein sechsundsechzig Jahre alter Universitätsprofessor und Vater von sechs Kindern. Er lebt im Valley und lehrt Erziehungspsychologie auf einem staatlichen Campus. Da er die herrschenden Meinungen der akademischen und soziologischen Kreise vertritt, würde er die Dynamik der Wut in rationalen Begriffen erklären. Will gesteht, dass er wütend wird, wenn man ihn mit dem Auto schneidet, doch erklärt er, seine Reaktion bestehe nur darin, „einen Blick zu werfen". Er selbst versteht diesen Blick als Ausdruck einer kühlen Überlegung: „Ich bin böse, weil du mich etwas erniedrigt hast. Ich beanstande die Art, in der du fährst, und ich gebe dir hiermit ein negatives Feedback über deinen Fahrstil, sofern er andere Menschen betrifft. Bitte verändere dich."

Diese Botschaft zeigt schön, wie sich Will als Opfer erfährt und ausdrücklich die Bedeutung der Begegnung verallgemeinert. Er benutzt sie als eine Gelegenheit, um dem Übeltäter eine Lektion zu erteilen, aus der nicht er als Einzelner, sondern die gesamte Gemeinschaft einen Nutzen ziehen kann.

Als er gebeten wird, ein besonderes Ereignis zu erzählen, das ihn wütend machte, beschreibt Will ein etwas metaphorisch dramatisiertes und emotional bewegendes Erlebnis. Ein junger Mann, der ihn darauf aufmerksam machen wollte, dass er von Will geschnitten wurde, fuhr seitlich an seinem Auto auf, „schrie mich an, setzte sich vor mich und trat auf seine Bremse. Wenn ich langsam fuhr, fuhr er langsam schier auf meine Stoßstange hinten auf. (Als wir beide an einer roten Ampel stoppten), stellte er sich neben mich und ich hieß ihn einige unschöne Namen. (Die waren?) Wenn mich meine Erinnerung nicht täuscht, nannte ich ihn ein Arschloch. (...) Rasch verging die Wut und ich machte mir wieder Sorgen, denn meine Frau war damals bei mir. Es hatte ihr ziemlich Angst gemacht und ich erkannte meine Verantwortung wieder."

Wills beleidigendes Beschimpfen stellt eine Anstrengung dar, den Regelverletzer öffentlich zu erniedrigen. Er möchte „ihm eine Lektion erteilen", und zwar eher in der moralischen als der erzieherischen Bedeutung des Wortes. Wenn die Wut beim Fahren eine beinahe universale Erfahrung ist, dann agieren doch wenige Fahrer routinemäßig wie Ritter der Straße, dem Eid verpflichtet, die Straßenverkehrsordnung gegen diejenigen zu verteidigen, die sie brechen wollen, und dabei kaltblütig persönliche Risiken auf sich nehmen, um die ehrwürdigen Regeln der Gemeinschaft zu verteidigen, wie sie vom Amt für öffentliche Ordnung festgelegt wurden. Vielmehr möchten die wütenden Fahrer ihre Beziehungen zum Regelverletzer in einer Weise dramatisieren, die den moralisch niedrigen Status der Regelverletzer unterstreicht und damit auch die eigene moralische Überlegenheit. Für die vorliegende Untersuchung bedeutet Wills Bekenntnis, dass wir noch immer nach einer Erklärung dafür suchen müssen, warum Fahrer naturgemäß, ohne weitere Überlegungen versuchen, ihre Wut dadurch zu transzendieren, dass sie *moralische Dramen* des auslösenden Ereignisses konstruieren.

Der Aufwand, den wütende Fahrer aufbringen, um eine komplexe Handlung zu erzählen, in dem sie einen höheren moralischen Standpunkt gegenüber den anderen Fahrern einnehmen, ist immens. Manchmal seufzen oder murmeln frustrierte Fahrer nur die zwei Silben: „Scheiße", doch gibt es eine große Vielfalt an weitaus elaborierteren Reaktionen, mit denen wütende Fahrer die Situation sinnhaft verstehen. Sie zeigen dem Regelverletzer den Stinkefinger, machen Schlenker um die regelverletzenden Fahrzeuge, um sich fürs Geschnittenwerden zu rächen, hängen sich an die Stoßstangen derer, die sich an ihre Stoßstangen gehängt haben usw. Wie kann die Formulierung einer moralisierenden Deutung der Interaktion dazu dienen, die Wut zu bezwingen? Genügt es zu erklären, warum wütende Fahrer moralisierende Deutungen der anderen formulieren, die sie provozieren? Noch genauer müssen wir erklären, warum wütende Fahrer spontane und dramatische Ausdrucksformen wählen (etwa wenn sie in ihren abgeschlossenen Autos schreien oder an die Öffentlichkeit gehen, um die darüber geschaffenen Geschichten zu erzählen). Warum genügt es nicht, dass Will sich seine moralisierende Deutung des Geschehens einfach denkt? Den beleidigenden Gedanken über den Regelverletzer nur zu denken, funktioniert nicht; „nur denken" frustriert sogar noch mehr als es befreit, weil es das die Wut anspornende Selbstbewusstsein eher erhöht als transzendiert.

Die Szenen, die wir gleich betrachten werden, sind sehr farbenfroh und diese Farbigkeit lässt vermuten, dass darin ein gewisser Sensationalismus am Werke ist. Das trifft in der Tat zu und zwar aus zwei Gründen: Zum einen machen wütende Menschen sensationelle Sachen, weil sie eine Art der sinnlichen Wahrnehmbarkeit produzieren möchten, durch die sie ihre Wut überwinden können. Zum anderen möchten Menschen in Wut ihre Sicht in Gestalt dramatischer Geschichten zum Ausdruck bringen. Die Verbindung zwischen der sinnlichen und der moralischen Dynamik der Wut liegt am Grunde der kausalen Karriere dieser Emotion.

Der Beweis dafür, dass moralische und sinnliche Dynamiken zu den wichtigsten Umständen der empirischen Karriere der Wut zählen, kann darin gesehen werden, was die Leute im Einzelnen tun, wenn sie ausrasten. Wütende Menschen mögen zwar wilde Gefühle erfahren, doch handeln sie keineswegs zufällig oder drehen einfach nur durch. Das strukturierte Verhalten der Wut bietet systematische Ressourcen, um das zu erklären. In diesem Muster können wir die verborgene Beziehung zwischen dem handelnden Selbst und seiner schweigenden Umarmung durch eine heilige Gemeinschaft erspähen.

3.3   Anmerkungen zum gut gezeigten Stinkefinger

Ein Finger, den man einem regelverletzenden Fahrer geschickt zeigt, hilft für gewöhnlich dabei, die Emotionen der ausrastenden Partei umzuwandeln. Es gibt keine offensichtliche soziale Begrenzung für die Anziehungskraft und noch weniger für das Verständnis des alltäglichen Sinns dieser Fingerbewegungen, die „flipp off" oder manchmal „flick off" genannt werden. Zu den Fahrern, die sich daran erinnerten diese Bewegung spontan ausgeführt zu haben, gehörte ein Lastwagenfahrer aus dem

Gebiet östlich von Los Angeles, ein vietnamesischer Flüchtling, der in Montana lebte, bevor er nach Los Angeles kam, ein Buchhalter und Anwalt mittleren Alters, ein pensionierter Hochschulprofessor und, neben mehreren Müttern im mittleren Alter, eine Krankenschwester, ein Psychoanalytiker und mehrere Hausfrauen. Diese Daten beinhalten keinen Fall, in dem die Befragten zweifelten, ob sie „den Finger" gezeigt oder gezeigt bekommen hatten, obwohl es sicherlich möglich ist, dass so etwas vorkommt.[21] Dass eine besondere Geste so weit verbreitet ist und so unzweideutig verstanden wird, deutet auch darauf hin, dass sie sich auf mechanische Eigenschaften stützt, die nicht auf andere Weise gebraucht werden.

Wenn man den Stinkefinger zeigt, dann muss man einen bestimmten Finger aus einer ansonsten geschlossenen Hand ausstrecken. Nicht den kleinen Finger, der einen exzentrischen Charakter bezeichnet, wenn er etwa schräg von der schlaffen Hand abgespreizt wird; nicht den Daumen, der eine herzliche, zustimmende Bedeutung trägt, wenn er von der Faust abgespreizt wird; nicht der Zeigefinger, der eine große Erfahrung darin besitzt, die Aufmerksamkeit mit Präzision von der Person dahinter abzulenken – sondern den Mittelfinger. Als längster Finger an der Hand, reicht er auch am weitesten in die Welt hinaus und bleibt dennoch stark in der Hand verwurzelt, die er grob in zwei Abschnitte aufteilt. Weil er auch leicht zu einer schnellen und steifen Aufrichtung in der Lage ist, die sich scharf gegen die geballte Hand abhebt, zeichnet sich der Mittelfinger ästhetisch vor allen anderen dadurch aus, eine aggressive, phallische Penetration der Welt der anderen zu symbolisieren. Wenn er rasch nach oben gestoßen und dann abrupt angehalten wird, erzeugt der Mittelfinger eine Steifheit, die durch den Arm bis zu einer zweideutigen Stelle am Körper verlängert wird. Auf diese Weise manifestiert er zugleich einen äußerlichen Stoß und zeigt, dass er kraftvoll aus der Mitte des Körpers seines Besitzers beherrscht wird. Aus diesem Grunde kann auch der Zeigefinger die Rolle

---

21 Die Ausnahmen, die vorkommen, weisen darauf hin, dass es eine zumindest rudimentäre Sozialisation geben muss, bei der man lernt, die Gesten richtig zu lesen. Als ich zum ersten Mal in Los Angeles ankam, bemerkte ich häufig, wie Mittelfinger aus den Händen ragten, die durch die Windschutzscheiben sichtbar wurden. Anfänglich betrachtete ich diese Zeichen als gutmütigen Ausdruck von Samaritern, mit dem sie mich darauf hinweisen wollten, dass ich etwas auf dem Dach des Autos liegen gelassen hatte, dass etwas über uns war, vielleicht ein Hubschrauber, und meine Aufmerksamkeit beanspruchte, als einen Hinweis auf Richtungsänderung oder als eine aggressive Geste, die sich an einen anderen Fahrer richtete, dessen Fehlverhalten mir entgangen war. Die Untersuchung, die zu diesem Text führte, begann als ein Versuch, diese kulturelle Inkompetenz zu überwinden.

als der Finger der Finger nicht übernehmen, zumal viele Menschen ihn nicht ganz strecken können, wenn sie ihre Hand geballt haben.[22]

Bei obszönen Gesten, die auf erotische Sexualität verweisen, kann der Mittelfinger lässig durch einen Ring bewegt werden, der aus den Fingern der anderen Hand geformt wird – eine Bewegung, die eine gemeinsam vollzogene Kopulation von Körpern darstellt. Doch der Finger bei der Stinkefinger-Geste mag zwar von einem sadistischen Lächeln begleitet werden, weist aber auf keine Bereitschaft zur Lust hin. Der Zweck der Botschaft liegt in der Bewegung, die zwar ihrem Sinn nach leidenschaftlich ist, doch weniger an Erotik denken lässt als an ein Fehlen von Gefühl, ein gleichgültiger Wunsch, dem anderen zu unerwünschten Gefühlen zu verhelfen. Die surreale Absicht besteht darin, den Finger dem anderen zu zeigen, ohne die Gefühle dessen, der ihn zeigt, der persönlichen Welt dessen, dem er gezeigt wird, auszusetzen. Damit regt der Finger den anderen nicht in einem Sinne „an", wie das bei der erotischen gegenseitigen Verbindung von Identitäten geschieht. Stattdessen regt der Finger in seiner Verbindung mit beiläufiger Grausamkeit den anderen auf. Dabei wird unterstellt, dass der Besitzer des Fingers seine eigene Integrität behält, während er oder sie die Integrität der anderen Person verletzt.

Die ästhetischen Merkmale des Stinkefingers bilden eine nützliche Brücke zwischen den erzählerischen Aufgaben und den kommunikativen Herausforderungen der Gestikulierer. Nehmen wir einmal die Richtung. Nach unten gezeigt, könnte er eine offensive Bedeutung annehmen, doch ist es kein gutes Zeichen. Nach oben gerichtet zeigt der Finger das stärkste Profil, das ein Finger erreichen kann, und er vergrößert die Wahrscheinlichkeit, dass das Zeichen auch in größerem Abstand wahrgenommen werden kann. Man beachte, dass der Finger nicht die beabsichtigte Bedeutung annimmt, wenn er waagrecht in Richtung des Zieles zeigt, noch weniger, wenn er auf die gestikulierende Person gerichtet ist. Der Finger muss nach oben zeigen, und zwar mindestens in einem dreißig-Grad-Winkel bis zu einem rechten Winkel, damit die Botschaft richtig nach außen vermittelt wird. Auf diese Weise gestikuliert, teilt der Finger ein wichtiges Merkmal mit dem geschrienen Fluch, der auf eine andere Weise tief in den Körper hineinreicht, um daraus etwas sehr Hässliches zu entnehmen, das auf den Übeltäter geworfen werden kann.

„Fick Dich" ist eine Äußerung, die gemeinhin den Sinn der Geste bezeichnet. Dass diese Geste häufig ein anales Ziel hat, zeigt sich an der häufig vorkommenden

---

22 Man bedenke, dass die Umformung der Hand in eine geballte Faust relativ wenig zur dramatischen Perfektionierung der Geste beiträgt, die vor allem aus dem gestreckten Finger besteht. Denn bei einem ersten Versuch zeigt man mit dem Finger zuerst auf sich selbst. Dagegen wird die radikale Entgegensetzung von gestrecktem Mittelfinger zur Hand verstärkt, wenn der Daumen und der Zeigefinger einen kleinen Kreis bilden, der als Anspielung auf einen Hoden verstanden werden kann.

Aggressivität ihrer Bewegung, die darauf hinweist, dass die Penetration auf beträchtlichen Widerstand stößt sowie an der Irrelevanz der geschlechtlichen Identität der Adressaten. Mit dieser Geste rückt der betroffene Fahrer die Regelverletzung aus seinem Erfahrungsraum hinaus, in die sie rücksichtslos eingedrungen war, bringt sie in die Form einer Geste des Fingers und „steckt sie" der schuldigen Partei zu. Indem sie einen brutalen Angriff auf ein anales Ziel symbolisiert, möchte sie sagen: „Ich treffe dich, indem ich die grundlegendste Quelle deiner Selbstkontrolle treffe, um dir zu zeigen, wie du mich getroffen hast."

Indem er sich auf eine institutionell ganz tief verankerte Gemeinschaft des Verstehens stützt, kann der gestikulierende Mensch davon ausgehen, dass die Adressaten in nur einem Augenblick eine ganze Geschichte erfassen, die durch die Spitze des Fingers angezeigt ist. Obwohl er den Finger nach oben ragen sieht, soll der Adressat verstehen, dass er dennoch auf ihn gerichtet ist und dass sich die Geste auf seine vorangegangenen Handlungen bezieht, die zumindest zum Teil in die Welt desjenigen eindrangen, der den Finger zeigt. Der Finger kann damit eine emotional elaborierte Geschichte zusammenfassen und der Adressat gilt als zur Erkenntnis fähig, dass der Finger auf einem abschließenden Kommentar aus ist.

Diese verschiedenen hermeneutischen Dimensionen des Fingers stellen keine nachträglichen akademischen Erfindungen dar; sie werden auch von den ausrastenden Autofahrern anerkannt. Betrachten wir etwa die Reaktion von Mars, als sie bemerkte, dass eine Frau den Kopf wegen ihr schüttelte. Mars verstand sofort, dass die Frau ihr vorwarf, sie habe die Spur nicht vorschriftsmäßig gewechselt. Mars zeigte ihr dann den Finger und schrie sie an, während sie in der verschlossenen Kabine ihres Fahrzeugs saß. Der Finger erschien ihr nützlich, um ihren Ärger auszudrücken.

„Ich glaube, dass ich ihr Kopfschütteln über mich als einen Versuch ansah, mir Schuld zuzuschieben. (...) Ich glaube, dass ich jede Art von Schuld, die ich empfand, in Wut umgewandelt habe, um zu vermeiden, dass ich für irgendetwas schuldig sein sollte. Ich übertrug meine Wut auf sie, indem ich sie anschrie und ihr den Finger zeigte."

Für diejenigen, die den Finger zeigen, ist der Zeigecharakter der Geste zentral. Denn aus praktischen Gründen hat das Opfer in aller Regel nur ein sehr kleines „Zeitfenster", um seine Botschaft dem Übeltäter mitzuteilen. Der Verkehr kann sogleich wieder unüberwindliche Wahrnehmungsbarrieren zwischen den beiden schaffen. So könnte die andere Person zum Beispiel ihr Gesicht gleich wieder in eine andere Richtung wenden, so dass sie die Botschaft gar nicht wahrnehmen kann. Die kommunikative Macht des Fingers als einer unmittelbar identifizierbaren und symbolisch aufgeladenen populären Geste bietet dem wütenden Fahrer eine Gelegenheit, den Ärger, den er oder sie erfahren hat, zu isolieren, abzupacken und loszuschicken.

Die Fahrer erschaffen die Kultur des Fingers nicht. Sie finden sie aber sehr passend für den Handlungszusammenhang, in dem sie stehen. Der Stinkefinger geht zwar der Erfindung des Automobils lange voraus, doch er scheint kulturell so gestaltet zu sein, dass er die besonderen Möglichkeiten von Situationen ausschöpft, denen die Autofahrer in ihren flüchtigen Interaktionen begegnen. Wenn die Möglichkeiten für eine anhaltende und intimere Interaktion größer werden, etwa wenn verfeindete Parteien einander von Angesicht zu Angesicht gegenübersitzen, dann fühlen sich viele stolze Nutzer des Stinkefingers doch beträchtlich eingeengt. Der wütende Autofahrer möchte mit seinem Finger kein Gespräch eröffnen, er möchte ihn vielmehr nur zeigen, wobei er oder sie den Finger als einen Kommentar an einer Kreuzung des sozialen Lebens versteht, die er rasch wieder verlässt.

Beredt in seinem Schweigen, kommuniziert der Finger lediglich dadurch, dass er gesehen wird. Wenn das gestikulierende Opfer gesehen wird, kann es das in eine Geschichte verwandeln und sich daran erfreuen. Mit dem einfachen, stillen Zeigen eines einzigen Fingers verwandelt sich die gestikulierende Person aus einem Zustand, in dem sie Opfer einer Belästigung war, die rücksichtslos in ihren Raum eingedrungen ist, in einen Zustand der Entspannung, bei dem sie ebenso in der stillen Bequemlichkeit eines durch den öffentlichen Raum mobilen privaten Wohnzimmers eingeschlossen bleibt. Der Finger hat also deutliche Vorzüge gegenüber dem lauten Ausrufen von Obszönitäten. Es ist ein Akt, der die Haltung des Rächers durcheinanderbringt, mit der Möglichkeit, gleichzeitig noch anderen, dem Radio oder dem Autotelefon zuhören zu können.

Der Finger zeigt zugleich nach vorne und nach hinten – zwar nicht in räumlicher Hinsicht, aber doch in der zeitlichen Dimension seiner narrativen Reichweite. Er steht für ein erlittenes Vergehen, und er deutet an, was die gerechte Strafe des Übeltäters sein könnte. Selbst wenn niemand anderer als das sich rächende Opfer und der Übeltäter als Adressat sich der Geste bewusst werden, beschwört das Opfer die Gegenwart einer „Gemeinschaft" als dritte Partei in ihrer Interaktion herauf, wenn der Mittelfinger ausstreckt wird. Die Gemeinschaft wird durch den kompakten hermeneutischen Charakter der Geste vergegenwärtigt. Das bedeutet, dass die gestikulierende Person zumeist zu Recht annimmt, dass der Adressat sich ohne Umschweife auf das bezieht, was beide als geteilte, vorgegebene und universale Kultur ansehen, in der diese Geste eine tiefe narrative Bedeutung besitzt. Erst durch die vergegenwärtigte Gemeinschaft kann das Opfer im Rezipienten Scham hervorrufen. Wenn der Adressat die erniedrigende Geste wahrnimmt, ist der Rächer von der Wut gereinigt, die aus Erniedrigung während der davor abgelaufenen asymmetrischen Interaktion entstand.

Die magische Wirksamkeit dieser kleinen Geste bei der Verwandlung der Emotionen der Rächer ist nicht weniger merkwürdig als die Wirkung, die sie auf die Adressaten hat. Die Leute, die den Stinkefinger zeigen, sind nicht blöd. Sie wissen, dass die Leute, denen sie ihn zeigen, in der Regel nicht dankbare Empfänger dieses Geschenks sind. Es scheint vielmehr, dass es für die meisten Leute kaum möglich ist, nicht selbst wütend zu werden, wenn sie sehen, wie jemand ihnen den Finger zeigt. In solchen Fällen gelingt der gestikulierenden Person im Grunde eine gegenseitige Anerkennung der Tatsache, dass das emotionale Gefühlsleben beider miteinander eng verknüpft ist. Es kann sein, dass die gestikulierende Person nicht so davonkommt, sondern dass der Gestenadressat, selbst mit einem Finger antwortet, der sich dem Opfer gerade an der Stelle zeigt, in dem der Regelverletzer lachend in die Autobahnabfahrt einbiegt. Doch beide sind nun emotional miteinander verbunden wie Auge um Auge und Zahn um Zahn.

Diese Verbindung, dieses Ineinanderspielen von Emotionen und Intentionen ist grundlegend für die transformative Kraft der Geste. Bei starkem Verkehr lässt Bill, der Computerzubehör übers Internet verkauft, absichtlich seine Kupplung schleifen, wenn er vom ersten in den zweiten Gang schaltet. Das Auto zu einem hörbaren Zeugen seines Leidens zu machen, hilft ihm ein bisschen so, wie wenn man in einem verschlossenen Auto laut schreit. Doch Bills Art der Umleitung des Ärgers hat klare Grenzen, denn der wütende Stinkefinger wirkt eher darauf hin, aus der eigenen abgeschlossenen Welt auszubrechen, um befriedigt wieder dahin zurückzukehren.

Die magische Wirksamkeit des Fingers besteht darin, dass der Adressat etwas fühlt, wenn er ihn sieht und, dass die Wut aus dem Gesten-Sender ausgetrieben ist, wenn er sieht, wie ihn der Adressat sieht. Wütende Fahrer bezeugen den Glauben an diese Magie auf unterschiedliche Weise. Ein wütender Fahrer, der von einem Auto ausgebremst wurde, das sich nun vor ihm befindet, kann seinen Mittelfinger im vollsten Vertrauen darauf zeigen, dass er seine magische Energie abgibt, wenn der Übeltäter nur für einen kurzen Augenblick in den Rückspiegel blickt. Der Blick des Übeltäters in den Rückspiegel wird als Zeichen dafür genommen, dass er die Schuld zugibt. In der Freude darüber, dass der Übeltäter die Geste wahrgenommen hat, behalten die wütenden Fahrer die Geste häufig noch etwas länger aufrecht im sicheren Glauben, dass die Übeltäter sich so lange schuldig fühlen werden, wie sie sie sehen, und in der Annahme, dass die Übeltäter dann wegsehen, wenn sie es nicht mehr aushalten können. Fingerzeiger gehen auch davon aus, dass sie die Macht ihrer Botschaft potentiell vergrößern können, wenn sie parallel dazu einen Augenkontakt herstellen. Wenn das gestikulierende Opfer nicht nur sieht, wie der

Adressat den Finger sieht, sondern auch sieht, dass er ihn, also die gestikulierende Partei, wahrnimmt während er gestikuliert, dann erscheint die Geste als noch viel wirksamer. Der Rezipient in einer solchen Situation beklagte, dass ihm die andere Partei den Finger „in den Kopf" gerammt hätte. Nachdem der Finger das Visuelle ins Taktile verwandelt, führt der Augenkontakt ihn wieder in Visuelle ein, und zwar nicht nur in einer rhetorischen Weise, sondern so, dass die Erfahrung des Adressaten neu geordnet wird.

Die gestikulierende Person geht davon aus, dass selbst der Adressat, so unwillig er auch sein mag, die Botschaft anzunehmen, ihren emotionalen Wirkungen nicht widerstehen kann. Offenbar hat eine Art des geteilten Konsens einen zweiseitigen Kommunikationskanal geöffnet, obwohl die eine Seite widerwillig ist. Nun ist die Verknüpfung, die das Opfer verlor, als es geschnitten wurde, in einer neuen Richtung wieder zum Übeltäter und Adressaten hin hergestellt. Die surrealen Dimensionen beider Ausweitungen des Selbst in die Welt, jene des verlorenen Hausens im Auto und jene der neuen Projektion des Fingers in die Erfahrung einer anderen Person, sind gleichermaßen real.

Das Ziel des Opfers besteht darin, die elektrisierende Wirklichkeit der Wut abzuleiten, indem es sein moralisches Verständnis der Interaktion in die körperlichen Erfahrungen des Übeltäters verlagert.[23] Aus diesem Grunde misslang es Will, dem

---

23 Mein Dank geht an dieser Stelle an Melvin Lansky (1999), dessen Aufsatz über Sophokles' Elektra mich dazu anregte, über den elektrisierenden Charakter der Wut in diesem empirischen Fall nachzudenken. Sophokles' Drama legt nahe, den kathartischen Erfolg der Rache in der besonderen Dialektik der Beziehung zu suchen, die in einer Mischung aus persönlicher Distanz vom Ziel der Wut und einer persönlichen Führungsrolle bei der Durchführung des Gegenangriffs besteht. Als Orestes nach einer siebenjährigen Abwesenheit zurückkehrt, erscheint er in seiner Familie als Fremder und lässt sich gerne verkleiden. Er kann ein Rachedrama inszenieren, das ihn zur triumphalen Rückkehr auf den Thron und in Wiederbesitz seiner Ländereien führt. (Er tötet seine Mutter, Klytemnestra und seinen Stiefvater, Aegisthus, die beide seinen Vater Agamemnon getötet hatten.) In Sophokles' Version der Geschichte verlässt die Wut den Orestes recht unbehindert, nachdem er erst einmal die Mutter getötet hat. Elektra aber, die ihre Heimat nie verlassen hatte, zieht nicht dieselbe Befriedigung aus der Rache, obwohl sie ihn dabei fieberhaft unterstützt. Da sie die ganze Zeit über zu Hause gewohnt hatte, wurde ihre emotionale Isolation fortwährend von verschiedenen Kräften geprägt: der Abwesenheit ihres Bruders, des Verbots zu heiraten und durch ihren Hass auf ihre Mutter und ihren Vater, der aus ihrem sexuellen Neid gespeist wurde, weil sie diese Beziehung täglich erdulden musste. Ihre Wut sucht deswegen eine Rache, die ihre Leidenschaften nie ganz erfüllen kann. Sie ist stärker in die Wut getrieben als ihr Bruder und, einer Dialektik folgend, die ihre Gefühle bestimmt, hat dabei gleichzeitig auch größere Distanz zum Drama der Rache. Sie beschränkt sich lediglich auf die Rolle der Frau, die von der Seite durch Schreie ermutigt, während Orestes die Bösewichte eigenhändig schlachtet. Der

Universitätsprofessor für Psychologie, seinen Ärger auf den rüpelhaften jungen Fahrer einfach dadurch loszuwerden, dass er beherrscht über Gründe für seine Überraschung nachdachte und eine Vorlesung darüber hielt, wie man die Fahrkünste seines Gegners verbessern könnte. Der wütende Fahrer möchte seinen Gegner sinnlich aufwühlen und dabei nicht einfach dessen Denken beeinflussen, sondern dessen körperliche Befindlichkeit auf eine Weise, die die eigenen körperlichen Erfahrungen verändert. Wenn der rächende Fahrer überhaupt ein Lehrer sein will, dann will er eher im pädagogischen Stil des auf den Tisch schlagenden bibelfesten Moralisten auftreten als im Stil des geduldigen und aufgeklärten Fahrlehrers.

3.4 Über automobile Mimikry und Dominanzspielchen

So verstörend das Ereignis auch sein mag, enthält die Fingergeste immer auch die unausgesprochene Botschaft, die Interaktion zu beenden. Weil es das Ziel der wütenden Partei ist, den Ärger abzuschütteln, kann der Adressat die Interaktion für gewöhnlich dadurch beenden, indem er das aufdringliche Geschenk nicht erwidert oder auf andere Weise auf die Klage eingeht. Doch muss sich der nachgiebige Adressat durch das Ausbleiben seines Protestes gegen die Zuschreibung eines „bestraften Übeltäters" nicht als Verlierer der Transaktion fühlen. Indem man etwa den Kopf leicht schüttelt, kann man die Haltung des duldenden Märtyrers gegenüber solchen bedauernswerten und vulgären Leuten einnehmen, die den Finger zeigen und damit zu den unausweichlichen kleinen Störungen des alltäglichen Lebens beitragen.

Neben dem Finger gibt es eine Reihe von Weisen der Dramatisierung der Interaktion, mit denen die Wut umgewandelt werden kann. Diese Umwandlungen des Ärgers teilen zwei Merkmale: (1) Sie beziehen die Gemeinschaft als Publikum mit ein und (2) sie stellen eine praktische Aktivität dar, die körperlich die eigene überlegene Moral in Szene setzt.

Ein glatter Weg zu einem befriedigenden Abschluss besteht darin, eine dritte Partei dazu zu bewegen, den Übeltäter anstelle des Opfers zu verdammen und damit die Rolle der Gemeinschaft einzunehmen. Wütende Fahrer, die sich verspäten, weil sie hinter einem Auto warten, das verbotenerweise nach links abbiegen will, hupen vielleicht in der Hoffnung, die Aufmerksamkeit eines vorbeikommenden Polizisten

Umstand, dass wütende Fahrer nicht mit denjenigen persönlich vertraut sind, die sie schneiden, ermöglicht es ihnen, Dramen heraufzubeschwören, die dabei helfen, sich von den Erniedrigungen reinzuwaschen – aber nur, wenn sie die Rache persönlich betreiben. Reine Gedanken darüber, welches Elend die gemeine Kreatur erleiden soll, reichen nicht aus, denn Gedanken betonen die Distanz zum Übeltäter, wenn sie nur Gedanken bleiben.

zu erregen. Doch auch wenn kein Polizist in der Nähe ist, kann der wütende Huper eine gewisse Befriedigung finden im Wissen, dass er den Übeltäter so bestraft hat, dass auch andere es wahrgenommen haben. Wenn er sieht, dass andere Fahrer anwesend sind, macht das Hupen sie zu Zeugen der moralischen Inkompetenz des Übeltäters. Nachdem dann der gekränkte Fahrer wieder selbst zum Publikum geworden ist, kann er sich diskret in den Hintergrund zurückziehen. So hat Paul Ramirez seine Hupe sehr laut bedient, als ein langsamer Fahrer ihn in Gefahr brachte, der noch weiter verlangsamte, um einen Lastwagen einfädeln zu lassen.

„Ich habe versucht, die Aufmerksamkeit von irgendjemandem zu erregen – nur um ihm zu zeigen, was für ein bedauernswerter Fahrer hier auf der Autobahn unterwegs ist. Um ihn zu erniedrigen und ihn dafür verantwortlich zu machen, dass er mir beinahe einen Unfall verursacht hätte."

In einigen Fällen der Anrufung gemeinschaftlicher Autorität zur Entfernung der eigenen Opfer-Identität erfordert die Metamorphose aus der Wut heraus nicht, dass man den letzten Akt des Dramas selbst miterlebt. Max fuhr seinen Diesellastwagen zurück zum Fahrzeugpark in der Gegend von Downey, um auf die 60. Straße nach Norden zu gelangen, als ein junger „männlicher Mexikaner" in einem angemalten älteren amerikanischen Auto „weder beschleunigte noch langsamer wurde, um ihn durchzulassen". Max erklärte, warum er nicht bremste, sondern den Übeltäter in die Situation brachte, entweder angefahren zu werden oder weiterzufahren: der Lastwagen hat einen vier Mal längeren Bremsweg als ein Auto. Der Übeltäter setzte sich dann vor den Lastwagen und wurde langsamer. Weil er sich an eine neulich gehörte Nachrichtensendung erinnerte, in der von Mexikanern berichtet wurde, die absichtlich bremsten, um einen Auffahrunfall zu verursachen und dann Versicherungsgeld zu kassieren, erdachte Max seine Rache.

„Er beschloss, auf Kanal 9 seines CB-Funks zu gehen, also den Notrufkanal, um den Fahrer als Fall von Trunkenheit am Steuer zu melden, der den Verkehr massiv störe. (...) Nachdem Max diese Information gesendet hatte, begann er, hinter dem anderen Fahrzeug zu hupen und schreien. (...) Der machte sich schließlich davon, beschleunigte und zeigte Max den Stinkefinger. Max sagte, dass ihn das amüsierte, weil er daran dachte, wie sich der Fahrer fühlen würde, wenn ihn die Polizei herauszog."

Die Wut des Fahrers wird sofort verwandelt, wenn man bemerkt, dass der Vorhang des Dramas durch eine öffentliche Definition der eigenen Überlegenheit gefallen ist. Das nachfolgende Beispiel ist in dieser Hinsicht ungewöhnlich lehrreich.

Imelda, die gerade als Rache fürs Geschnittenwerden eine „perfekt gestylte Frau in einem grünen Jaguar" geschnitten hatte, erinnerte sich dass sie „fest auf das Gaspedal drückte, um eine große Abgaswolke auf sie zu pusten. Ich zeigte ihr ein böses Lächeln, lächelte dabei in mich hinein und raste davon, um meinen Freund zu treffen."
Ein paar Wochen später war Imeldas Deutung des Dramas wie verändert, und auch ihre Gefühle hatten sich geändert, als sie die Benachrichtigung erhielt, eine Abgasinspektion machen zu müssen, die durch eine Klage gegen ihr Fahrzeug ausgelöst wurde. Als sie sich das Ereignis noch einmal durch den Kopf gehen ließt, bemerkte sie, dass das letzte, was die Frau von dieser Interaktion wahrnahm, als sie davonraste, nicht die Abgaswolke war, sondern wohl ihre Nummerntafel.

Die erzählerische Absicht der wütenden Fahrer besteht darin, ihre Wut in eine Geschichte der moralischen Überlegenheit zu packen, die, wenn sie gut dargestellt wird, von den Adressaten nicht abgelehnt, sondern anerkennend aufgenommen wird und die Wut mit großer Sicherheit in Luft auflösen würde. Der vielleicht überzeugendste Beweis dafür, dass die Geschichte über die berechtigte Empörung gut erzählt worden ist, zeigt sich, wenn auch der Adressat wütend wird. Bruce, ein Atemtherapeut, wurde von einem schwarzen Jeep geschnitten („er schob sich nur ein paar Zentimeter vor mir herein") als er mit seiner Freundin auf der Autobahn 101 fuhr. Bruce müht sich dann sehr ab, um sprichwörtlich der letzte zu sein, der lacht.

Weil er „richtig ausgerastet" sei, manövrierte Bruce einige Minuten herum, bis er sich „vor das Arschloch gesetzt" hatte. Der Jeep-Fahrer zeigte Bruce dann den Finger und schnitt ihn. Während er den Rat seiner Freundin ausschlug, das einfach zu ignorieren, schnitt Bruce, der zu diesem Zeitpunkt "heiß war, wiederum den Jeep und lächelte, als er an ihm vorbeifuhr, „nur um ihn zu ärgern". Als Bruce in Richtung auf die Ausfahrt 134 zufuhr, fuhr der Jeep-Fahrer, der sich nun nicht mehr revanchieren konnte, neben Bruce auf dem Seitenstreifen, schrie etwas Unverständliches und zeigte Bruce den Stinkefinger. Als er auf die Victoria-Straße fuhr, dachte Bruce: „der Typ ist ein Idiot, wenn er einen Strafzettel oder sogar sein Leben riskiert, nur um mich einzuholen".

Wie Bruce findet auch Catherine, eine Hausinspektorin, eine kathartische Befriedigung, wenn sie sieht, wie ihre eigene Wut sich in die Erfahrung des Regelverletzers verwandelt.

Sie fuhr gerade deprimiert nach Hause, nachdem sie einer zehnköpfigen mexikanischen Familie mitteilen musste, dass sie ihre Wohnung innerhalb von fünf Tagen wegen nicht eingehaltener Hygieneregelungen verlassen muss. Auf der Autobahn war zähflüssiger Verkehr. Sie bemerkte, wie sich ein Auto zwischen die anderen Autos hindurch schlängelte („so dumm, sie werden auf diese Weise nicht schneller als die anderen sein") und beschloss, dass sie es auf keinen Fall vor sich auf die Spur fahren ließ. „So fuhr ich eine Weile und schloss ihn ein, indem ich immer zur rechten Zeit beschleunigte oder langsamer wurde. Es machte mir auf eine fast kranke Weise Spaß zu beobachten, wie der Fahrer wütend wurde."

Die Emotionen der alltäglichen Interaktionen leben und sterben mit den kontextuell verankerten Metaphern. Eine Person kann den ureigenen Körper der Erfahrung verändern, wenn sie die Metapher wechselt, mit der sie den Verlauf ihrer Beziehungen mit anderen beschreibt. Die passende Metapher wird, gut ins Handeln umgesetzt, als hilfreiche Brücke dienen, um die Wut auf beinahe natürliche Weise von einem Fahrer auf den anderen übergehen zu lassen. Um genauer zu verstehen, wie diese Metamorphose vor sich geht, müssen wir dem Pfad der Wut über diese symbolische interpersonelle Brücke folgen. Nur zu sagen, dass die Wut eines Opfers unangemessen sei, würde bedeuten, die zeitliche und kausale Ordnung der emotionalen Veränderung miteinander zu verwechseln und die praktische Arbeit an der Schaffung einer Geschichte zu verdecken, mit der das Opfer sich bemüht, die Gefühle des Regelverletzers ernsthaft zu unterlaufen.

Es würde wirklich auch an Magie grenzen, verließe die Wut den Körper des Opfers, bevor sie im Zielobjekt wieder auftauchte. Stattdessen hört die Wut erst dann auf, die Erfahrungen des Fahrers zu beherrschen, nachdem er sieht, wie sie die Erfahrungen auf der anderen Seite prägt. Wenn es dem Opfer gelingt, den Prozess noch einmal auszulösen, durch den es selbst vom Regelverletzer wütend gemacht worden war, dann kann es sich auf die Schultern klopfen. Und wenn die Inszenierung der Wut des Fahrers ausreichend kunstvoll ausfällt, kann er die bewundernde Haltung eines Zuschauers seiner eigenen Vorstellung einnehmen, ohne die Transformation der Emotionen des anderen wirklich zu beobachten.

Die Dramatisierung der Rache wird vom wütenden Fahrer als Spektakel inszeniert und als praktische Erzählung entworfen; sie bildet damit einen öffentlich erkennbaren Ort im kulturellen Raum, von dem aus er eine bös auseinanderklaffende Erfahrung retten kann. Wenn die Finger verwendet werden, dann dienen sie zumeist dazu, die verdeckte Erinnerung an Sexualität und Gewalt zu beschwören. Diese erzeugen einen Widerhall und bieten eine zusätzliche Faszination, an der sich der rächende Akteur ergötzen kann. Nicht länger ist er ein ohnmächtiges Opfer.

Der noch eben ausgerastete Fahrer wird zu einem angenehm erregten Beobachter der verselbständigten Lebenskräfte, die er mit seinen Symbolen geschaffen hat.

In der Zwischenzeit darf sich jedoch auch die andere Partei wie ein Opfer fühlen und die rächenden Handlungen ausüben, die ihre eigene Aufmerksamkeit vom Fahren ablenken. Die andere Partei verfolgt zumeist ähnliche Strategien, indem sie die Quellen des eigenen Ärgers transzendiert und damit eine komplementäre Antwort produziert. Hier ist ein Beispiel aus dem Alltag: Carolina wurde von einem BMW ausgebremst, als sie eine Tankstelle verlassen wollte. Sie „stand auf der Hupe und fuchtelte mit den Händen". An dieser Stelle verwendet Caroline ein neues Medium, den unausstehlichen Klag der Hupe, um in den Erfahrungsraum des Regelverletzers einzudringen, und sie setzt ihre Hände ein, um darzustellen, wie er sie bei der Handlung des Fahrens gestört hat. Diese Dramatisierung hätte Caroline zufrieden stellen können, hätte der BMW-Fahrer dann nicht auch noch mit seiner Hupe getönt und mit seinen Händen herumgefuchtelt und so ihre gesamte moralische Geschichte verhöhnt. Ja mehr noch, er unterlief ihre moralische Aussage, indem er sie gewieft als Quelle seiner Narration nutzte und damit seine Überlegenheit anzeigte, und zwar nicht nur als Fahrer, sondern auch als ein Kämpfer für die Sache der Gerechtigkeit auf der Straße. An diesem Punkt versuchte Caroline wenigstens eine Ehrenrettung, indem sie sich erfolgreich bemühte, nun ihn wiederum auszubremsen.

Falls Carolina erfolgreich ist und auf keine erkennbare Gegenwehr stößt, hat sie sich wieder in ihre entspannte moralisierte soziale Form zurückbegeben und der BMW-Fahrer wird abgetrennt von dem, was vor der Begegnung mit ihr war sowie von der kurzen dramatischen Entwicklung, die er ausgelöst hat. Fahrer, die geschnitten wurden, lieben die Rache, doch noch mehr lieben sie es, wenn der Regelverletzer nicht mehr die Gelegenheit hat, ihre rächenden Handlungen zu erwidern. Die Vorstellung eines rüpelhaften Fahrers, der seine Frustration nicht mehr los wird und nicht mehr in das selbstverständliche und entspannte Fahren zurück findet, ist etwas, was sie nicht genug genießen können.

Wenn sich Fahrer gegenseitig beschimpfen, dann ist Gegenseitigkeit kein Ziel an sich, sondern eine Taktik. Zwei Fahrer können regelrechte virtuelle Sagen kreieren, weil jeder für sich versucht, das, was öffentlich vor sich gegangen ist, auf eine abschließende Weise abzurunden. Ich möchte hier zwei Formen beschreiben, die solche Sagen für gewöhnlich annehmen. [24]

---

24 Es scheint eine natürliche Tendenz der Wutinteraktionen auf der Straße zu geben, den verschiedenen Racheattacken eine Sagenform zu verleihen, bei der der Austausch der Beschimpfungen nur dadurch an ein Ende kommt, dass natürliche Kommunikationsgrenzen auftreten, wie etwa dann, wenn eine Partei eine Autobahnausfahrt nimmt. In

Die erste bezieht sich auf einen außergewöhnlichen Fall innerhalb unserer Daten-
sammlung, auch wenn er die Dynamik einer Art von Memoraten veranschaulicht,
für die Los Angeles in den 1980er Jahren berühmt wurde.

*B.G., ein Labortechniker, versuchte in die rechte Spur der Rossmore Straße
einzufädeln, um dann an der Kreuzung zur Wilshire Straße rechts abbiegen
zu können, als er bemerkt, dass „ein alter Araber in einem Nissan [auf der
rechten Spur] nicht vorfuhr und nicht verlangsamte... so dass B.G. nicht auf
die rechte Spur wechseln konnte." B.G. fühlte sich gezwungen, den Nissan zu
schneiden, um auf die Abbiegespur zu kommen. Der Fahrer des Nissan wechselte dann auf die linke Spur. Er zeigte ihm, B.G., den Finger, als er an ihm
vorbeifuhr. B.G. antwortete auf seine Art. Seine „Finger fuhren mit Gewalt in
die Höhe, hielten dann plötzlich inne und stachen dann noch einmal weiter
in die Höhe, um das zu unterstreichen." Der Mann im Nissan dagegen hielt
während der ganzen Zeit seinen Finger ruhig in die Höhe und wendete sich
dann mit seinem Auto ab.*

*Zwei Minuten später sah B.G. denselben Fahrer an sich vorbeifahren, während
er seine Finger in Form einer Pistole auf ihn richtete. Weil er sich „verletzt und
beschädigt" fühlte, beschleunigte B.G., holte den Nissan ein, griff mit seinen
Händen unter dem Autositz nach seiner Pistole und richtete sie auf ihn. B.G.
fühlte sich nun „wieder mächtig". Stolz auf seine Gegenattacke sagte er zu sich
selbst: Das hier ist kein Finger, mein Freund. Der Nissanfahrer trat auf seine
Bremse, B.G. auch. Er sah, wie sein Gegner auf eine Seitenstraße auswich. Als
B.G. sah, dass sein Gegner „unterwürfig" wurde, kommentierte er das Ereignis
für sich selbst mit Sarkasmus und Erleichterung: „Ich glaube, er möchte nun
nicht mehr spielen".*

B.G.s Verwendung der Spielmetapher legt es nahe, dass eine gewisse Vorstellung
des Spiels für das Verständnis der sozialpsychologischen Dynamik von Wut in
ablaufenden Interaktionen vonnöten ist. Die Paare wütender Autofahrer erzeugen

---

kleinen Gesellschaften, in denen die sich befehdenden Parteien keinen sicheren Ausweg
haben und mit zukünftigen Begegnungen rechnen müssen, wie etwa im mittelalterlichen
Island, müssen Rachesagen andere Formen der Beendigung finden. Auch wenn es bei
der Rache schließlich auf das Töten hinausläuft, können zuweilen auch Alternativen zu
dieser blutigen Lösung auftreten. Vgl. dazu Miller (1990, 263ff). Das Paradox besteht
darin, dass auf den heutigen Straßen die existentielle Bedeutungslosigkeit der Konflikte
zwischen den Fahrern in Verbindung mit der sehr gut vorhersehbaren Möglichkeit der
Beendigung der Konflikte eine Voraussetzung dafür ist, dass sie so intensiv sind. Man
muss sich bei der Rache beeilen, bevor die Möglichkeit verschwindet.

häufig ganze Reihen von Zügen, die sich wie Dominosteine aneinanderfügen. Domino wird mit rechteckigen Steinen gespielt, die zwei Hälften aufweisen, von denen sich jede durch eine freie Fläche oder eine Anzahl von eins bis sechs aufgemalten Punkten auszeichnet. Wenn ein Spieler ein Steinchen legt, legt der nächste Spieler eine entsprechende Hälfte an, wobei der nächste Spieler an die freie Stelle wieder ein passendes Steinchen legen muss. Gewonnen hat, wer sein letztes Steinchen legen kann, während die Verlierer noch ungelegte Steinchen besitzen. Das wesentliche Merkmal dieses Spiel besteht darin, dass man zum einen etwas Passendes legt und zugleich eine neue Herausforderung stellt – und genau so werden die Gesten zweier wütender Fahrer miteinander verbunden.

Im Unterschied aber zu Dominospielern sind die Fahrer nicht an gemeinsame Normen oder die Verpflichtung gegenüber Regeln gebunden, wie sie das Spiel als einen Bereich zivilen Umgangs einrahmen. Jeder kann dazu bereit sein, die Normen der Sicherheit und die rechtlichen Regelungen zu überschreiten, um auf den anderen zu reagieren und ihn zu überbieten. Das Domino-Motiv gründet in dem geteilten Wissen darum, dass man seine Wut überwinden kann, wenn sie ihrem Auslöser zurück antwortet. Diese Rück-Antwort ist dem vorgängigen Zug häufig nicht unähnlich, fasst sie aber in eine neue Form oder fügt ihr den Reiz des Wissens hinzu, dass die Wiederholung eine Erleichterung ist. Im letzten Beispiel nimmt B.G. zum Beispiel die Härte der Wirklichkeit hinzu, als er eine nur gespielte Waffe mit einer echten Waffe nachspielt.

Wie beim Domino kann der „Fahrerspieler" nicht einfach seinen vorherigen Zug wiederholen, wenn er seinen Ärger überwinden will. Jeder gestikulierende Fahrer möchte eine Art Geschichte erzeugen, die den Sinn der gesamten Interaktion so umformt, als müsste sie dazu führen – zum Augenblick des letzten Lachens. Bei seiner Suche nach einer Erzähllinie, die ihn als Sieger enden lässt, wechselt der wütende Fahrer Genres, Tropen und Modalitäten.

Das folgende Beispiel für ein solches automobiles Domino offenbart eine verzweifelte und einfallsreiche Suche. Cäsar, einundfünfzig und „Mittelschicht", hat einen Tag frei genommen, um seiner Tochter dabei zu helfen, ihre Probleme mit Banken und Kreditkartenkonten zu lösen, die sich durch den Diebstahl ihrer Brieftasche ergaben. Als er an einem Straßenstück ankam, an dem eine rechte Fahrspur endet und in eine andere übergeht, sah er, wie eine Frau in einem Jeep sich von hinten schnell auf der rechten Spur näherte. Er hegte den Verdacht, dass sie versuchen möchte, einen beträchtlichen Sprung in der Schlange nach vorne zu machen, indem sie den leeren Raum nutzt, der von Autos, wie dem Cäsars, geschaffen wurden, die schon auf die linke Fahrspur übergewechselt waren.

Es spielen sich nun vier einander ergänzende Züge in mindestens vier Phasen ab. Den ersten Zug einer jeweiligen Phase kennzeichne ich mit „A", den komplementären Zug mit „B".

1A und 1B: Cäsar beschleunigt, damit der Jeep nicht mehr auf seine Spur überwechseln kann; dann beobachtet er, wie der Jeep auf den Bordstein fährt, um an ihm vorbeizukommen, ihn dann doch schneidet und sich vor ihn setzt.

2A und 2B: Cäsar hupt, fährt eng auf und zeigt ihr den Finger. Sie erwidert die Geste.

3A, 3B und 4A: Sie biegt rechts ab und er folgt ihr, fährt neben ihr her, öffnet sein Fenster und schreit Obszönitäten, unter anderem „Du gottverdammte Schlampe!". Sie erwidert mit „Fick deine Mutter, Schwanzlutscher"; dabei steuert sie ihren Wagen nach rechts, auf seinen zu (4A).

4B: Nachdem beide einander beschimpft und sich die Finger gezeigt haben, macht Cäsar eine Wende, die ihn auf seinen Weg zurückbringt und aus der Interaktion entfernt, fordert jedoch seine Tochter auf, sich das Nummernschild des Jeeps zu notieren.

In 1A und 1B reagiert Cäsar auf den raschen Versuch seiner Gegnerin, ihre Position im Vergleich zu allen anderen Verkehrsteilnehmern zu verbessern, dadurch, dass er ihre Strategie nachahmt und ihr eine persönliche Note hinzufügt. Sie beschleunigt ihrerseits und fügt ein neues Element hinzu, indem sie auf den Gehweg fährt, um ihn als Überholspur zu nutzen, ein unerhört illegaler Zug, der die Stärke ihres Willens unter Beweis stellt.

In 2A und 2B führt Cäsar nonverbale, hörbare und sichtbare Mittel ein, um sich bei ihr wahrnehmbar zu machen; sie antwortet auf dieselbe Weise und nutzt dabei ihren Vorteil aus, vor ihm zu sein.

In 3A und 3B fügt Cäsar noch eine verletzende Sprache hinzu und bringt dabei ein sexuelles Thema mit in die Auseinandersetzung ein, das schon mit dem Zeigen des Mittelfingers angedeutet war; sie antwortet auf dieselbe Weise.

In 4A fügt sie ein Element des körperlichen Angriffs hinzu. In 4B scheint Cäsar den Streit beilegen zu wollen, den sie vermeintlich gewonnen hat. Doch er hat ihr Autokennzeichen, und durch seine Arbeit bei einer Autoversicherung, so sagt er seiner Tochter, wird er mit ihrem Autokennzeichen an ihre persönlichen Informationen kommen, womit er andeutet, dass er sie rechtlich angehen und ihr damit Kosten verursachen kann. Cäsar verlässt die Szenerie, doch hat sich sein Ärger in ein privates, sehr unspezifisches Gefühl der süßen Rache verwandelt. Die Situation endet also mit einem beidseitigen Gewinn, bei der jeder Fahrer den Eindruck hat, dass er oder sie die Oberhand gewonnen hat.

Bei den Auseinandersetzungen auf den öffentlichen Straßen von Los Angeles können die Autofahrer-Geschichtenerzähler keinen Rat der Art gebrauchen, wie sie bei den Verkäufern in der Gegend gängig ist: „Ran, ran, ran, dann den Sack zu". Die Wut kommt in verschiedenen Transformationsstufen vor und die Jagd der Fahrer entwickelt sich, während jeder dem anderen einen Schlusszug der einen oder anderen Art vorschlägt. In der Art, wie jeder den anderen attackiert, greift man auf eine Form des gemeinsamen Diskurses zurück, zeigt eine Weise der Verletzlichkeit und wird zum empfänglichen Publikum für die sarkasmusgetränkte Antwort auf das eigene Kompliment. Das Schicksal jeden Fahrers wird mit dem der anderen auf einer pervers gestalteten Stufenleiter wechselseitiger Angriff beschlossen.

3.5   Im Gefolge der Wut: einige typische negative Fälle

Oben habe ich einige Beispiele für die triumphalen Gefühle angeführt, die sich einstellen können, wenn die Streiter der Straße in ihren Schlachten obsiegen. Natürlich sind die Ergebnisse nicht immer so erfreulich. Was dann geschieht, ist besonders lehrreich für die kausalen Zusammenhänge der Wut im Alltagsleben. Sind sie einmal von der stillschweigenden Auseinandersetzung zwischen ihren Körpern beim Fahren abgeschnitten, zeigen sich bei den Verlierern solcher automobiler Auseinandersetzungen sehr häufig anhaltende körperliche Spuren. Es ist bemerkenswert, dass die Geschichten der Leute, die ihre Erinnerungen über das Ausrasten beim Fahren erzählen, häufig Monate, ja Jahre zurück reichen; so können höchst detaillierte Versionen von Ereignissen berichtet werden. Im Erzählen beginnen die Leute zuweilen den Ärger abzulassen, wobei sie vor den Interviewern sichtbar bewegt, aufgeregt und redselig werden. Die Asymmetrie, die der Geschichte innewohnt („Hier bin ich, alleine gelassen mit dieser unangenehmen Erfahrung, während der wahre Schuft, ohne Rücksicht auf meinen Schmerz, entkommen ist") trägt zur Wiedererschaffung der Emotion bei.

Im unmittelbaren Gefolge von gescheiterten Versuchen, solche Konflikte zwischen Autofahrern zu deuten, bringen die Interviewten Berichte wie den folgenden hervor:

Flordelina, eine zweiundzwanzigjährige Bankangestellte, erinnert sich daran, wie sie von einem Auto geschnitten wurde, das aus einer Parklücke herausfuhr. Sie erinnert sich ebenso daran, dass „der Fahrer ein junger Mann philippinischer oder spanischer Herkunft von Anfang zwanzig" war. Nachdem sie gehupt hatte, fuhr er dicht hinter ihr her; da sie ihn nicht los wurde, fuhr sie zu einer Polizeiwache. „Als ich sah, dass er außer Sicht war, konnte ich nicht länger an mich halten. Ich begann hysterisch zu weinen, ich konnte mich nicht mehr kontrollieren. Die Tränen rannen über mein Gesicht und meine Hände begannen zu zittern." Sie rief die Bank an und entschuldigte sich für den Tag, weil „ein Familienmitglied einen Autounfall hatte. Ich konnte die Wahrheit nicht sagen. Wie denn auch? Sie hätten vermutlich gesagt, dass das der dümmste Grund dafür sei, um bei der Arbeit zu fehlen. Ich schämte mich dafür, dass ich so eine blöde Geschichte erfunden hatte, und ich hatte den Eindruck, dass sie meine Lüge bemerkten. Was für eine schwache Person ich bin, wenn ich die Wahrheit nicht eingestehen kann. Ich fühlte mich so klein. Ich ging direkt nach Hause ins Bett. In meinem Kopf pochte es."

Noch häufiger kommen wütende Fahrer, denen es nicht gelang, sofort eine Erfolgsgeschichte zu konstruieren, sehr schnell wieder aus ihrer emotionalen Zwangssituation heraus. Nach einer gewissen Pause verfallen sie oft in einen schwachen Zustand der Freude, indem sie die stillschweigenden körperlichen Routinen wieder aufnehmen. Craig zeigt, wie das Seufzen diesen Übergang erleichtert.

Craig, ein geschiedener Doktor der chinesischen Medizin von sechsunddreißig Jahren, fährt zu einem Abendessen, eine Hand auf den Schenkeln von Maria, seiner Freundin, mit der er seit vier Jahren zusammen ist (und die auch die Interviewerin ist). Als ihn ein Lastwagen vor ihm schneidet, schreit er auf: „Er hat nicht einmal geschaut, bevor er die Spur wechselte". Nachdem er den Lastwagen seinerseits geschnitten hatte, setzte sich dieser wieder vor ihn, so dass Craig zu jammern begann: „Herrgott! Warum überfährste mich eigentlich nicht einfach, dann wäre die Sache vorbei, du Arschloch!". Dann seufzte Craig, um die Sache abzuschließen, und nachdem der Lastwagen die Autobahn verlassen hatte, „legte Craig wieder seine rechte Hand auf meinen Schenkel, strahlte mich an mit einem Grinsen und fragte, was ich denn im Restaurant bestellen wolle."

Aus systematischen Gründen gibt es relativ schwache Hinweise darauf, wie es den Leuten nach dem ärgerlichen Vorfall ergeht, wenn das Gefühl anhält oder sich nur allmählich abschwächt. Wenn der Ärger mit einer netten Wendung endet, genießt der Fahrer gerne die Gelegenheit und berichtet über seinen Triumph. Wenn das Scheitern der Rekonstruktion eines übergreifenden Dramas zu dauerhaftem Ärger führt und ein dicker Hals bleibt, dann erinnert man sich auch sehr leicht. Doch wenn die bewusste Erinnerung an die Wut nur allmählich in die erneute Zuwendung auf die Anforderungen des Straßenverkehrs übergeht, dann fällt es den Interviewten quasi per definitionem schwerer sich daran zu erinnern, wie genau man dieses Verschwinden erlebt hat. Es scheint, dass in den Fahrern dabei meistens so etwas abläuft wie ein Verblassen der Wut, wenn sie sich dem „Fluss" von Tätigkeiten jenseits des Fahrens hingeben. Man nimmt ein Gespräch mit dem Beifahrer auf oder spricht über das Telefon. Man dreht das Radio auf oder wechselt den Sender und schafft damit einen neuen Brennpunkt der Aufmerksamkeit. Die Gedanken wenden sich vom Hier und Jetzt ab und Plänen, die man entwirft oder Szenen, an die man sich erinnert, zu.

Die soziale Logik solcher emotionaler Veränderungen, die in diesen Beispielen zum Ausdruck kommen, legen die Vermutung nahe, dass die Wut sich in dem Maße verflüchtigt, wie man sein Handeln in eine sozial erkennbare Rolle projiziert, die an einem anderen Ort und zu einer anderen Zeit stattfindet und in der man die eigene Kompetenz als selbstverständlich voraussetzen kann. Wie die Erfahrung des Geschnittenwerdens, mit der man aus der stillschweigenden Verstrickung in sozialen Interaktionen herausgeworfen wird, die Entstehung der Wut fördert, so bietet auch die Vorstellung, dass man in einer Art von Gemeinschaft aufgehoben ist, eine gute Methode, um die Wut auf eine mundane Weise zu überwinden.

Manchmal jedoch wollen wütende Fahrer ihre Wut schnell bestimmen. Unfähig dazu, die Auseinandersetzung zu gewinnen, und zu ungeduldig, um ihren Geist auf fruchtbarere Ziele zu lenken, neigen sie häufig zu Sprichwörtern.

„Clarence, ein Buchhalter, schreit ohnmächtig in den Stau hinein: ‚Scheiße! Wir haben uns seit einer halben Stunde praktisch nicht bewegt!' und hämmerte mit seinen Fäusten gegen das Lenkrad. Als er ein Auto sieht, dass am Stau vorbeizukommen versuchte, indem es auf dem rechtem Seitenstreifen vorbei-fuhr, schrie er: ‚Ich werde diese blöde Hexe nicht an mir vorbei lassen.' Eine Weile lang spielen sie ‚Katz und Maus', weil sie versucht, wieder in die Spur hineinzukommen und er sie daran hindert, bis er schließlich aufgibt und sie vorfahren lässt. ‚Es ist keinen Unfall wert', sagt er sanftmütig. Und ohnehin, die Welt ist eh wie verhext [life is a bitch]."

„Das Leben ist wie verhext" klingt fast so ähnlich wie das Seufzen von Craig bei der Beendigung seiner Niederlage. Die Aussage scheint auch wirklich den tieferen Sinn der vielen Seufzer auszudrücken. Beide folgen ähnlichen Linien, um aus der Wut herauszukommen. Das Seufzen erleichtert die körperliche Ablösung von einer Situation und ermöglicht es, sich zu entspannen oder das Fundament für eine neue Situation zu schaffen. Als ein Mittel zur Verlagerung der sinnlichen Grundlage für eine Erfahrung bildet das Seufzen eine kulturelle Konvention, die auf einem cleveren körperlichen Trick beruht.[25]

---

25 Eine zeitgenössische Variante des hörbaren Seufzers, der besonders bei jungen Frauen in Los Angeles verbreitet ist, lautet „na gut" [oh well]. Leicht gehaucht, wird das „na gut" mit einem wortwörtlichen Schütteln des Kopfes verbunden, das sofort einen Bruch zwischen der Abwärtsbewegung der gerade abgelaufenen Vergangenheit und einer

Dass „das Leben wie verhext" ist, stellt die Erfahrung von Clarence in eine Reihe mit dem, was viele andere auch als die Unannehmlichkeiten des Alltagslebens ansehen würden. „Das Leben ist verhext" könnte auch als Karikatur eines Bluessongs dienen. Wie auch in Bluesliedern stellt die von Clarence benutzte Phrase keineswegs die zweifelhafte Behauptung auf, dass Elend gerne in Gesellschaft kommt, sondern stellt eine kluge Strategie der Selbsthilfe dar. Die Phrase rahmt ein besonderes situatives Problem als eine Art von Elend, mit dem jeder vertraut ist. Mit dieser Formulierung kann man die momentane Zuspitzung des Ärgers vermeiden und ihn in den vertrauten Hintergrund allen individuellen Handelns auslaufen lassen.

4 Wütende Fahrer im öffentlichen Leben von Südkalifornien

Es mag nun den Anschein haben, als böte das Fahren in den Straßen von Los Angeles fortwährend Stoff für dramatische Ereignisse. Dafür, dass das jedoch ein Missverständnis ist, gibt es gute Gründe. Der erste besteht darin, dass es hier nicht um das Fahren im Allgemeinen geht, sondern um besondere dramatische Augenblicke, die in der alltäglichen Praxis des Fahrens auftreten. Die wichtigste Herausforderung in dieser Beziehung besteht darin, die Bedingungen für das Aufkommen und das Abklingen der Wut beim Fahren zu bestimmen und nicht die Erfahrungen zu beschreiben, die man allgemein beim Fahren macht oder die zum Fahren an einem besonderen Ort gehören.

Ein etwas weniger offensichtlicher Grund für die Konzentration auf lebendige Interaktionen ist methodologischer Natur. Der logische Zusammenhang, mit dem ich die Interviews als Evidenzen zur Erklärung nutze, ist analytisch induktiv. Im Unterschied zur quantitativen Forschung mit ihren Wahrscheinlichkeitsgesetzen werden hier Daten nur beschrieben, wenn sie einen neuen Aspekt der vorgeschlagenen Erklärung aufzeigen helfen. Der Grund, aus dem ich die Hinweise zu ethnischer Herkunft, zu Alter, Beruf und anderen sozialstrukturellen Merkmalen gebe, ist derselbe, aus dem ich Materialen angebe, die Angaben zur Lebenseinstellung, den musikalischen Geschmack, individuelle Strategien und ähnliche mache. Es geschieht

nach oben weisenden Zukunft schafft, die in eine neugeborene Unschuld weist. Vor dem Hintergrund der soziologischen Einsicht in die Situationsgebundenheit des Seins zelebriert diese hart erarbeitete kulturelle Schöpfung der gegenwärtigen Jugend die Freiheit verformbarer Identitäten. „Das Leben ist verhext" und „na gut" sind Alternativen zu den derzeit populären Aussagen, die auf Autoaufklebern und T-Shirts zu lesen sind: „Scheiße gelaufen" [„shit happens"].

mit dem Ziel zu zeigen, dass selbst in den Fällen dieselben sozialpsychologischen
Prozesse am Werk sind, in denen jene Faktoren unterschiedlich sind. Jeder qualitativ anders gelagerte Fall fordert deswegen die Hypothese heraus, mit der bis zu
diesem Punkt gearbeitet wurde, z. B. dass ein Argument nur für eine bestimmte
ethnische Gruppe oder einen bestimmtem Persönlichkeitstypus zutrifft. In der
qualitativen Forschung macht man sich weniger Gedanken darüber, wie hoch die
Zahl der stützenden Evidenzen ist, sondern eher darüber, dass man Lebensformen,
Interaktionsstrategien oder Arten von Ereignissen übersehen haben kann, die der
Leser kennen und mit denen er als Gegenbeispiel aufwarten könnte, um für die
Unangemessenheit der Erklärung zu argumentieren. In der Folge ist diejenige
qualitative Forschung, die so viele ähnliche Belegfälle bietet wie nur möglich, nicht
nur langweilig zu lesen, sondern auch schwach hinsichtlich ihrer Beweiskraft.

Ein dritter Grund für die Neigung zu dramatischen Beispielen in dieser Arbeit
ist in ihrer sozialpsychologischen Ausrichtung begründet. Mein übergreifendes Ziel
in dieser Untersuchung ist die Frage zu klären, was man über Emotionen erfahren
kann, wenn man sie dort untersucht, wo sich soziale Situationen und die biographisch (nicht psychologisch) transzendenten Dimensionen des persönlichen Lebens
treffen. Wie groß auch immer die Mängel meiner Arbeit sein mögen, das Thema
und das verwendete Material sind in methodologischer Hinsicht doch wunderbar
geeignet, weil letzteres so passende Belege liefert. Mit Blick auf die sozialen Situationen belegen die Berichte über wütende Autofahrer sehr genau, wie sie andere
wahrnehmen und wie sie erfindungsreich daran arbeiten, die Wahrnehmungen
der anderen und ihre Reaktionen zu verändern. Hinsichtlich der Betrachtung
biographisch transzendenter Bedeutungen ermöglichen es die Interviews an einem
sehr knappen Fragment aus dem Leben der Interviewten sehr viel zu erfahren über
etwas, was den Gegnern der Fahrer üblicherweise nicht zugänglich ist. Durch die
Selbstberichte und die genaue Beobachtung der Interaktion können wir rekon-
struieren, wie eine Interaktionssituation vom Fahrer als Phase gedeutet wurde,
in die diese Interaktionssituation aus einer vorherigen Aktivität hervorging, in
der sie ein Hindernis bei der Verfolgung eines antizipierten Zieles bildet oder als
Unterbrechung eines anderen zeitweiligen Ablaufs gesehen wird.

Gerade an der Schnittstelle zwischen dem Situativen und dem Transzendenten
gewinnt das Alltagsleben typischerweise seine ganze emotionale Kraft. In Theaterstücken wird das sehr deutlich, und die drei Teile meiner Gliederung folgen
deswegen der gewohnten Struktur von Theaterstücken. Theaterstücke konzentrieren sich häufig auf (1) Situationen mit einer konflikthaften Interaktion, die (2)
eine transzendente Bedeutung tragen und (3) am besten vermittelt wird, wenn das
Publikum sein Augenmerk darauf lenkt, wie die Schauspieler den Konflikt auf ihre
je eigene Weise körperlich zum Ausdruck bringen. Die Inhalte, die auf diese Weise

geformt werden, sind meistens ergreifend, häufig theatralisch, manchmal sehr lustig, und sie stellen eine gute Art dar, das Alltagsleben an dem zusammenzufassen, was William James die Kreuzungen der Erfahrung nannte.

Zusammen genommen begründen diese methodologischen Überlegungen, dass in einer qualitative Untersuchung der Emotionen – ein Thema, das von persönlichem Interesse ist – Daten enthalten sind, die an das Sensationelle grenzen. Man muss das im Auge behalten, um keinen falschen Eindruck vom Leben in Los Angeles zu erhalten. Von den etwa 150 Personen, die für diese Untersuchung kontaktiert wurden, hatte keiner irgendein Problem damit, sich an eine Erfahrung des Ausrastens beim Autofahren zu erinnern. Die Vielfalt der Lebensformen und der persönlichen Stile bietet einen guten Grund dafür, eine Untersuchung über alltägliche Emotionen in Los Angeles durchzuführen (obwohl es in dieser Hinsicht zahlreiche, ebenso attraktive Möglichkeiten in anderen gegenwärtigen Weltstädten gäbe). Doch die Zahl derer, die sagen würden, dass solche Auseinandersetzungen ein durchgängiges Merkmal ihrer Erfahrungen beim Autofahren seien, ist entschieden kleiner.

Auch wenn diese Daten kein repräsentatives Bild des Alltagslebens in Los Angeles zeichnen, weisen sie doch auf einen sehr wichtigen Aspekt hin. Freilich können sie nicht belegen, dass Fahren in Los Angeles eher Konflikte auslöst als anderswo. Die meisten Bewohner von Los Angeles wären überrascht zu hören, dass sie von vielen Europäern als relativ gute Autofahrer angesehen werden. Viele amerikanische Akademiker würden beschwören, dass die Autofahrer in Boston ein Niveau der Inkompetenz des Autofahrens erreicht haben, das ohne Vergleich in der zivilisierten Welt ist. Bewohner von Mexiko-Stadt warnen ohne jedes Anzeichen von Humor davor und halten es für völlig unpassend, dass man jemandem, der beim Fahren geschnitten hat, den Finger zeigt, und zwar nicht weil sie vermuten würden, dass sie die Bedeutung der Geste nicht kennen. Und die New Yorker, deren Straßen mit weitaus mehr gewerblichem Verkehr gefüllt sind, könnten die Erfahrungen des Ausrastens der „Angelenos" beim Geschnittenwerden eher für amateurhaft denn für verwunderlich halten.

Vince, ein ehemaliger Lieferwagenfahrer aus Manhattan, beschrieb für mich die Praktik seines Beifahrers, der metallene Schnecken auf Tellern in die Fahrzeuge der Firma stellte, mit denen dann „Arschlöcher" beworfen werden sollten. Vince beschrieb auch den professionellen Umgang mit den unvergleichlichen New Yorker Staus, zu denen es auch gehört, von der erhöhten Warte des Lieferwagens aus den Autos auf das Dach zu steigen, um die eigene Botschaft in die dünn überdachten Köpfe der Regelverletzer zu bringen. Auch wenn häufig von Verkehrskollaps gesprochen wird, ist der Verkehr in Los Angeles selten so schlimm, dass er diese Praktiken zuließe. Doch mit seinem apokalyptischen Unterton ist dieser Begriff sehr erhellend, vergleicht man ihn mit den unauffälligen Alltagswirklichkeiten der „traffic jams" in New York oder der „embouteillage" in Paris.

Im Großen und Ganzen gibt es keine Gründe anzunehmen, dass die Bedingungen für die emotionale Transformation der ausrastenden Fahrer ausschließlich in Los Angeles gelten.[26] Praktisch überall wird das Autofahren eine ziemlich sprachlose Form sein, sich in der Öffentlichkeit zu bewegen. Eingeschlossen in eine vergleichsweise zeichenarme Form der Bewegung, spüren die Fahrer eine Asymmetrie der Interaktion: man vermutet, dass man die anderen sehr viel genauer beobachtet als diese anderen daran orientiert sind, die schwachen Ausdrucksformen des eigenen ausdruckslosen Gefährts zu lesen. Diese Asymmetrie der Wahrnehmung wird manchmal auf den Kopf gestellt. Das hat massive Folgen, denn die Fahrer exponieren sich dann enorm, ohne sich darum zu kümmern, wer sie sieht. Solche Umkehrungen der Eigentümlichkeiten wechselseitiger Wahrnehmungen beim gewöhnlichen Fahren treten zum Beispiel auf bei den „Showfahrern", die Samstagabends den Hollywood Boulevard entlangfahren, oder wenn man in der Hochsaison mit dem Rolls Royce durch die schmalen Straßen von Saint Tropez fährt. Doch sind solche Ereignisse, bei denen man die Autos vorführt, im Alltagsleben Frankreichs keineswegs häufiger als in Los Angeles.

Die vorliegenden Daten erlauben es nicht, Fragen etwa nach nationalen oder internationalen kulturellen Unterschieden dessen zu verfolgen, was man mobilisierte Bewusstheitskontexte nennen könnte bzw. das Problem, wie Fahrer das Wissen, das andere von ihnen haben können, beobachten können. Es ist aber nicht sehr wahrscheinlich, dass man das Modell des öffentlichen Verhaltens in Südkalifornien ausweiten kann, ohne deutliche Zuschnitte auf andere Kontexte vornehmen zu müssen.[27] Abgesehen von den Bildern frierender New Yorker, sieht man in vielen europäischen und lateinamerikanischen kleinen und großen Städten sowohl an stark wie auch an wenig frequentierten Plätzen, wie einander fremde Fußgänger gewohnheitsmäßig ihre körperlich eher intimen Begegnungen miteinander aushandeln, ohne voneinander Kenntnis zu nehmen. Die in einigen amerikanischen Städten gängige Sitte, vorbeigehende Fremde anzulächeln und sie zu grüßen (ein Akt, der unterstellt, dass man den anderen nicht nur erlaubt, sondern sie sogar ermutigt, aufzuschauen und zu erkennen, dass man sie anblickt), kann vielen als

---

26 Im Sommer 1987 ist Südkalifornien für seine Autobahnschießereien berüchtigt geworden, doch im Herbst desselben Jahres fanden diese in St. Louis eine noch viel bedrohlichere Ausbreitung (zweiundzwanzig „bestätigte" Schießereien in zwei Monaten), Serien von solchen Schießereien waren zuvor schon in anderen Gebieten aufgetreten, wie etwa in Houston 1982. Vgl. Novaco 1991b, 237; zur Konstruktion dieses Mythos vgl. Best 1991.

27 Zu Bewusstseinskontexten vgl. Glaser/ Strauss 1964.

etwas merkwürdig erscheinen. Das kann hier durchaus in einem Zusammenhang mit der Intensität der Wut beim Autofahren stehen.

Wenn die Leute ungewöhnlich eifrig darauf aus sind, dass Fremde sie durch flüchtige positive moralische Mitteilungen bestätigen und bestärken, dann reagieren sie besonders empfindlich und fühlen sich gar beleidigt, wenn sie auf Gleichgültigkeit stoßen.[28] Dass man geschnitten wird, kommt in Los Angeles vermutlich etwas häufiger vor, zum Teil auch wegen kleiner Unterschiede in der Verkörperung der Fahrerfahrung und weniger wegen Unterschieden der Fahrpraxis. Der amerikanische Automarkt zeichnet sich durch die Besonderheit aus, dass er Autofahrer ermutigt zu glauben, dass sie durchaus auch im wörtlichen Sinne persönlich geschnitten werden, wenn ihre Autos geschnitten werden. Die in den Vereinigten Staaten erhältlichen Marken und Modelle gehen weit über das Angebot hinaus, das in anderen wohlständigen Nationen erhältlich ist, obwohl noch immer strenge Auflagen gemacht werden, um die Einfuhr von Autos zu vermeiden und die heimische Autoindustrie zu schützen. Das Ergebnis ist eine Art Fahrzeug-Luxus-Code, der die Unterschiede in der Darstellung der motorisierten Personalitäten begrenzt. Die Unterschiedlichkeit der auf dem amerikanischen Markt erhältlichen Marken und Modelle erweitert und individualisiert die Weise, wie sich die soziale Ungleichheit in Gestalt von Autos ausdrückt, bis zu einem nirgendwo anders beobachtbaren Extrem. Wenn die Symbole, die man vorzeigt, mehr eine Angelegenheit des Status als der individuellen Persönlichkeit sind, dann werden die Angriffe darauf auch weniger als eine intime Angelegenheit betrachtet.[29]

---

28 Eine ethnographische Studie in Los Angeles belegt den Zusammenbruch dieser Praxis in dem, was man ein kulturspezifisches Phänomen nennen könnte, das „umgekehrte Lächeln". Nachdem ein Fußgänger eine lautlose lächelnde Geste gemacht hat, um einen Fremden zu grüßen, und dann bemerkt, dass der Gruß nicht erwidert wurde, wird er oder sie dazu neigen, das Lächeln umzukehren oder zu unterdrücken und damit einen Augenblick Peinlichkeit signalisieren. Das Verhalten besteht darin, dass man sichtbar versucht, das angebotene Lächeln zurückzunehmen, indem man es verschluckt. Erste Untersuchungen zeigen, dass das umgekehrte Lächeln eher dann auftritt, wenn Fremde von vermeintlich gleichem Status aneinander in solchen öffentlichen Orten vorbeigehen, wie etwa Supermärkten oder Joggingpfaden (also zum Beispiel zwischen Joggern, die auf Pfaden in öffentlichen Parks laufen, aber nicht zwischen weißen Mittelklasse-Joggern und Arbeiterklasse-Latinos, die um den Jogging-Pfad herum picknicken.) Lori Cronyn (1992) hat dieses Phänomen beobachtet und auf Video aufgezeichnet, das es dem amerikanischen Drang erwächst, jemandem, den man nicht persönlich kennt, aber auf irgendeine Weise zu ähneln scheint (zu zeigen in den gängigen Ausdrucksformen, wie etwa Jogger, Arbeiter, die im selben Gebäude arbeiten, Kunden im selben Supermarkt usw.) auch mag.

29 Nach einer breiten kulturvergleichenden Sicht würde man vermutlich beobachten können, dass die Autos der Armen die am meisten differenzierten Fahrzeuge sind.

Zu den Anteilen, die vom amerikanischen Kapitalismus und seinem freizügigen Fahrzeugmarktregelungen herstammen, liefert Los Angeles noch eine recht bekannte und verstreute Wirtschaftsgeographie sowie ein sehr begrenztes öffentliches Verkehrswesen. Diese Faktoren wirken so zusammen, dass sie einen besonders hohen Teil der Bürger mit ungewöhnlich stark individualisierten Fahrkörpern ausstatten, die sie für große Teile ihres Alltagslebens bewohnen. Bedenkt man, welche Aktivitäten die Bewohner von Los Angeles verfolgen, wenn sie fahren, dann ist es keine Übertreibung zu sagen, dass für sie Fahren eine Art der Verfolgung ihrer privaten Interessen ist, während sie sich im öffentlichen Raum bewegen. Die Verwendung von Aufklebern, um politische Meinungen, spirituelle Philosophien oder besondere Arten des Humors am Heck ihrer Autos kundzutun, belegt die Selbstverständlichkeit, mit der die Fahrer ihr automobiles Tun direkt mit ihren privaten Angelegenheiten verbinden.

Hinsichtlich der narrativen Ausdrucksform der Wut befindet sich Los Angeles ebenso an einem Extrem, weil die Fahrer durchgängig ihre aggressive Abscheu voreinander genüsslich dramatisieren. Es ist überhaupt nichts Besonderes, wenn eine elegante, stilvolle, perfekt frisierte Frau mittleren Alters, die kosmetisch eingehüllt in einem neuen Mercedes 500 SL durch Beverly Hills fährt, plötzlich ihre mit einem Drei-Karat-Diamantring geschmückte Faust hebt und dem ungekämmten Fahrer eines schäbigen, zehn Jahre alten japanischen Billigautos den Stinkefinger zeigt. Auffällig an solchen Szenen ist, dass das Gefühl für Unstimmigkeiten lediglich im soziologischen Beobachter aufsteigt. Obszöne Gesten führen nicht zum Gesichtsverlust, wenn das Gesicht ausschließlich auf dem Vorzeigen so harter Wirklichkeiten beruht wie Diamanten und Autos. Natürlich muss man nicht daran zweifeln, dass sowohl in Los Angeles wie in Lateinamerika „los ricas tambien lloran" (die Reichen weinen ebenso unter sich), um den Titel einer populären mexikanischen Seifenoper zu zitieren. Auffällig an Los Angeles aber ist, dass „los ricos tambien se enojan" (die Reichen werden ebenso wütend) und zwar als durchgängiges Motiv des öffentlichen Lebens. In einem gewissen Sinne ist es ein Erfolg der südkalifornischen Ausprägung der Demokratie, dass Leute praktisch unabhängig von ihrem sozialen

---

Automodelle, die in der ursprünglichen Fassung nur eine beschränkte Zahl von Typen aufwiesen, wurden über die Zeit immer spezieller, da sie mit auf neu gestaltete Weisen, mit anderem Material und viel Liebhaberarbeit grundlegend umgearbeitet wurden. Da diese Fahrer ihre Fahrzeuge damit zweifellos individualisiert haben, können wir davon ausgehen, dass sie jeden Affront, wie etwa das Geschnittenwerden, auch sehr persönlich nehmen. Siehe dazu auch die nächste Fußnote.

Status die Freiheit haben, Verhaltensformen an den Tag zu legen, die anderswo als beschämend, gemein und rüpelhaft angesehen werden.[30] Auch wenn man in Los Angeles beim Autofahren nicht häufiger wütend wird als anderswo, würde ich doch behaupten wollen, dass diese Erfahrung im Kontext des südkalifornischen Lebens eine besondere Bedeutung einnimmt. Zum einen stehen im öffentlichen Leben hier recht wenige Möglichkeiten bereit, um Konflikte zwischen den Bürgern zu regeln. Paradoxerweise sieht man in westeuropäischen Kontexten mit ihren beneidenswerten zivilen Standards häufig Autofahrer außerhalb ihrer Autos herumstehen, die ausgreifend gestikulieren und einander abwechselnd Beschimpfungen zuwerfen, wobei ihre Nasen sich bis auf wenige Zentimeter nähern. Die Fähigkeiten, Beschimpfungen auszutauschen bezeugt in gewissem Sinne den Glauben daran, dass die kulturellen Gewebe stark genug sind, um die intendierten interpersonalen Schläge abzufangen und damit körperliche Auseinandersetzungen zu verhindern. Dagegen berichten die Autofahrer in Los Angeles, die Zeitungsartikel über Schießereien auf der Autobahn gelesen haben, über eine wachsende Angst, dass andere Fahrer ebenso reagieren könnten, wenn man ihnen Aug in Aug begegnet. Wo man die anhaltende und enge Interaktion mit einem regelverletzenden Fahrer ganz entschieden zu vermeiden versucht, hat natürlich das Fingerzeigen aus einer sicheren und mobilen Distanz einen ganz besonderen Reiz.

Selbst im Vergleich mit den Vereinigten Staaten scheint es in der öffentlichen Kultur Kaliforniens einen gewissen Widerstand zu geben, die Unausweichlichkeit des Konflikts anzuerkennen. Wie Calvin Trillin in einer Arbeit über die Reaktionen von Anwohnern auf den endgültigen Abschluss der Reparaturen an einer Untergrundbahnstation berichtet, kann das Fehlen einer Rechtfertigung für den Ausdruck von Wut zu so etwas wie einer Entzugserscheinung auf einer kollektiven Ebene führen.[31] In Kalifornien dagegen wird das Bezeigen von Wut in der Öffentlichkeit eher als pathologisch betrachtet. Diese Perspektive hat auch zu besonderen Versuchen der Therapie geführt, die in der Anstrengung besteht, die fahrende Öffentlichkeit mit den Lehren des Zen zu schützen.

Die Zen-inspirierten Schriften über das Autofahren fordern eine Aufmerksamkeit für die sinnlichen und ästhetischen Rhythmen dieser Praxis. Indem sie der gängigen Kritik des Autobahnfahrens als einem Fehler der modernen Zivilisation begegnen, lassen sich die Zen-Schriftsteller auf poetische Weise über die Möglichkeiten aus,

---

30 Für einige Belege, dass in Südkalifornien um 1990 Erziehung und sozioökonomische Status mit ungeduldigen oder aggressiven Fahrstilen korrelieren vgl. Novaco 1991a.

31 Trillins 1995.

„wo die Straße und der Himmel einander berühren"[32]. Diese Philosophie enthüllt das tiefe Potential eines vollkommenen Aufgehens im Fahren und kann deswegen auch dazu beitragen, die Wut zu dämpfen, in dem sie den Wert überhöht, von dem die anderen Fahrer abgeschnitten werden. Unvorhersehbare, ja gefährliche Bewegungen anderer Fahrer werden anerkannt als eine weitere Quelle von Herausforderungen, für die man eine ähnliche Antwortbereitschaft aufbringen solle wie für den unregelmäßigen Verlauf der Straße.

Zen-geleitetes Autofahren vermeidet das Aufkommen von Wut oder jeder anderen Emotion als der metaphysischen Freude der Beteiligung am verantwortungsvollen Fahren selbst, indem man die Möglichkeiten vermeidet, von den Dingen abgeschnitten zu werden, die das Fahren transzendieren. Hinsichtlich der hier vorgebrachten Erklärung fordert diese Philosophie in der Tat die Verneinung jener symmetrischen Situation sozialen Deutens, die als Ausgangspunkt für das Aufkommen der Wut wirkt. Zen-geleitete Fahrer sind in keinster Weise besser in der Lage, sich hör- oder wahrnehmbar zu machen als andere Personen oder Fahrer, doch gibt es keine Asymmetrie mehr, denn die Autos werden nicht mehr so angesehen, als würden sie von personalisierten Wesen gesteuert. Wenn man auf diese Weise fährt, ist man vielleicht in einem objektiven Sinn noch mehr bei den anderen, weil man als Teil eines kollektiv geordneten Musters von Autos auf der Autobahn interagiert und nicht mehr mit bestimmten einzelnen. Hat sich die Windschutzscheibe aber erst einmal in eine Art Computerspielbildschirm verwandelt, dann macht es keinen Sinn mehr, sich über die feindlichen Aggressoren zu ärgern; es kommt vielmehr darauf an, wachsam zu bleiben und richtig auf sie zu reagieren. Wenn das Fahren mit neuen Arten des Vergnügens verbunden wird und wenn andere Fahrer in Leuchtzeichen auf der Windschutzscheibe verwandelt werden, dann erscheinen sie in der eigenen Erfahrung nicht mehr als moralische Wesen. Wenn die Fahrer durch die äußere Erscheinung anderer Fahrzeuge nicht das persönliche Bewusstsein gewinnen, dass sie andere Fahrer vor sich haben, dann können diese Fahrer auch keine Menschen sein, deren gnädige Höflichkeit Anerkennung einfordert oder

---

32 Berger 1993: die Besucher von Los Angeles scheinen netter zu den Fahrern in diesem Gebiet zu sein als diese selber. Ich habe viele Europäer getroffen, die Gefühle wiedergeben, wie sie von Paul Theroux (1995, 35-36) zum Ausdruck gebracht werden: „Ich meine eine Art Zen des Autofahrens wahrgenommen zu haben: geschmeidiges Einordnen, sicheres Überholen, klares und komplettes Anhalten bei Rotlicht. Die Menschen in Los Angeles beklagten das schlechte Autofahren, besonders auf den Autobahnen, doch ich habe an einem einzigen Tag mehr Höflichkeit auf den Straßen von Kalifornien erlebt als in Monaten an anderen Orten."

deren gefährlicher Narzissmus es verdient, eine Lektion erteilt zu bekommen, die sie nicht vergessen werden.[33]

In der Tat fordern Zen-Lehren die Fahrer dazu auf, ihre alltagssoziologischen Bemühungen auf der Straße einzustellen. Indem sie sich alleine auf die Ästhetik des Fahrens konzentrieren, machen sie sich umsonst die Mühe, durch die Interaktion mit Fremden etwas darüber erfahren zu wollen, wer da um einen herum fährt; genauso wenig lernt man, auf der anderen Seite, etwas über sich selbst: ob man etwa mehr oder weniger aggressiv, höflich, aufmerksam ist oder gleichzeitig verschiedene Herausforderungen meistern kann. Man kann das als eine Art des Verlustes betrachten. Im Verlauf von Gewohnheitstätigkeiten und ohne etwas Geld bezahlen zu müssen, bieten Konflikte beim Fahren regelmäßig Lehrstunden für die persönliche Arbeit an einem zentralen Dilemma des städtischen Lebens: der Herausforderung, zwischen Begegnungen mit gleichgültigen Personen und den verschiedensten sozialen Situationen rasant zu wechseln und zugleich an den transzendenten Werten des eigenen Lebens festzuhalten.

Vielleicht würde eine Massenkonversion zum Zen-Buddhismus die körperliche, wirtschaftliche und geistige Gesundheit der kalifornischen Autofahrer wirklich entscheidend verbessern. Darum geht es aber hier gar nicht. Der besondere Reiz des Zen für die kalifornische Kultur weist auf das Unbehagen hin, Konflikte als Teil der öffentlichen Kultur anzusehen. Über zwanzig Jahre lang war das vorherrschende Bild des Bürgermeisters von Los Angeles das eines „netten Menschen": sei er farbig oder weiß, ein Mensch, der nicht öffentlich lästert und über den nicht gelästert wird, der es nicht genießt, Gegner zu erniedrigen, der keine übereilten Vorwürfe persönlicher Inkompetenz macht noch erhält, ein Mensch, der seine Intelligenz nicht selbst zelebriert, also im Großen und Ganzen ein Bürgermeister, dem es vollständig misslingt, die urbane Politik zu einem spannenden Thema zu machen, das die Massen interessieren könnte. Dramen, die von genau diesen kulturell innovativen Leidenschaften getrieben werden, spielen sich tagtäglich in Los Angeles ab, doch ist ihr Schauplatz nicht die Presse, sondern die Straße. Da diese

---

33 Vertreter des Zen-Fahrens kritisieren Fahrer, die ihre Windschutzscheiben wie Fernsehschirme betrachten. Doch vor Computerbildschirmen sitzt man nicht „abgetrennt von dem, was man sieht", und obwohl in gewissem Sinne alles vorprogrammiert ist, erscheint es nicht als vorprogrammiert. (Zu Interaktionen mit Computer-Bildschirmen vgl. Sudnow 1983.) Zen-Vertreter empfehlen ein „Samurai-Bewusstsein", in dem man sich auf das konzentriert, „was in einem vor sich geht" und auf seine „Umgebungen", doch während die Umgebungen die Augen der anderen Fahrer einschließen, sollte man nicht darauf achten, was hinter ihnen geschieht. Man interagiert mit anderen Fahrern, bleibt aber in seiner eigenen Subjektivität gefangen, ohne irgendeine Form der Intersubjektivität anzusetzen. Zitate aus Berger (1988: 42-43, 126-127; 146).

moralischen Leidenschaften nicht von Volksvertretern auf kommunaler Ebene, sondern von Individuen ausgetragen werden, die sich flüchtig auf den Straßen begegnen, tragen sie beträchtlich zu dem Eindruck des Chaos und des mangelnden städtischen Gemeinschaftsgefühls bei, das in Los Angeles vorherrscht.

Merkwürdigerweise bringt das Autofahren die Menschen in Südkalifornien gerade an einem relativ kommunistischen sozialen Ort zusammen.[34] Im Gegensatz zu seinem Namen und der sozialistischen Assoziation trennt der „öffentliche Verkehr" in Los Angeles ebenso wie in anderen amerikanischen Städten die Pendler nach sozialer Klasse und Ethnie. Der öffentliche Verkehr gruppiert und trennt die städtischen Pendler auf eine Weise, die ganz extrem am vorstädtischen Zugpendler deutlich wird, der sein Auto in einer idyllischen Schlafstadtgemeinde parkt, über und unter Arbeiterbezirken durchfährt und dann an einer Zugstation aussteigt, die sich in Gehdistanz zu seinem Büro befindet, wo ihm Pendler die angesammelten Faxe bringen und mit Kaffee versorgen, die mit dem Bus oder der U-Bahn gekommen sind. Erwachsene in Los Angeles interagieren möglicherweise mit einer größeren Mischung an Menschen aus diesem Gebiet als in irgendeiner anderen großen Stadt. Wie vereinzelt und insular diese Kontakte auch immer sein mögen, tragen sie doch zur Schaffung eines Bildes dieses Gebietes als Ganzem dar. In dem Maße, wie die Bevölkerungsdichte wächst und die Fahrzeiten zunehmen, ersetzt ein Bild von konflikthafter Verschiedenheit die früheren Vorstellungen von Homogenität und Ruhe.[35]

Wir würden zu weit von der auf soziale Interaktionen blickenden Datengrundlage dieses Kapitels abkommen, wollten wir nun ausführlich die historischen Entwicklungen und Merkmale der politischen und ökonomischen Strukturen behandeln, die Los Angeles seinen besonderen Charakter verliehen haben. Ein abschließender Punkt aber zur Bedeutung der daraus erklärbaren Konflikte für die Autofahrer in dieser Stadt muss herausgestellt werden. Das Zurechtkommen mit diesen alltäglichen Spannungen ist ein Teil der umfassenderen Aufgabe des Zurechtkommens mit einem massiven städtischen Zentrum in einer vorstädtischen

---

34 Es gibt einige Ausnahmen, die in der Forschung über die Interaktion zwischen Fahrern in den 1970er Jahren gefunden wurden, wie z. B. „ein institutionalisierter Kommunikationscode mit Scheinwerfern und Hupen", die Lastwagenfahrer wie eine Art Handwerksgilde teilen; Corvette- und Porsche-Fahrer behandelten sich wie „Brüder im Geiste". Darunter fallen auch Begrüßungen zwischen Fahrern von Niedrigpreis-Sportwagen, alters- und geschlechtsspezifische Wettbewerbsverbindungen zwischen „Rasern" und eine Unzahl an Verbindungen zu kulturellen Gemeinschaften, die mit Aufklebern angezeigt wurden. Vgl. Dannefer 1977, 34.

35 Zum rasanten Wandel von der Homogenität zur Heterogenität zwischen 1970 und 1990 vgl. Waldinger und Bozorgmehr 1996.

kulturellen Bekleidung.[36] Die Konflikte der Fahrer in Los Angeles weisen weniger ein ungewöhnlich hohes Maß an Wut auf, als vielmehr eine ungewöhnlich geringe Fähigkeit, einen gemeinsamen Nenner zu finden, um sie verstehen zu können. Diese Unfähigkeit wiederum macht die Erfahrung des Konfliktes in der Öffentlichkeit zu einer Herausforderung, mit der die Individuen kreativ umgehen müssen. Im Nachglühen der chaotischen Begegnungen versuchen sie deswegen häufig das Abendessen zum interpretativen Rächen an den Arschlöchern zu nutzen, denen sie tagsüber begegnet sind.

Ob das Fahren in Los Angeles und seine emotionalen Folgen sich wirklich von anderen Orten unterscheiden, sei dahingestellt; die Bewohner von Los Angeles glauben das jedenfalls. Die Befragten unserer Untersuchung betonten einer nach dem anderen, wie sich das Fahren in Los Angeles von Nebraska, Salinas, New York oder New Jersey unterscheidet. Immer erscheint Los Angeles als viel chaotischer. (Ein charmanter Mythos über New Jersey besteht etwa darin, dass die Lastwagenfahrer dort wie raue, aber liebenswerte Mafiosi handelten, die sich, letztlich zum Vorteil aller, um die Disziplin auf der Straße kümmerten.) Und von den Langzeitbewohnern aus Los Angeles hört man immer und immer wieder, häufig als Einleitung zu den Überlegungen, die Stadt zu verlassen, wie die Unhöflichkeit, der man jetzt auf der Straße begegnet, noch vor fünfzehn Jahren undenkbar gewesen sei.

Nachdem Los Angeles die ethnische Homogenität verloren hat, die das Unterpfand des öffentlichen Images der Region als Amerikas letzter Chance auf eine pazifische (und weiße) Gemeinschaft war, und während sie mit den Folgen des massiven Bevölkerungswachstums und ihrer enormen Diversifizierung in einer nicht gegen Konflikt gewappneten öffentlichen Kultur zu kämpfen hat, setzen sich die arglosen Bürger von Los Angeles in ihre Autos und fahren mit anhaltender Skepsis in alltägliche Begegnungen von chaotischer Leidenschaftlichkeit. Es mag ja sein, dass es nichts in der Region gibt, das als Grund dafür dient, aus dem die Fahrer so häufig in Los Angeles ausrasten. Doch die Erfahrung des Ausrastens beim Fahren ist eine der wenigen Momente in der alltäglichen Teilnahme am

---

36 In vielen Darstellungen der wütenden Fahrer aus Los Angeles dient das Leben in der Kleinstadt als Hintergrund für die Umstände des Fahrens in großen Städten. So etwa bei Max aus dem „sanften Cucamonga". Sein Lastwagen stand wie ein wunder Daumen in einer Ausfahrt weil die Fußgänger in Beverly Hills keine Anstrengungen unternahmen, seinen Wendeversuch zu unterstützen. Er hatte den Eindruck, „dass die Art der Handlungen dieser Leute zeigt, wie egoistisch die Leute in Los Angeles sind, vor allem wenn es ums Fahren geht. Er glaubt sehr stark, „dass alle Menschen in Los Angeles so sind. Bewohner weniger dicht bewohnter Gebiete sagen häufig Ähnliches über Fahrer in New York, Paris, Rom usw.

öffentlichen Leben der Bewohner geworden ist, der ihnen gewohnheitsmäßig und demokratisch verdeutlicht, was in Los Angeles geschieht.

5   Anhang: Leitfaden für Interviews mit Autofahrern

Das geschriebene Ergebnis

Dein Ziel ist von Anfang an, so gut wie möglich das aufzuzeichnen, was geschieht, wenn Leute beim Autofahren in Los Angeles wütend werden. Dein Bericht sollte *keinerlei Analyse enthalten oder irgendwelche Gedanken, wie man das erklären könnte,* außer wenn Du darüber mit den Beobachteten gesprochen hast. Der beschreibende Bericht sollte anführen, wie die Person, die Du beobachtest, die Ereignisse erfahren hat – und nicht, was Du über sie denkst. Die Worte, Formulierungen und der Stil sollten der Person folgen, die Du beobachtest: Wie haben sie gehandelt, wie sprechen sie über die Ereignisse, was denken sie über die anderen beteiligten Personen, und was bedeuten diese Ereignisse für sie.

Eine Person auswählen

Finden Sie eine Person, die über 30 Jahre alt ist. Erklären Sie ihr, dass Sie an einem Seminar teilnehmen, in dem es um die Untersuchung von Gefühlen im Alltagsleben geht, und dass Sie Beschreibungen dessen sammeln sollen, was Leute erfahren, wenn sie in Los Angeles mit dem Auto fahren, insbesondere von Situationen, die sie ärgern. Wenn Sie mögen, fragen Sie doch, ob Sie mit der Person mitfahren können. Das kann dazu beitragen, dass sie sich an viele Ereignisse erinnern, die sie irritierten – auch wenn sie bei der Fahrt selbst gar nicht wütend werden. Und wenn die erste Person, die sie treffen, Ihnen erzählt, dass sie sich beim Autofahren nie ärgert, suchen sie eine andere Person. Sie sollten keine Schwierigkeit haben, eine zu finden.

Sie können herausfinden, dass eine Person ein jüngeres Ereignis in sehr großem Detail beschreiben kann. Das ist in Ordnung. Häufig haben Leute, die nach ihrer Wut beim Autofahren gefragt werden, zahlreiche Geschichten auf Lager. Das ist auch in Ordnung.

Wie man aufnimmt

Wenn Sie das Gespräch mit der befragten Person auf Tonband aufzeichnen, werden Sie bemerken, dass die Transkription sehr zeitaufwändig ist. Das ist nicht nötig. Es ist durchaus in Ordnung, wenn man ein freies Gespräch führt und danach das niederschreibt, woran man sich erinnert. Wenn Sie Notizen machen wollen, schreiben Sie einfach ein paar Schlüsselwörter auf, die Ihnen helfen werden, sich an das zu erinnern, was wichtig ist. Aber schreiben Sie nicht alles auf, was Ihr Gesprächspartner sagt. Die wichtigste Aufgabe besteht darin, ein natürliches Gespräch zu führen. Seien Sie Sie selbst, und verkünsteln Sie sich nicht, weil Sie Notizen machen müssen.

Anonymität

Nennen Sie die Person nicht bei ihrem wirklichen Namen; benutzen Sie nur den Vornamen oder ein Pseudonym, selbst wenn Sie mit ihr in einer Beziehung stehen und selbst wenn sie sagt, Sie könnten ihren Namen nennen. Nennen Sie Alter, Geschlecht, Beruf der Person, wie Sie sie kennengelernt haben und wo (großräumig) sie lebt.

Worauf wir achten

Es ist besser, diese Empfehlungen zu lesen und zu verinnerlichen, bevor man ein Gespräch führt, als eine Liste mit ihnen zu machen und ihr mechanisch zu folgen.

Ihre Beschreibung sollte die fünf W's beinhalten: Wer, was, wann, wo und warum (aus der Sicht der Person, die Sie befragen) bzw. was die Befragten als die Bedeutung des Ereignisses (für sie, für die anderen, für das Leben) ansehen. Wenn Sie den Bericht geschrieben haben, können Sie selber überprüfen, ob diese Fragen alle beantwortet werden.

Doch ihr ordnender Gedanke sollte einem anderen W folgen: Wie bzw. Wie geschah das? Worin besteht der Prozess? Wie begann er? Was geschah dann? Was machten sie, als er oder sie jenes taten? Welche Phasen wies der Prozess auf? Der Bericht sollte beschreiben, wie Ihr Interviewpartner etwas mit oder gegen jemand anderen tut, wie dieser Jemand reagiert usw.

Als Hintergrund sollte man fragen: Wie gelangte die Person an den Ort? War sie auf dem Weg wohin und wozu? Mit was fuhr sie? Was ging in ihr vor? Was tat sie? Was geschah danach?

Wenn man hängen bleibt

Wenn Sie in der Diskussion oder dem Interview stecken bleiben und nicht mehr wissen, was Sie fragen sollen, ohne dass Sie das Gefühl hätten, schon viel zu haben, dann gibt es einige recht zuverlässige Tipps, mit denen Sie das Gespräch wieder ins Laufen bringen können. Erstens: Warten Sie ab. Schweigen auf Ihrer Seite wird die andere Person dazu bringen, nachzudenken und etwas zu finden, was sich erzählen lässt. Ein wenig Schweigen auf Ihrer Seite geht in Ordnung. Sie müssen nicht jeden Augenblick mit Lauten füllen. Das Schwierigste am Interviewen ist das gute

Zuhören. Je weniger Sie sagen, umso sicherer können Sie sein, dass das, was Sie aufnehmen, die Perspektive der anderen Person ist und nicht Ihre.

Zweitens: Nachdem Ihnen die Geschehnisse berichtet wurden, können Sie die großen W's zum Einsatz bringen (Wo geschah es, wann...) und Sie können sie einfach fragen, wie es denn passiert ist. Nachdem die Personen ein Ereignis oder eine Handlung erzählt haben, können Sie fragen: „Und dann?"

Drittens können Sie deren Erfahrungen mit ihren eigenen vergleichen, etwa „das erinnert mich an...". Eine gute Form der Interviewführung besteht darin, die Erfahrungen zu teilen. Das zeigt ihnen, was Sie eigentlich suchen und dass Sie niemanden von einer höheren moralischen Warte verurteilen. Diese Form macht aus dem Gespräch auch eher eine Diskussion als ein „Interview" und das sollte man vorziehen. Danach können Sie Ihre Erfahrungen beim Interview notieren, denn diese Erfahrungen waren Teil des Interviews.

Wonach suchen wir?

Wenn Sie zu bemüht nach etwas suchen, dann wird Ihr Bericht zu einer analytischen Übung. Deswegen muss diese Anleitung allgemein und grob bleiben. Ein Fokus liegt auf der Praxis des Fahrens: Wie fährt diese Person? Wie kommt sie von hier nach dort? Welche Strategien setzt sie möglicherweise ein? Was macht sie, wenn sie fährt? Worauf achtet sie und worauf nicht, wenn sie fährt? Ein anderer liegt darauf, wie die befragten Personen andere Personen „lesen": Was betrachten sie als Signale anderer Fahrer? Für welche Art von Leuten halten sie die anderen Fahrer? Wie verstehen sie, was die anderen Fahrer machen? Ein dritter ist: Was sind die besonderen emotionalen Formen des Verhaltens? Wie wissen sie, wann jemand wütend wird. Wie zeigt sich die Wut?

Was ist Weinen?

Jack Katz[1]

Wie können wir uns den großen Mangel an Arbeiten zum Weinen in der soziologischen und psychologischen Forschung erklären? Wenn Forschung auf die Anliegen ihrer Gegenstände antworten soll, dann müsste das Weinen eigentlich zu den größten Themen gehören, die das forschende Interesse in den Humanwissenschaften leitet. Was Menschen sagen, wenn sie weinen, ist, wie wir sehen werden, auf eine systematische Weise indirekt. Gleichzeitig ist es schwierig, das Weinen in seinem Vorkommen in einer Vielfalt von Situationen zu untersuchen, ohne mitzubekommen, dass es um etwas sehr Wichtiges für die betroffenen Menschen geht. Ob es echt ist oder inszeniert, selten oder häufig im Leben einer Person geschieht, das Weinen will etwas sagen, das etwa so gefasst werden kann: „Ich werde von einer besonderen Macht ergriffen. Ich werde bis in große Tiefe bewegt. Was mit mir geschieht, erfasst mich gerade hier, wo ich bin. Etwas hat mich in der primordialen Heimat meiner Identität erwischt".

Niemand entscheidet sich dafür, das Weinen nicht zu untersuchen; alle entscheiden vielmehr, etwas anderes zu untersuchen. Es ist jedoch ein Rätsel, warum das Thema selbst in denjenigen Untersuchungsfeldern der Humanwissenschaften, für die es eine zentrale Bedeutung einnehmen könnte, kaum einmal im Horizont der Forschung auftaucht. Die Forschung über kindliche Entwicklungsprozesse hat eine Vielzahl von Studien zum Prozess des kindlichen Spracherwerbs in den subtilsten Formen der Interaktion angestellt[2], doch findet das Weinen dabei keinerlei Beachtung. Und das, obwohl das Weinen von Anfang an zu den Weisen gehört, in denen das Neugeborene die Stimme höchst vernehmlich in die soziale Interaktion einbringt. Würde man nicht wetten können, dass die Untersuchung des Weinens im Zug der sich ändernden sozialen Erfahrungen des Kleinkindes höchst aufschluss-

---

1   [Übersetzt von Hubert Knoblauch; korrigiert von Felicitas Heine und Theresa Vollmer, die sich auch um eine Anpassung der Geschlechtsformen bemüht hat.]

2   Bruner 1983.

reich sein könnte für die Klärung der Voraussetzungen sprachlicher Kompetenz? Für das Kind stellt die Sprache häufig nur eine Möglichkeit unter verschiedenen stimmlichen und nichtstimmlichen Mitteln des körperlichen Ausdrucks dar, mit denen es Antworten von anderen auslösen kann.[3] Aus dieser Perspektive ist das Sprechen in erster Linie etwas ganz anderes als das Weinen.

Es gibt hunderte sozialwissenschaftliche Studien, die das Weinen auf eine provisorische Weise aufnehmen, doch nie lenken sie die Aufmerksamkeit auf die Frage, wie das Weinen dazu dient, eine Beziehung zu anderen und zu sich selbst aufzunehmen. So gibt es etwa Studien, die Geschlechterunterschiede aufnehmen, indem sie erforschen, ob Frauen häufiger weinen als Männer. (Ja, sehr viel häufiger. Aber was bedeutet das?)[4] Bei Erwachsenen, aber auch bei Kindern tritt das Weinen (wenigstens wenn es sich um Verlust, Schmerzen und Abwesenheiten dreht) sehr viel häufiger privat als in der Interaktion von Angesicht zu Angesicht auf.[5] Doch was bedeutet diese Beobachtung für das Verständnis des Weinens, wenn es in der Gesellschaft anderer auftritt? Es gibt Untersuchungen über das Weinen von Kindern, die zeigen, wie die Drogenpraktiken ihrer Mütter während der Schwangerschaft die Kinder beeinflussen. Sie sind von großem diagnostischem Wert für das medizinische Personal, das schnell wissen muss, was die Probleme von Neugeborenen sind. Das ist sicher sehr wichtig zu wissen, doch helfen uns diese Arbeiten nicht sehr, das Weinen zu verstehen.

Die Untersuchungen über Weinen als eine Art der Interaktion beschäftigen sich mit so praktischen Fragen wie: Ermutigen sorgsame Mütter ihre Kleinkinder mehr zum Weinen als andere? Auf der Grundlage einer wohlgemeinten Inkonsistenz, die unterschiedlichste Bemutterungsstrategien einschließt, beruhigt die Untersu-

---

3   Eine Analyse der musikalischen Entwicklung vorsprachlicher stimmlicher Aktivitäten in der Kindheit findet sich bei Loewy 1995. Zur Forderung für eine Ausweitung von Bruners Perspektive und der Untersuchung von „Wein-Interaktions-Sequenzen" vgl. Gustafson und Deconti 1990. Weinen „initiiert primitive ‚soziale Dialoge' der Art, die vermutlich die sozialen und kommunikativen Kompetenzen während der Kindheit fördern" (S. 47).

4   Für Belege zu den Geschlechtsunterschieden vgl. Lobardo u. a. 1983; Ross und Mirakowski 1984. Es wird vermutet, dass Frauen bei Ärger häufiger in Weinkrämpfen ausbrechen als Männer. Vgl. Crawford (1992, 171-176): Das Weinen aus Ärger dient zwei Zwecken: einem, der der weinenden Person nicht erkenntlich ist, und einem, der der beobachtenden Person nicht erkenntlich ist. Die Person, die weint, glaubt, dass es [...] ein Zeichen für die Richtigkeit ihrer Wut ist, verbunden mit der Stärke der Verletzung. Die Person, die beobachtet, sieht es [...] als Zeichen des Leidens [...] und als Zeichen dafür, dass sein Ärger nicht mehr angemessen ist. (S. 176).

5   Vgl. William und Morris 1996.

chung die sorgsamen Mütter, indem sie die Frage verneint.[6] Ein anderes wichtiges Anliegen zielt auf den Zusammenhang zwischen Koliken und dem Weinen der Kleinkinder.[7] Doch trotz der normativen und fürsorglichen Absicht des Großteils dieser Forschung zeigt sich, dass die Muster des Weinens, etwa die Tageszeiten, zu denen es vorkommt, sich deutlich zwischen Gesellschaften unterscheiden[8]; deswegen kann man annehmen, dass die Interaktionen zwischen Mutter und Kleinkind sehr stark vom kulturellen Zusammenhang geprägt werden.

In all diesen Studien scheint die empirische Operationalisierung des Weinens einen analytischen Begriff des Weinens vorauszusetzen, den sie nicht reflektieren. Doch die gegenwärtige Forschung beschönigt das Problem des Beschreibens generell.[9] In der akademischen psychologischen Forschung dient etwa eine Tonbandaufnahme des Weinens dazu, um verschiedene Reaktionen auszulösen (die z. B. nach Geschlecht unterschieden werden); weil man dasselbe Tonband für verschiedene Versuchspersonen verwenden kann, glaubt man nicht, genau beschreiben zu müssen, wie sich dieses Weinen als Stimulus genau gestaltet.[10] Auch in Umfragen und Interviews fragen die Forschenden zuweilen, ob die Befragten geweint haben; doch dann nehmen sie die Bedeutung der Reaktionen für selbstverständlich, ohne zu klären, ob die Erfahrungen und das Verhalten des Weinens etwas Gemeinsames haben (und was das sein könnte), auf das sich die Befragten beziehen. Weinen ist ein altes Thema in ethnologischen Arbeiten, doch beschreibt man dabei gemeinhin, wann und wo das Weinen im Ablauf von sozialen Ritualen und Verwandtschaftsbeziehungen erfolgt. Zur Beschreibung des Weinens als ein Verhalten belässt man es zumeist bei Floskeln wie: „Das Geheul setzt ein. Die Frauen stellen sich hin und schreien laut. Sie werfen sich auf den Boden. Die Frau des Verstorbenen weint lauter als alle anderen".[11]

---

6   Es ist nicht einfach, die kausale Beziehung deutlich zu klären. Für eine kompetente Stütze des negativen Befundes vgl. Hubbard und Ijzendoorn 1994.

7   Brazelton 1990

8   Brazelton, Robey und Colier 1969; Barr et al. 1991.

9   Vgl. jedoch Barr (1990: 360), der „qualitative Verhaltensstudien des ‚Wein-Aktes'" einfordert, sowie Zeskind, Parker-Price und Barr 1993.

10 Vgl. z. B. Stein und Brodsky 1987. Man beachte aber auch das System der Cry Research, Inc., das die Akustik des Weinens von Kleinkindern mechanisch beschreibt. Vgl. Huffman et al. 1994.

11 Stroebe und Stroebe (1987: 36). Arthur Kleinman (1995, 233-234) schreibt: „Es ist bezeichnend für die Interessen der Ethnologie, dass der riesige ethnographische Datenbestand über die sozialen Praktiken des Trauerns so wenig über die soziale Erfahrung der Bewältigung der Trauer berichtet". Die besondere Arbeit, die er bespricht und die ihm Anlass für eine Kritik des Feldes ist, „bleibt unfähig, die emotionalen Antworten

In letzter Zeit wandelte sich die deskriptive Frage dazu, wie die Leute, post factum, über ihre Emotionen reden und wie sie die Emotionen von anderen deuten. Wenn die Erforschung eher der Repräsentation als der Erfahrung der Emotionen zum gängigsten Gegenstand in der anthropologischen und soziologischen Forschung geworden ist, dann verliert die psychologische Forschung das Phänomen in der entgegengesetzten Richtung aus den Augen. Dort wird das Weinen auf solche Dimensionen wie Dauer, Klangfrequenz und den Abstand zwischen Spitze und Beendigung reduziert.[12] Solche Dimensionen lassen sich zwar durch genaue und verlässliche Instrumente messen, aber sie bringen nicht zum Ausdruck, was von den anderen verstanden wird, die das Weinen erleben und noch weniger die Strategie und Kunst bei der Verwendung des Körpers in diesem Ausdruck.

Fast immer wird das Weinen als eine abhängige Variable behandelt, wenn es etwa um die Überprüfung der Wirkung von Geschlecht, mütterlicher Interaktion, pränatalen Bedingungen, Umwelteinflüssen usw. geht. Sehr selten wird das Weinen als eine unabhängige Variable untersucht. Die Forschung übergeht im Regelfall, dass das Weinen eine besondere Weise ist, Reaktionen des Selbst und der anderen auszulösen.[13]

Um eine breite Forschungsfrage über das Weinen zu entwickeln, bietet die Literatur zwei Quellen an, die (keineswegs zufällig) anregend und zugleich auch etwas abwegig sind. Das eine ist eine über 50 Jahre alte halbphilosophische Schrift von Helmuth Plessner[14], die einen Vergleich anstellt zwischen dem, was Leute machen und wie sie sich auf einander beziehen, wenn sie lachen oder wenn sie weinen. Das andere ist ein 20 Jahre altes Buch vom Biochemiker William Frey, der das Weinen untersuchte, weil er vermutete, dass sich emotionale Tränen organisch von Tränen unterscheiden, die physische Ursachen haben. Auf dem Weg zu einer (erfolgreichen) Klärung der unwichtigen Fragen, die seinen Untersuchungen vorangingen, entwickelte Frey[15] einige sehr fruchtbare Forschungsinstrumente: ein umfassendes Konzept für eine repräsentative Umfrage, ein systematisches Tagebuchverfahren zur

---

wirklicher Menschen auf wirkliche Verluste zu untersuchen. […] Trauer wird, in all ihrer subjektiv so großen Bedeutung, vor allem als eine Quelle für sehr machtvolle kulturelle Symbole behandelt."

12 Vgl. Dessureau, Kurowski und Thompason 1998.

13 Vgl. aber Teile von Acebo und Thoman (1992; 1995).

14 Vgl. Plessner (1950; 1970).

15 Vgl. Frey 1985. Diese Ergebnisse werfen indes neue Rätsel auf. Am Ende von „All's Well hat Ends Well" antwortet Lafeu auf die Versöhnung der Liebenden: „Meine Augen riechen Zwiebeln. Ich werde mich zum Weinen zurückziehen". Die Ähnlichkeit der Erfahrung einer emotional und einer körperlich erzeugten Situation, die in der populären Kultur seit langem bekannt ist, harrt noch immer der Erklärung.

Aufzeichnung genauer Beschreibungen der Schauplätze sowie der mikroskopischen Abläufe der Wein-Episoden und ein persönlicher Briefwechsel mit Leuten, die ihm ausführlich schrieben, um ihre eigenen Erfahrungen mit dem Weinen besser zu verstehen. Sein Buch bietet einen großen Schatz an nützlichen Informationen über Fragen wie etwa, wer wann und wo unter den amerikanischen Erwachsenen weint, welche Reaktionen Menschen antizipieren, wenn sie weinen und welche Strategien Menschen verwenden, die häufig weinen, um die Interaktionsprobleme zu beheben, denen sie dabei begegnen. Doch weder Plessner noch Frey bieten eine Forschungsfrage, die ein umfassendes Verständnis des Weinens als einer bestimmten Form sozial orientierten Verhaltens ermöglicht.

Ich möchte hier nicht erklären, wie es in der Geschichte der sozialwissenschaftlichen Erforschung des Weinens zu diesem traurigen Zustand kommen konnte, doch komme ich um zwei Bemerkungen dazu nicht umhin. Eines der zentralen Probleme besteht zum einen im Enthusiasmus, mit dem die Soziologie und die Psychologie die verschiedensten Arten von Phänomenen untersuchen, ohne sie in ihrer natürlichen Umgebung und in ihrem eigenen Verständnis ernst zu nehmen. Das wissenschaftliche Ziel des Entdeckens, was die Dinge ausmacht, und die aufgeklärte Neugierde, den spezifischen Gegenständen möglichst nahe zu kommen, um etwas über ihre natürliche Geschichte zu lernen, ohne äußerliche Vorannahmen an sie heranzutragen, wird paradoxerweise vergessen, wenn die soziologische oder psychologische Rhetorik über den wissenschaftlichen Status ihrer Forschung anhebt. So wird das Weinen, ebenso wie die Wut, die Scham oder das Lachen, leicht zur Forschungsvariablen, ohne dass man Beschreibungen liefert, die es erlauben würden, die Variationen und Veränderungen der behandelten Emotion zu hören, zu sehen oder zu fühlen. Die Perspektive des ehrgeizigen Naturalisten, dessen größte Passion es ist, etwas zu sehen, das zuvor niemand gesehen hat und es wieder zum Leben zu erwecken, auf Video zu bannen oder wenigstens in der Form von verlässlichen Darstellungen seines Funktionieren im vollständigen Kontext seines natürlichen Auftretens wiederzugeben – diese Perspektive verdient weit mehr Anerkennung, wenn es um das Verständnis der amerikanischen Sozialwissenschaftlerinnen darum geht, was die Aufgabe der Wissenschaft ist.

Daneben hat ein zweites Problem der Geistesgeschichte den Fortschritt der Forschung behindert, die sich mit Kommunikation beschäftigt. Es ist der seit Wittgenstein zunehmend verbreitete Glaube, Sprache sei primär und eigenständig. In Anlehnung an diesen Glauben gehen Sprachstudien davon aus, dass die Sprache eine Abwandlung gestischer Formen von gesprächsartigen Interaktionen sei. Die Bedeutung des vorsprachlichen Verhaltens von Kleinkindern wird deswegen nur insofern anerkannt, als es eine primitive Form des rationalen Sprachhandelns darstelle. Folglich wird die Bandbreite dessen weitgehend unterschätzt, wie sehr der Körper für das Kind dazu (wenn auch nicht erschöpfend) beiträgt, die Welt zu erkunden. Ohne die Eigenständigkeit der Sprache in Frage stellen zu wollen, können wir doch erkennen, wie nützlich es ist, wenn man alternativ das Augenmerk auf die verschiedenen vorsprachlichen Aktivitäten lenkt, mit denen Kinder ihre Körper in der Interaktion einsetzen. Aus dieser Perspektive erscheint die Sprache als eine besondere Form des körperlichen Handelns, die lediglich einen Ausschnitt aus der Bandbreite von vielgestaltigen Orchestrierungen der körperlichen Ausdrucksformen darstellt. Wir können dann die Sprache als eine besondere Form eines umfassenderen ästhetischen Wissens ansehen, als Form einer allgemeineren Technologie des kommunikativen, sozial interaktiven Körpers, der hinter dem sprechenden und zuhörenden Verhalten steht.

Für einen ersten Versuch der Erstellung eines Forschungsprogramms über das Weinen erscheinen mir folgende Themen wesentlich: Wir sollten eine so umfassende Bandbreite an Formen des Weinens betrachten wie nur möglich. Das bedeutet, dass wir uns fragen müssen, welchen Sinn die Leute konstruieren, wenn sie aus Freude weinen und wenn sie traurig sind, zumindest so weit, dass wir das Verhältnis dieser zwei verschiedenen Situationen oder Bedeutungen oder Formen des Weinens einschätzen können. Um die verschiedenen Beziehungen des Weinens zu sprachlich artikuliertem Sinn bestimmen zu können, sollten auch wenigstens einige Unterschiede des Weinens im Lebenszyklus genauer betrachtet werden.

Wir sollten zudem bedenken, dass Weinen als Form des Verhaltens von einer Art der Situation zur anderen variiert und zwar sowohl hinsichtlich der Deutungen der unmittelbar damit verbundenen Menschen wie auch hinsichtlich der Art, wie die Menschen die Situationen einschätzen, um ihr Weinen oder das Weinen anderer auszulösen, zu beenden oder abzuschwächen. Und während unserer ganzen Untersuchung sollten wir ganz fest im Auge behalten, dass das Weinen nicht nur ein emotionaler „Ausdruck" in dem Sinne ist, dass es eine Bedeutung vermittelt; es ist auch eine Interaktionsstrategie in dem Sinne, dass es erwünschte Antworten bei anderen Personen auslösen möchte; darüber hinaus ist dieses Verhalten auch sehr kunstvoll. Wir müssen also bereit sein, das Weinen als Mischung als etwas anzusehen, das aus verschiedenen, ästhetisch geprägten Formen besteht, den expressiven Körper zu bewegen.

Um diese allgemeine sozialpsychologische Studie über das Weinen bewältigen zu können, habe ich verschiedene Aspekte untersucht.[16] In diesem Beitrag werde

---

16 Anm. d. Übers.: An dieser Stelle befindet sich eine kurze Auslassung, die Hinweise auf zwei weitere Kapitel mit Untersuchungen zum Weinen gibt, die in Katz Buch enthalten sind. In diesen Kapiteln untersucht er verschiedene Situationen anhand von Videoaufzeichnungen, in denen je ein Individuum in höchst unterschiedlichen Situationen

ich auf der Grundlage verschiedener Datensorten die Dimensionen darstellen, auf denen die Arten des Weinens variieren.

1 Welchen Sinn macht das Weinen?

1.1 Zwei Geschichten über das Weinen

Können wir irgendwelche allgemeinen Muster finden, die das beschreiben, was Menschen beim Weinen auszudrücken versuchen? Gibt es eine zusammenhängende und wiederkehrende Deutung, den die Leute über sich und ihre Situation abgeben, wenn sie weinen?

Wenn man versucht, die narrativen Bedeutungen des Weinens festzuhalten, begegnet man unter anderem zwei Arten von Gefahren. Besonders verstörend ist die Gefahr, das Weinen falsch wiederzugeben, indem man sich bemüht, es in eine sprachliche Aussage zu bringen. Weinen ist nicht Sprechen, und wenn es Sprechen wäre, dann würde es um eine ganz andere Form des Sprechens gehen, bei dem ein Teil immer „geheimnisvoll" bliebe. Ob aus Mangel oder mit gutem Grund, Weinen bleibt immer eine Form des Ausdrucks, die eine besondere Herausforderung an die Interpretation stellt.

Leute weinen häufig, während sie zusammenhängend sprechen, doch muss Weinen nicht immer als ein Zusatz zum Reden auftreten. Leute weinen auch häufig, ohne überhaupt zu reden, und dabei können sie eine Kohärenz ihres Ausdruckes finden, ohne dass sie irgendein Wort benutzen. Das Weinen macht also einen guten Sinn, und der Sinn, den es macht, lässt sich nicht von der Ausdrucksform unterscheiden. Wir stehen also vor einem methodologischen Problem. In der Art von Beziehung, die das Schreiben ermöglicht, haben Autorin und Leser nur schweigende Worte als Hilfen, um den Sinn zu erfassen, der, wie beim Sprechen, zuerst immer akustisch auftritt, im Unterschied zum Sprechen aber eine Art Gegensatz zur Sprache bildet.

Wenn das Weinen von sich aus zumindest in dem Sinne mysteriös bleibt, als es sich sprachlicher Erfassung widersetzt, gibt es doch gute Gründe, den Sinn des Weinens näher zu bestimmen. Selbst Neugeborene beginnen mit dem Weinen nicht

weint. Einmal handelt es sich um ein Mädchen von zwei Jahren und elf Monaten, das sieben Minuten lang beinahe durchgängig weint, während sie an ihrem Arbeitstisch in der Vorschule sitzt. Im zweiten Fall handelt es sich um einen achtunddreißigjährigen Mann, der im Laufe eines vierstündigen Verhörs durch zwei Polizeioffiziere gelegentlich weint, während er sein Geständnis vorbringt, zwei Morde (neben anderen Verbrechen) begangen zu haben.

zufällig, und sie hören auch nicht zufällig damit auf. Es ist möglich, die Bedeutungen einer größeren Zahl von Formen des Weinens zu ordnen, indem man die sozialen Kontexte untersucht und Hypothesen darüber testet, was die Leute mit dem Weinen zu erreichen versuchen. Auch wenn dabei ein großes Risiko besteht, die Bedeutung des Weinens wie die einer sprachlichen Äußerung zu betrachten, so ist das immer noch besser als ihm einfach Irrationalität zuzuschreiben. Weinen liefert reichhaltige Evidenz dafür, es als eine sehr aufwendige Handlung zu betrachten, die eine Person wissentlich verändert (was nicht bedeutet: aus freien Stücken verändert) und mit der sie auf Änderungen in ihrem Kontext antwortet. Ich habe eine große Anzahl von Beispielen für sozial situierte Beschreibungen des Weinens gesammelt, die in ihrer Unterschiedlichkeit sehr bizarr erscheinen mögen. Diese Daten werden hier als eine Grundlage verwendet, um Generalisierungen über die narrative Bedeutung des Weinens vorzunehmen.

In meinen Untersuchungen verfolge ich generell die Strategie, Emotionen in ihrer am besten zugänglichen narrativen Form zu analysieren, also wenn sie eine Form annehmen, die Kommentaren gleichen, wie sie Leute in der Gegenwart anderer und als Antwort auf unabhängig voneinander beobachtbare Veränderungen in der sozialen Situation machen. Es mag sein, dass der Großteil des Weinens zumindest bei Erwachsenen außerhalb beobachtbarer sozialer Situationen erfolgt. Ich ziehe deswegen auch keine Schlüsse aus der folgenden Analyse auf den Sinn des einsamen Weinens in Situationen der Trauer, der Niedergeschlagenheit oder des anhaltenden physischen Schmerzes. Die einzige Annahme, die ich mache, besteht darin, dass man nach einem Jahrhundert der tiefenpsychologischen Forschung über die Emotionen beim Weinen in seinen am wenigsten zugänglichen Zuständen Wissen auch dadurch gewonnen werden kann, wenn man Weinen untersucht, wenn und wo es für die Untersuchung sozial zugänglich ist.

1.2   Der Dualismus des traurigen und freudigen Weinens

Wenn wir eine Anregung aus Max Schelers Arbeit über die Scham aufnehmen wollen, die Helmuth Plessner in seiner Arbeit über Lachen und Weinen unterstrichen hat, dann sollte man anerkennen, dass es beim Weinen in vielen Fällen um Themen wie Verlust und Schmerz, auch körperlichen Verlust geht, während andererseits auch geistiger Ruhm und Triumph zu berücksichtigen sind. Einige Beispiele für den ersten Typ des Weinens treten auf:

- beim Erfahren von Verletzungen und Hunger;

- wenn Menschen weggehen, sei es weil sie sterben oder in einem Passage-Ritual, das eine laufende Beziehung beendet;
- nach Stürzen, seien sie körperlich oder symbolisch, wie etwa dem Fallen des sozialen Status oder Gesichtsverlust, der aus Ablehnung, Kritik oder Betrug resultiert;
- empathisch, wenn man an die eigene Schuld an der Verletzung anderer denkt oder sich mit dem Verlust und dem Weinen anderer identifiziert.

Die meisten Menschen machen sehr unmittelbare, wenn auch nicht sehr regelmäßig Erfahrungen mit Weinen in einem begrifflich ganz anderen Sinne. Es handelt sich um Weinen, das auftritt

- wenn man mit Freunden auf dem Deck eines Bootes steht und einen Sonnen-untergang sieht; wenn man eine besonders reine oder schöne Aufführung eines bevorzugten Musikstückes hört; wenn man ein Bild unmittelbar sieht, dessen Reproduktionen man seit Jahren bewundert; wenn man kurz vor der sexuellen Ekstase steht;
- wenn man die unerreichten Leistungen der Repräsentantinnen seiner Nation oder die heroischen Leistungen von Behinderten sieht;
- wenn man persönliche Anerkennungen für ausgezeichnete Leistungen erhält oder wenn man einen Raum betritt und entdeckt, dass Freunde dort warten, um mit einer Geburtstagsfeier zu überraschen;
- wenn man ein Liebesgeständnis hört; wenn man das Ehegelöbnis bei der eigenen Hochzeit spricht; wenn man die Geburt des eigenen Kindes erlebt oder wenn man der ersten Musikaufführung des eigenen Kindes beiwohnt.

Über solche Arten des Weinens schreibt Plessner: „Vor der Sublimität eines Kunst-werkes oder einer Landschaft, vor der stillen Größe oder der übermächtigen Ein-fachheit des Seins, vor der zerbrechlichen Schönheit, der rührenden Offenheit und Nähe von Kindern, sinken wir innerlich auf die Knie wie vor einer Größe, die jede Beziehung zu uns transzendiert".[17]

In verschiedenerlei Hinsichten sind diese beiden Formen des Weinens aufei-nander bezogen. Die eine dreht sich um Trauer und Verlust, die andere um das Geschenk der Gnade und einen erfreulichen Fortschritt im Leben. Die traurige, negative Verlustform des Weinens kreist um das Abgeschnittenwerden von ande-ren, während die positive, geistig anregende Form die Erfahrung einschließt, mit etwas, das einen selbst transzendiert, das größer ist als man selbst, verbunden zu

---

17 Plessner (1950; 1970: 33).

werden. Die eine geht um das Nichtsein: Abwesenheit, Mangel, Verlust; die andere um den Überfluss an Leben: Überwältigtwerden von Dankbarkeit, von Freude, von Schönheit.

Drei Ebenen, die sich auch in der Analyse anderer Emotionen als hilfreich erwiesen haben, lassen sich auch hier zur Erfassung der narrativen Aspekte der beiden Formen des Weinens unterscheiden. In *zeitlicher* Hinsicht blickt das traurige Weinen mit Bedauern in die Vergangenheit und antizipiert die Zukunft mit Grausen. Freudvolles Weinen dagegen antwortet auf einen Augenblick, als wäre er ewig; die Person, in deren Augen die Freudentränen stehen, lebt in einer glückseligen, geweihten und unsterblichen Gegenwart.

In räumlicher Hinsicht verweist das traurige Weinen auf eine verlorene Heimat des Selbst und sehnt sich nach diesem Ort, der woanders ist, wie etwa in der Umarmung von jemand anderem. Freudvolles Weinen dagegen erfährt eine außergewöhnliche Gegenwart, die Magie und Schönheit genau „hier" zu sein. Der von Ehrfurcht erfüllte Augenblick scheint den Sinn des gesamten Lebens zusammenzufassen. Andere Ziele, die man verfolgt und andere Dinge, die man tut, erscheinen trivial.

Die beiden Typen des Weinens können zudem voneinander unterschieden werden, wenn man betrachtet, welche Art des privaten, von innen betrachteten Selbst im Vergleich zur öffentlichen Identität von ihnen vorausgesetzt wird. Verlustweinen ist ein Weinen, das sich nach außen richtet und um Hilfe bei inneren Leiden bittet. Oder, wie Schopenhauer vorschlug, trauriges Weinen ist eine Art selbstbemitleidende Selbstbetrachtung, bei der man sich selber wie aus dem Blickwinkel anderer tröstet.[18] Freudvolles Weinen dagegen ist eine demütige Anerkennung eines offensichtlichen Ruhms, die Anerkennung von etwas Wunderbarem, das andere sehen, fühlen oder wissen. In Tränen gerührt, nimmt man die universale Wahrheit der Schönheit an, beteiligt sich an einer gemeinschaftlichen Feier nationalen Stolzes oder anerkennt die existenzielle Beharrlichkeit des aufblühenden neuen Lebens.

Für die empirische Forschung bedeutet der Gedanke der zwei verschiedenen, einander entgegengesetzten Formen des Weinens, dass die Beobachtungen über eine Form auch verlässliche Hinweise auf die Art von Merkmalen der anderen Form geben kann. Überprüfen wir diese theoretische Annahme. Wir können beobachten, dass freudvolle Formen des Weinens dann auftreten, wenn eine Person der Überwindung eines Widerspruchs beiwohnt. Ein Beispiel dafür wäre das anerkennende Weinen vor einem Bild von Vermeer, ein aufwändig erarbeitetes, seltenes und üppig gerahmtes Artefakt, in dem eine entschieden alltägliche, ausgesprochen

---

18 Meiner Meinung nach weinen wir nie über den Schmerz, den wir fühlen, sondern immer nur über seine Wiederholung in der Reflexion… Weinen ist Sympathie mit uns selbst" (Schopenhauer 1969: 376-77).

normale und vorübergehende Wirklichkeit auf eine zeitlose und tiefe Art erfasst wird: in einer Küche gießt ein junges Mädchen Milch aus einer Kanne.[19] Wenn sich beim freudvollen Weinen das, was existentiell miteinander in Spannung steht, das Künstliche und das Wirkliche, auf wunderbare Weise aufzulösen scheint, dann sollte man beim traurigen Weinen einen unüberwindbaren Widerspruch erwarten. Es müsste dort auftreten, wo ein Ganzes unheilbar gespalten wird.

Aus diesem Grunde weint Phyllis, als ihre beiden Mitarbeiter Dol und Ada die Firma im Stich lassen; es geht dabei nicht um die Veränderung im technischen Sinne, sondern in dem Sinne, dass die Arbeit nicht mehr so sein wird, wie sie zuvor mit den Freunden war: „Sie waren wie Geschwister für mich. Ich möchte hier nicht mehr arbeiten, wenn sie nicht mehr hier sind."[20] Indem wir die Veränderungen mit Blick auf die räumliche Dimension, die zeitliche und das Verhältnis von Privatheit und Öffentlichkeit erfassen, können wir erkennen, wie das Vermeer-Gemälde auf sozusagen magische und mühelose Weise „hier", an die Wand eines Museum, ins damalige „jetzt" im Jahre 1990 etwas bringt, was dort war, ein vergänglicher Augenblick, um Leben einer vollkommen Fremden, einen Blick in das Innere eines Privathauses im 17. Jahrhundert. Und hinsichtlich der narrativen Bedeutung zeigt Phyllis' Weinen von ihrer Erkenntnis, dass jeder zukünftige Tag bei der Arbeit ihr das Gefühl einer Abwesenheit verleihen wird, das Gefühl, dass etwas nicht mehr da ist, eine sehnsuchtsvolle Bewusstheit davon, dass diejenigen, die sie mag, sich außerhalb ihrer Reichweite befinden, hoffnungslos verschwunden sind.[21]

Wenn wir die Untersuchung der Frage fortsetzen, wie wir Dimensionen des traurigen Weinens bestimmen können, indem wir das freudvolle Weinen beobachten,

---

19 Aus Beobachtungsprotokollen und einem Interview im Rijksmuseum, Amsterdam 1990. Michael Polanyi definiert Malen auf eine Weise, die sich sehr gut mit der Anerkennung Vermeers durch die weinende Person trifft. Die Betrachterin ist bewegt und zwar weder durch eine Aufhebung des Zweifels noch durch das Übersehen des Pinselstrichs zugunsten einer Gestalt- oder Bildwahrnehmung, sondern durch ein zusätzliches Bewusstsein über die Vorrichtungen, die zur Schöpfung des Bildbrennpunktes benutzt wurden. Die Augen der Betrachterin vollziehen, während sie das Bild betrachtet, die gleiche Art von Veränderung, die der Künstler vor mehr als 300 Jahren erschaffen hat.

20 Westwood (1985: 96).

21 Das praktische Problem, nicht an zwei Orten zugleich sein zu können, findet sich im Kern von William Foote Whytes (1949) klassischer Erklärung, warum Bedienungen weinen. Die unmögliche Herausforderung tritt dann auf, wenn sich Bedienungen in den gegensätzlichen Anforderungen von Gästen und Küchenpersonal verfangen. Vor dem Hintergrund des Arguments, dass Weinen etwas enthält, das nicht in der Sprache zu finden ist, stellt Whyte eine höchst interessante kommunikative Lösung des Problems bereit: Eine Spindel bzw. ein Nagelbrett, das es den Bedienungen erlaubt, den Blickkontakt mit den Köchen zu vermeiden, wenn sie die Küche betreten oder verlassen.

sollten wir uns die Erfahrung der Scham betrachten, die wir empfinden, wenn uns
beim Beobachten eines Augenblicks der reinen Unschuld Tränen übermannen. Eltern
machen diese Erfahrung häufig, wenn sie ihre Kinder beim ersten Klaviervorspie-
len oder Vorsingen beobachten. Die Herstellung solcher wertvollen Augenblicke
ist eine tragende Säule einer Yamaha-Musikschule im Herzen von Los Angeles.[22]

In einer nur wenige Blöcke entfernten Kirche hört man das traurige Weinen
sogar noch häufiger in einer vorwiegend schwarzen, homosexuellen und von AIDS
geplagten Gemeinde. In der Einheitskirche nehmen die Teilnehmenden nacheinander
ein bewegliches Mikrophon in die Hand, stehen auf und beschreiben die Leiden
ihrer gequälten Körper. Sie weinen nur, wenn sie reden und vielleicht deswegen,
weil die Kirchenmitglieder sich dann bewegen, leise ihre Unterstützung zum Ausdruck zu bringen und damit signalisieren, dass die reine spirituelle Umarmung
auch dazu beiträgt, die Leidenden körperlich festzuhalten, sollten sie umfallen.
Paradoxerweise sind es bei der Musikaufführung die Eltern, die sich im Anblick
der unschuldigen Schönheit der kindlichen Vorführung für ihr Weinen schämen,
weil sie befürchten, dass die kollektive Aufmerksamkeit von der Bühne ablenken
könnte. Dagegen dient das Weinen in der Einheitskirche zur Überwindung der
Scham, die einen beim isolierten Sprechen überkommen kann, wenn sie sich zum
öffentlichen Bekenntnis erheben. Die Versammlung umarmt die Sprechenden in
einer ungewöhnlich hörbaren und sichtbaren Art und zeigt damit, dass es hier
keine Außenseiter gibt – wie der Saaldiener, der tatsächlich jede eintretende Person
umarmt.[23]

Auch hier gilt: Wenn wir Einzigartigkeit als ein Unterthema beim freudvollen
Weinen finden, dann sollten wir etwas Entgegengesetztes in seinen reuevollen Formen
erwarten. Wenn sich die Einzigartigkeit freudvoller Tränen auf Erstmaligkeiten
bezieht, also nicht vorher dagewesene Ereignisse, unwiederbringliche Augenblicke,
historische Situationen, Rekordbrüche, Anfänge des Lebens oder von Beziehungen
–, dann dürfen wir als Thema die banale Wiederholung beim reuevollen Weinen
über Verluste erwarten. Freilich ist der Tod kein weniger einzigartiges Ereignis als
die Geburt und jede Geburt wiederum ist Teil einer endlosen Serie, doch nehmen
wir hier nicht eine übergeordnete philosophische Perspektive ein, sondern die
der weinenden Person. So können wir bei solchen Arten des Weinens, wie bei
beruflichen Kündigungen, Zurückweisungen durch Geliebte oder dem Tod von
Nahestehenden erwarten, dass das Gefühl des dauerhaften Weggangs von etwas

---

22 Die Aussagen über Eltern, die bei Musikaufführungen ihrer Kinder weinen, beruhen
    auf Feldnotizen und Videoaufzeichnungen verschiedener Yamaha-Musikschulen-
    Aufführungen in Los Angeles zu Beginn der 1990er Jahre.
23 Ich möchte mich bei A. Saa Meroe bedanken, die mich zur Einheitskirche begleitet hat.

sehr Einzigartigem ein Teil dieser Erfahrung des Verlustes ist. Die Person weint, weil sie realisiert, dass sie nun immer in eine „Ex" verwandelt wird, in irgendeine weitere Person, die sich an den langen Schlangen der Arbeitslosen anstellt, in irgendeine idiotische Romantikerin, die betrogen wurde, in irgendeine trauernde Partnerin, die mit den praktischen Fragen konfrontiert wird, wie man sich von einem gemeinsam geteilten Leben trennt. Der Schmerz ist am schmerzhaftesten, wenn er sich endlos zu wiederholen scheint. Das medizinische Personal weiß das intuitiv und hilft den Patienten beim Umgang mit unangenehmen Behandlungen dadurch, dass sie ankündigen, man müsse eine Reihe von verschiedenen Schritten nehmen. Solche Kommentare erlauben es den Patienten, ihren Schmerz in einem Ablaufprozess zu sehen, der ein Ende hat. Auf der Grundlage eines solchen alltagssoziologischen Verständnisses der Phänomenologie von Schmerz und Leiden schätzen die Patienten Zeitpläne, die es ihnen ermöglichen, den Fortschritt in einem sequentiellen Ablauf kurzer (z. B. eine Serie von Injektionen) oder längerer (z. B. Tuberkulose-Behandlungen) Therapieprogramme zu verfolgen.[24]

Wenn das traurige Weinen durch die Vergeblichkeit des persönlichen Kampfes gegen Verlust ausgelöst wird, dann wird das freudvolle Weinen durch die persönliche Verantwortung bei der Verwandlung in einen erhöhten Zustand ausgelöst. Bei Hochzeiten und Preisverleihungen werfen Rituale (neben gesprochenen Standardphrasen und vertrauter Musik) einen Schatten des Ewigen auf eine besondere Beziehung. Das Wort einer Offiziellen oder Kranzauflegungen ziehen die Aufmerksamkeit auf das geehrte Individuum. Dann muss es einige idiosynkratische Geräusche der eigenen Stimme den klassischen Arrangements beifügen, die auf der Bühne aufgeführt werden. Der erste Schritt dieser Bewegung, wenn die im Mittelpunkt stehende Person aus einer respektvoll beobachtenden Rolle in die Mitte der formal dekorierten rituellen Landschaft tritt, kann zur drückenden Last werden, die biographisch einzigartige Metamorphosen repräsentieren.

Um bei unserer kurzen Übersicht von narrativen Inhalten der beiden Formen des Weinens einen letzten Aspekt des Kontrasts anzusprechen, können wir uns auf die Beziehung zur Gemeinschaft konzentrieren. Wenn man das freudvolle Weinen von außen betrachtet, ist dieser Bezug nicht unausweichlich, nicht universal, nicht notwendig und nicht einmal bewundernswert, doch aus der Binnenperspektive feiert es immer eine Bezugnahme. Die Leute weinen aus Freude wegen der orgasmischen Verschmelzungen mit einer anderen Person und wenn sie glückselig über die göttliche Anerkennung sind. Die Augen laufen über, wenn die Leute bei Hochzeitszeremonien zusammenkommen und wenn die Geburt eines Kindes die Eltern zu einer Familie macht. Die Leute werden von Tränen übermannt, wenn sie

---

24 Zum letzteren vgl. Roth 1963.

die Größe der Natur anblicken, die sie auf ein gleiches Niveau mit dem gesamten Leben stellt. Und wenn sie in einer Ehrung von der Zuschauerposition zu Teilnehmenden werden, dann finden die Leute heraus, dass ihnen, gegen besseres Urteil und im Verrat ihrer zuvor geäußerten politischen Ansichten, aus ihren Augen Tränen des Patriotismus, des ethnischen Stolzes oder der institutionellen Treue tropfen. Entsprechend sollten wir erwarten, dass das traurige Weinen mit dem Verlust der Gemeinschaft zu tun hat. An allen Stationen des Lebenskreises werden die Leute weniger wegen Lebensbedrohungen als wegen Anzeichen von existentieller Isolation zum traurigen Weinen gebracht, die dem Modell der Trennung des Kleinkinds von der Mutter folgen.

1.3   Die Dialektik des Weinens

Eine zentrale Frage bei der Analyse von Emotionen ist, ob ihr Sinn in eine Richtung geht oder dialektisch ist. Ist der Sinn eines emotionalen Verhaltens zusammenhängend, einheitlich, unzweideutig und geradeheraus gerichtet oder sind die Menschen während ihrer emotionalen Momente immer im Konflikt, erfahren sie eine Art der Spannung, die sie einmal nach vorne treibt und dann wieder auf sie zurückschlägt? Sind wir in unseren emotionalen Erfahrungen wie Objekte, die vom Wind getrieben werden, der aus verschiedenen Richtungen weht? Oder sind wir mehr wie Strandgut, das von der Strömung in die eine Richtung und der Unterströmung gleichzeitig in die andere Richtung gezogen wird? Mit Blick auf das Weinen stellt sich die Frage, ob wir Fälle erwarten sollten, die einfach traurig oder freudig sind, sich eindeutig auf einen Verlust oder einen Gewinn richten, die ganz klar negativ oder ganz klar positiv sind. Oder sollten wir Weinen als etwas ansehen, das immer innerlich sehr verdichtet ist, ein Ausdruck, der das Selbst in der einen Hinsicht aufbaut und in der anderen Hinsicht zerstört?

Je besser wir die narrativen Bedeutungen des Weinens als Handlungen in einem sozialen und biographischen Kontext verstehen, desto mehr tritt der dialektische Charakter dieser Bedeutungen zutage. Der dualistische Kontrast zwischen dem traurigen und dem freudigen Weinen bleibt erhalten, doch erscheint er als Kontrast voneinander unabhängiger dialektischer Phänomene. In jeder Form des Weinens bildet das Thema, das im Vordergrund der Erfahrung steht, einen Kontrast zu einem entgegengesetzten Thema, das den Hintergrund der Erfahrung bildet. Die gesamte Beziehung zwischen traurigem und freudigem Weinen lässt sich als eine Konfiguration beschreiben, in der eine Einheit der Form a-/+ auf eine andere Einheit mit der Form a+/- bezogen ist.

Betrachten wir uns den folgenden Artikel aus der *Los Angeles Times* vom 30. September 1991. Die Auflösung der Sowjetunion ermöglichte es Massen von Menschen, Bezüge zu kulturellen Identitäten herzustellen, die lange unterdrückt gewesen waren. Eine Frau hatte ein Nazi-Massaker in Bergen-Belsen überlebt, weil sie bewusstlos wurde und 30 Meter nach unten auf eine Masse von Leichen fiel, unter denen sich auch ihr Mann und ihre Kinder befanden. Sie hatte über diese Erfahrungen geschwiegen auch während der zwei aufeinanderfolgenden Ehen mit russischen Männern, die nie erfuhren, dass sie Jüdin war. Sie berichtete, dass sie sechs Monate lang geweint hatte, nachdem sie ein neu eröffnetes jüdisches Kulturzentrum besucht hatte. Erst seit damals konnte sie darüber reden, was sie erlebt hatte und was ihrer Familie zugestoßen war. Fünfzig Jahre war sie nicht in der Lage gewesen, über ihre Erfahrungen zu reden.[25]

Weinen ist hier nicht einfach nur ein Teil des Verlustes selbst, sondern Teil eines Prozesses, bei dem der Verlust transzendiert wird, indem er dramatisch im weinenden Körper repräsentiert wird. Dieses Weinen ist überwiegend traurig, bedenkt man seinen kognitiven Rahmen. Betrachtet man den Akt zugleich in der gesamten Biographie, dann ist das Weinen als Darstellung eines Vorgangs des Abbrechens und des Auflösens sehr viel sensibler als ein Schritt zu betrachten, der über den hysterischen Schock hinausgeht, ein Schritt zur Wiederherstellung eines zugeschütteten Lebensabschnitts. Das gilt in ähnlicher Weise auch für die Leserinnen und Leser des Zeitungsartikels: Die biographische Veränderung lockt Tränen hervor und zwar nicht wegen des Entsetzens, das es ins Gedächtnis ruft, sondern weil es die Geschichte des Transzendierens von unaussprechlicher Verzweiflung in aller Stille feiert.

Die positiven Aspekte des traurigen oder „Verlust"-Weinens lassen sich von Anfang an erkennen. Das, was Erwachsene als Weinen bei Kleinstkindern bezeichnen, besteht aus einer Reihe von Geräuschen und Bewegungen, von denen Erwachsene annehmen, dass sie den Verlust der Beherrschung einer Notlage anzeigen; sie anerkennen diese Äußerungen und verstärken sie als eine Strategie des Kindes, mit dem es das Ziel verfolgt, das eigene Selbst zu stärken.[26] Wie viel

---

25 Zur Unterdrückung des Weinens bei Holocaust-Kindern vgl. Gampel 1992.

26 Weinen, so behaupte ich, besteht in dem, was Sprechen nicht leisten kann. Zu dem Zeitpunkt, wenn ein Kind nur heulen kann, sollte man dieses Weinen als eine sinnvolle Alternative zum Sprechen ansehen. Dennoch möchte ich in meiner Forschung nur bedingt Aussagen über das Weinen in der Lebensphase vor dem zweiten Lebensjahr machen. Selbstverständlich könnte man schwer behaupten, dass das Weinen eines Neugeborenen vor dem Hintergrund dessen geschieht, was das Sprechen nicht leisten kann. Doch dass wir Erwachsenen das, was die Neugeborenen tun, selbst als Weinen bezeichnen, bedarf seinerseits der Untersuchung. Aus der Perspektive der Erwachsenen

der Zuwendung die Kleinkinder auch immer ihrem Charme zu verdanken haben, so sind es vor allem ihre Fähigkeiten im Überzeugen der Eltern von ihrem Leiden und damit zur Erzeugung negativer Gefühle, durch die Kleinkinder eine aktive Rolle in der Mobilisierung spezifischer situierter Handlungen einnehmen, die ihr Überleben sichern.[27] Es ist eine fortwährende praktische Aufgabe zur Sicherung der positiven Entwicklung unseres Selbst, dass es uns gelingt, Hinweise über unser Selbst zu erzeugen.

Das meiste traurige Weinen darf jedoch nicht als Strategie verstanden werden, Beistand und Unterstützung von anderen zu erhalten. Frey berichtet in einer Studie von sieben Frauen, die mit der Kritik umzugehen hatten, nicht mehr am Arbeitsplatz zu weinen und dadurch als hilflos oder manipulativ zu erscheinen; sie erarbeiteten sich die Fähigkeit, das Weinen zu verschieben, bis sie zuhause waren. Dennoch bieten sie gute Belege dafür, dass das Weinen auch positive Folgen hat, etwa als eine Art Erleichterung, die sich einstellt, wenn man ein verletztes Selbst-Image auflöst und wegwäscht.[28]

Die Vorstellung der psychodynamischen Erleichterung erfasst nicht angemessen, was in solch privaten Augenblicken geschieht. Es geht dabei auch um eine sozialpsychologische Dramatisierung. Die vom Weinen erzeugten körperlichen Transformationen scheinen eine Art der Umarmung durch ein virtuelles anderes anzubieten. Wenn die Kinder ihre Körper hörbar und durch die Ausdehnung ihrer Gliedmaßen beim Weinen öffnen, dann scheinen sich die Erwachsenen eher in sich selbst zu verschließen und eine Art Umarmung mit sich selbst zu vollziehen, indem sie den Schmerz zurückhalten und die hörbaren Anteile ihres Weinens unterdrücken. Die Fähigkeit, sich im Weinen Trost zuzusprechen, diese Umarmung zu vollziehen, die zuweilen besser zugänglich ist als jede Umarmung durch andere Personen, kann schon in einem jungen Alter erworben werden. Solche selbsttrösten-

---

kann das Weinen in einer Weise unverständlich sein, die es nicht als alternative, fehlerhafte Form des Sprechens erscheinen lässt. Freilich reden Erwachsene zu Neugeborenen und heutzutage sogar zu Föten in den Bäuchen hoch gebildeter Frauen als seien diese Gesprächspartner. Der Grundtenor der Forschung über die frühkindliche Sozialisation wirft die Frage auf, ob nicht jede Interaktion von Erwachsenen mit Kleinkindern von Anfang an absichtlich oder unabsichtlich darauf zielt, sie zum Reden anzuleiten, ja zu verführen. Vgl. z.B. Bruner 1981. Um eine unergiebige Diskussion über die Frage zu vermeiden, ob das Weinen auftritt oder sich entwickelt, wenn die Sprache erworben wird, benötigen wir ein breiteres Verständnis und eine schärfere Begrifflichkeit für die Interaktion des Kleinkindes und des Kindes.

27 Vermutungen dieser Art werden im Rahmen der Evolutionsforschung formuliert. Vgl. Lumaa et al 1998.

28 In der Kleinkind-Forschung deutet sich an, dass das Weinen die Erinnerung verkürzt und somit ein vergangenes Selbst verflüssigt.

den und selbstversichernden Aspekte des Weinens fallen ins Auge, wenn man die Feldnotizen über einen dreieinhalbjährigen Jungen zitiert, der auf dem Spielplatz einer Vorschule wütend und mit heulender Stimme gegen die Einmischung eines Erwachsenen protestierte: „Nimm mir meine Tränen nicht weg!" Es war dieser Teil der Erfahrung des Weinens, den Schopenhauer im Sinn hatte, wenn er das Weinen als eine Art Selbstmitleid betrachtete, als ein Weinen von sich selbst für sich selbst.

Selbstmitleid ist ein strenges Wort für das Weinen über einen Verlust. Eine etwas sympathischere Sicht würde das Weinen als einen Kampf um die positive Sicht auf die verlorene Person betrachten, der den Leidenden, die den Verlust beweinen, etwas Ehre verleiht. Das scheint jedenfalls die Logik zu sein, der Bestattungen als Anlässe für das Weinen folgen. Als Rituale ehren die Bestattungen den Verlust von Individuen und bieten einen Rahmen, in dem der persönliche Orientierungsverlust und der existentielle Protest sozial ausgelöst, bezeugt, behandelt und gestaltet werden kann. Auf der anderen Seite bestärkt das Weinen der Trauerparteien, die vermutlich über ein besonders intimes Wissen über den Verstorbenen verfügen, den Glauben an den Wert des Lebens unter allen Anwesenden. Die öffentliche Trauer, die in ihrem Protest gegen den Tod den Mythos vom Wert des Lebens befördert, übt also eine öffentliche Funktion aus und löst entsprechende Ausdrücke der Sympathie bei den Trauernden aus. Das Mindeste, was Bestattungen tun müssen, ist die Ehrung der Trauer durch die Konstruktion eines Wertes für den erlittenen Verlust.[29]

Wenn wir die Behauptung ernst nehmen, dass jenes Weinen, das auf der Oberfläche traurig erscheint, auf seiner weniger sichtbaren Innenseite positive Züge trägt, dann stehen wir vor einigen schwierigen Fällen. Was die positiven Züge des Weinens häufig verdecken ist der Umstand, dass Leute wegen Dingen weinen, die in uns selbst keine Tränen auslösen. Unfähig die Tragödie zu erkennen, haben wir kein Auge für die Werte, an die sich die weinende Person hält. Jennifer Friedman berichtet uns aus ihrer Forschung über die Kämpfe zwischen Müttern und pubertierenden Töchtern um die soziale und sexuelle Unabhängigkeit den folgenden Fall in einem ihrer Interviews:

---

29 Es ist in einem gewissen Sinne wahr, dass, wie mir ein Rabbi aus Hollywood in amüsanten Überlegungen erklärte, es mehr Sinn machen würde, die negativen Aspekte der Persönlichkeit eines Verstorbenen hervorzuheben, um die Aussöhnung von Eltern und Freunden zu erleichtern. Denn so wäre die Hochschätzung dessen, was man verloren hat, minimiert. Das aber ist eine jener unangenehmen Wahrheiten, die in Hollywood nur von Komödiantinnen aufgenommen wird. Alle Amtsträger in der Position des Rabbi wissen, dass sich die Betroffenen gegen den Amtsträger wenden und sich ihre Tränen in Schock und Wut verwandeln würden, wenn sie den Verstorbenen tatsächlich als einen Kotzbrocken darstellen würden. Das wesentliche Ziel des Rituals, den Verlust zu bestimmen, würde unterwandert.

„So wie wenn ich zu einer Party gehen möchte oder sowas. Meine Mutter mag nicht, dass ich zu Partys gehe. Sie sagt dann sowas wie: ‚Du weißt, was ich über diese Partys denke, du weißt, dass du nicht gehen darfst.' [Weint] Ich weiß, dass ich sie nicht ändern kann, denn ich bin ja nur eine einzelne Person. (…) Ich muss einfach damit leben. Ich kann nichts daran ändern".[30]

Vermutlich ehrt das Weinen das Selbst, das von der Mutter verneint wird. Das Weinen der Jugendlichen, das abschätzig bewertet wird, kann als eine Art Selbst-Martyrium verstanden werden. Weniger wertend kann man sagen, dass das Mädchen durch das Weinen einen Anspruch erhebt, dass sie mehr Wert hat, mehr eine ganze Person ist als die Mutter es ihr zugesteht. Auch die Tränen, die sehr häufig rollen, sind wertvoll, und ihre Erzeugung ist unvermeidlich damit verbunden, was als wertvoll im Leben und wichtig für das eigene Wesen gilt.[31]

Wenn wir uns der Dialektik des freudvollen Weinens zuwenden, dann wird die Transzendenz des Verlusts oder das Pathos schnell sichtbar. Häufig kommt es zu einer prekären Balance zwischen negativen und positiv besetzten Begriffen. Ein Beispiel besteht etwa in der Pensionierungsfeier, die den Verlust der Gemeinschaft vorwegnimmt, auch wenn sie weniger den Wert der pensionierten Person für die Gemeinschaft hochhebt als den Wert einer Gemeinschaft, die auf diese Weise ihre Mitglieder ehrt.[32]

---

30 Friedman (1992: 18f).

31 Graf Tolstois sozialer Kreis scheint seine aristokratischen Privilegien aus dem Anspruch auf Sensibilität abgeleitet zu haben, die mit einer anscheinend unbegrenzten Fähigkeit zur Erzeugung von Tränen verbunden ist. Ich fand 157 Fälle des Weinens in „Krieg und Frieden", zumeist, aber nicht ausschließlich, bei Frauen, bevor ich meine Anstrengung aufgab, noch strenger in der Messung solcher flüssiger Tatsachen vorzugehen. Diese Zahl kommt mindestens einem Weinanfall pro fünf Seiten gleich.

32 Pensionierungszeremonien lösen das Weinen aus in einer Weise, die unabhängig ist vom wahrgenommenen Wert der pensionierten Person und in Anerkennung des Wertes des Weinens als Beleg für den Wert der Gemeinschaft selbst. Ich erinnere mich an eine tränenrührende Versammlung einer Grundschule, in der Kinder verschiedener Ethnien ihre Gefühle für eine afroamerikanische Frau ausdrückten, die im Sekretariat saß und die erste war, die sich um diejenigen kümmerte, die ihren Bus verpasst oder ihr Essensgeld vergessen hatten, die sich auf dem Schulhof verletzt hatten usw. Ich erwähne den ethnischen Hintergrund, da in den gegenwärtigen US-amerikanischen Städten das Transzendente, das in solchen Zeremonien zu Tränen rührt, häufig weit jenseits der individuellen Ebene liegt. Viele der Erwachsenen, die weinten, als die Frau geehrt wurde, hatten nichts anderes als Stereotypen zu Verfügung, denn dieser zeremonielle Augenblick war der erste Kontakt, den sie mit ihr hatten.

Die Überwindung von Hindernissen bildet die Dialektik für viele Formen tränenreicher Dramatisierungen. Eine Grundschule in Los Angeles erzeugt verlässlich freudvolles Weinen während ihrer Versammlungen in den Winterferien, zumeist während einer einzigartig orchestrierten Aufführung von Weihnachtsliedern. Nachdem verschiedene Untergruppen von Schülerinnen musikalische und dramatische Aufführungen gemacht haben, erreicht die Versammlung einen emotionalen Höhepunkt, wenn „Stille Nacht" von einer Masse von Schülern in der Zeichensprache aufgeführt wird. Gleichzeitig wird eine von Erwachsenen gesungene Version vom Kassettenrekorder im Hintergrund gespielt. Sobald die Kinder mit den Gesten zum Text von „Stille Nacht" einsetzen, fällt das Publikum in vollkommene Stille. Die Eltern bemerken nun, dass ihre jungen Kinder seit Monaten geheim in der Schule die Zeichensprache geübt haben müssen, um sie zu überraschen. Wenn das Publikum dann in einen überwältigenden Applaus übergeht, kann man sehen, wie die Eltern im gesamten Publikum sich ihre Tränen aus den Augen wischen. Die Tatsache, dass die Schule überhaupt keinen anderen Bezug zu den Tauben hat als diese jährliche Musikvorführung, beeinträchtigt die Macht dieser Aufführung, das Pathos hervorzulocken und es zu transzendieren, in keiner Weise.

Viele Erfahrungen des freudvollen Weinens haben einen bittersüßen Beigeschmack, weil sie die Erleichterung darüber preisen, dass man etwas Schreckliches überwunden hat. Die Erleichterung ist deutlich zu spüren bei jener Schülerin, die den Brief öffnete und erfuhr, dass sie von der Universität ihrer Wahl angenommen wurde. Die Erleichterung ist fast zu hören bei jenem Mann, der weint, als der Arzt ihm mitteilt, dass die Krebsoperation seiner Frau gut verlaufen sei. Zuschauer sind zu Tränen gerührt, wenn sie auf die Aufzeichnungen von Martin Luther Kings „Ich hatte einen Traum"-Rede mit dem Wissen reagieren, dass es hundert Jahre Kampf brauchte bis dieses Ereignis am Lincoln Denkmal in Washington einen Wendepunkt von der Sklaverei und der Unterdrückung der „Nigger" markierte. Je mehr Jahre vergehen und je weiter die Zuschauerinnen von der unmittelbaren Erfahrung des erlittenen Leids entfernt sind, umso wertvoller werden die dramatischen Merkmale von Kings Rede als Beleg für die Größe des gepriesenen Wendepunktes.

Auch wenn aber unter dem freudvollen Weinen negative Themen verborgen sind, ist es nicht immer klar, wo sie liegen. Man kann hinter den Tränen des Vaters Angst vermuten, wenn er die Geburt des Kindes beobachtet, doch wenn es sich um die dritte Geburt in der Familie handelt und wenn alle Schwangerschaften bislang unproblematisch und normal verlaufen sind, dann bleibt das Weinen die einzige Evidenz für die unterstellte Angst. In ähnlicher Weise kann man hinter den Tränen des Publikums von Hochzeiten ein Gefühl des Verlustes der Unschuld der Braut oder eine Realisierung des Verlustes der eigenen Jugend vermuten, doch sind solche theoretischen Vorstellungen zu riskant, zu bequem und zu selbstzufrieden. Denn wo ist die Erleichterung oder die negative Seite beim tränenreichen Anschauen des Sonnenuntergangs oder einer Sonnenfinsternis, beim Weinen in der Folge sexueller Ekstase in einer Beziehung, die noch keine sexuelle Enttäuschung kennt oder bei der Verleihung der Goldmedaille an einen Athleten oder eine Athletin, von der oder von dem man den Sieg erwartet hat?

Beim freudvollen Weinen wird etwas Negatives angesprochen, aber es handelt sich nicht notwendigerweise um eine vorgängige negative Erfahrung oder Angst. Selbst der überwältigend positive Charakter eines Augenblickes kann Weinen auslösen. In manchen Fällen müssen wir die körperliche Metamorphose des Weinens selbst betrachten, um das negative Thema zu erkennen. Durch das Untersetzen der Haltung, das Zerfließen des Gesichtsausdrucks und das Auflösen des Selbst, setzt das Weinen eine Demut in Kraft, die Würde, Respekt, Ehre und anderes vorstellt, anerkennt, sichert bzw. darauf verweist. Weinen ist eine Weise, mit der man auf die Schönheit, das Heilige, die Inspiration der Musik und anderes antworten kann, weil es eine angemessene Form der Verneinung des Selbst im Angesicht solcher positiven Kräfte ist.

Legen wir in dieser Analyse des emotionalen Verhaltens zu viel Wert auf die Darstellung des Selbst? Eine sehr geheimnisvolle Art der Weinens mag uns zur Veranschaulichung dafür dienen, wie subtil und unbefangen Menschen gleichzeitig die Definition der Situation beobachten, die ihr emotionaler Zustand erzeugt und eine Antwort darauf gestalten, die sich in ihrem weinenden Verhalten verkörpert. In diesen Ereignissen entsteht das Weinen direkt aus einer umfassenden körperlichen Verstrickung mit einer anderen Emotion. Ein Beispiel dafür, das von Frey und anderen beschrieben wird, ist das Weinen nach dem sexuellen Orgasmus. Hier sind drei andere Beispiele und zwar eines zu Verlust, das andere zum Gewinn und das dritte mit zweideutigen Merkmalen.

- Ein professioneller Tänzer berichtet, dass viele Schüler nach seinen Tanzkursen in Nord-Hollywood weinen. Die Kurse bestehen in anstrengenden körperlichen Übungen, bei denen die Lehrer ihre Schüler bis an die Grenzen treiben. Das Weinen trete sowohl beim „gemeinen" Lehrer auf, der seine Schüler unablässig kritisiert, wie auch beim „netten" Lehrer, der sie mit unterstützenden Kommentaren antreibt. Das Weinen scheint daraus zu entstehen, dass man von der Musik und den angeleiteten Übungen „weggetrieben" wird. Irgendwie werde die Leistung der extremen Übungen zu einer Art Startrampe für das Weinen. [Aus einem Interview]
- Ein vierjähriges Kind, das zum ersten Mal alleine ohne Eltern im Haus eines Freundes übernachtete, lachte mit dem Freund laut beim Abendessen. Ohne jeden sichtbaren Grund begann es plötzlich zu weinen. Als die Gastmutter

fragte, ob es möchte, dass seine Mutter es abholte, brachte es unter Tränen ein „ja" hervor. [Aus Feldnotizen]
- Eine junge, schlanke und zierliche asiatische Frau brach in Tränen beim Kampfsport-Training zusammen. Sie hatte gerade eine Übung beendet, in der sie sich gegen die ungestümen Attacken eines über einen Meter neunzig großen dunkelhäutigen Mannes wehren musste, der die Rolle eines sexuellen Angreifers spielte. [Videoaufzeichnung][33]

Die Gründlichkeit der körperlichen Verstrickung in Sex, Übung, Lachen oder Aggression kann zur Seite geschoben werden, so dass man, ohne jeden von außen kommenden Auslöser, aus einer zuerst sozial geformten Identität ins Weinen verfällt. Es ist, als ob man wie eine Comic-Figur plötzlich bemerkt, dass man den festen Grund unter dem Boden verloren hat und für eine kurze Zeit in der dünnen Luft mit den Beinen zappelt, ohne zu fallen. Wenn man dann bemerkt, dass man sich über die Verfügungsgrenzen über den eigenen Körper hinaus bewegt hat, bricht man unter der unwiderstehlichen Macht dieses Selbstbewusstseins dann unvermittelt in Tränen aus. Für Erwachsene wie für Kinder kann die Erfahrung von zu viel Freude und zu viel Macht ein Gefühl erzeugen, dass man sich vom Grund des Vertrauten und Verlässlichen entfernt. Ob der Abstand vom Mundanen erwünscht war oder nicht, in jedem Fall dramatisiert das Weinen ein gefallenes Selbst, das Zeugnis davon ablegt, dass es gleichzeitig über seinen eigenen Grund hinausgegangen ist und eine Rettungsaktion beginnt.

Trauriges Weinen drückt eine dialektische Entwicklung aus, weil es einen Verlust repräsentiert. Freudvolles Weinen ist das Ergebnis eines *Bewusstseins von der Dialektik der Metamorphose selbst.* Hochzeiten, Geburten, die erste Musikvorführung eines Kindes, Sonnenauf- und -untergänge, sexuelle Orgasmen, die rituelle Erhebung einer Siegerin in den Rang unsterblicher Heroen, der Aufstieg verunglimpfter Leute in den Rang angesehener Bürgerinnen, eine so umfassende körperliche Verstricktheit, dass man neuartige Erfolgs- oder Ekstase-Erfahrungen macht – all dieses beinhaltet Transformationen, in denen ein Individuum, eine Gruppe oder ein Naturelement so gesehen wird, als verwandele es sich in den grundlegendsten Zügen seiner Identität.[34] In der körperlichen Metamorphose werden diese Merkmale der Metamorphose erkannt.

---

33 Mein Dank geht an Linda van Leuven für dieses Material.
34 Populäre Kulturen verstehen dieses Weinen als ein Aufgeben der eigenen körperlichen Grundlagen der Erfahrung zugunsten einer anderen Grundlage. In ihrer Erforschung von Hochzeiten in rumänischen Dörfern fand Gail Kligman heraus, dass Bräute zu weinen hatten und denjenigen, die nicht dazu bereit waren, wurde von älteren Frauen

Der Grund für die Behauptung, dass das freudvolle Weinen ein dialektischer Prozess ist, besteht in der bittersüßen Empfindung des freudvollen Weinens selbst.[35] Die Leute „fühlen sich wie Idioten" und schämen sich, wenn sie vor Freude weinen. Es läuft ihnen kalt den Rücken herunter, die Spucke bleibt ihnen im Halse stecken und sie wischen sich die Tränen in beinahe schamvoller Angst ab. Die Angst ist zweischneidig. Wenn man die Tränen nicht wegwischt, können sie auffällig werden und die Aufmerksamkeit vom eigentlichen Augenmerk der Gruppe auf einen selbst lenken. Wenn man aber die Tränen wegwischt oder sich räuspert, um einem noch besser hörbaren Seufzen vorzubeugen, kann das Bemühen, im Hintergrund zu bleiben, selbst Gefahr laufen aufzufallen. Wenn also etwa eine Mutter ihr Kind beim ersten Klaviervorspiel beobachtet, hält sie ihre Reaktion zurück, um der unschuldigen Erscheinung unabhängiger Kompetenz auf der Bühne nicht in die Quere zu kommen oder sie gar zu stören. Die Dialektik des freudvollen Weinens wird als eine Herausforderung angesehen, Anerkennung für etwas Heiliges zu zeigen, ohne sich in die Szenerie so einzumischen, dass sie entstellt würde.

Im Hintergrund des freudvollen Weinens klingt häufig echte Angst, Leid, Verlust oder Schmerz nach. Doch selbst wenn keine Erinnerung des Negativen im Hintergrund steht, ist die Erfahrung der Metamorphose selbst bittersüß. Geburten, Hochzeiten, sexuelle Ekstasen müssen durchlebt, abgeschlossen und losgelassen werden, wenn man sie erfahren will. Nicht nur Philosophen und Dichterinnen

---

geholfen, die ihnen Zwiebeln unter die Augen rieben. Weinen ist moralisch erforderlich, um zu belegen, dass eine Verwandlung von Statten geht, die sowohl sexuelle Seiten hat wie auch die Macht betrifft. Die junge Frau wird aus der begrenzten Autonomie, die sie in ihrer eigenen Familie hat, entlassen in die Herrschaft eines Mannes und seiner Familie. Die Tatsache, dass die Frauen dieser Gemeinschaft eine Geschichte dieser Verwandlung inszenieren, deutet an, dass diese Metamorphose, bei der die Tränen eine freudvolle Aufgabe einer früheren Version des ganzen Selbst darstellt, nicht abgeschlossen ist.

35 Soziologen, die sich nicht mit qualitativen Daten beschäftigt haben, finden zuweilen, dass dialektische Analysen vereinfachte Weisen sind, mit Ideen zu spielen. „Sicher, schau nach etwas Positivem und dann stell dir etwas am Phänomen vor, das negativ ist – oder andersherum." Die Aufgabe ist jedoch weder so leicht noch so trivial. Phänomenologische Behauptungen sind empirische Aussagen, in diesem Falle Aussagen über Gefühle. Hier besteht sie darin, dass die Betroffenen die Unterscheidung zwischen freudvollem und traurigem Weinen auf der Grundlage ihres narrativen Verständnisses des Handlungskontextes machen und dass sie in diesem Rahmen sich mit dem traurigen Weinen zufrieden geben (das sie häufig mit einer gewissen Ironie schildern) und sich beim freudvollen Weinen unwohl fühlen (das sie häufig in verschämten Gesten zeigen, etwa dem Verbergen der Tränen).

quälen sich mit dem Gedanken, dass der Abschluss jeden neuen Schrittes im Leben ein Schritt auf den Tod hin ist.[36]

Zusammengefasst kann man sagen, dass die Vielfalt des Weinens nicht nur dualistische Formen hat, sondern dialektisch ist. Weinen kann mit gutem Grund als traurig oder freudvoll bezeichnet werden. Jeder Typus hat wiederum seine verschwiegenere Kehrseite, mit der das, was das Weinen offenkundig im Kontext seines Ausdrucks bedeutet, der verkörperten Erfahrung gegenübersteht, mit der die Botschaft vermittelt wird.

2 Die hermeneutischen Mysterien des Weinens

Ob man nun offenkundig auf traurige Themen des Verlusts antwortet oder auf freudvolle der Transzendenz, beim Weinen macht jede Person eine emphatisch verkörperte Aussage. Die einzigartig verkörperten Bewegungen des Weinens berühren ein sehr spezifisches Kommunikationsproblem. Die weinende Person bemüht sich, etwas aufeinander zu beziehen, was sie als zwei Welten erfährt, die kein gemeinsames Symbolsystem teilen. In der Tat verbindet das Weinen zwei Welten, die keine Zeichen gemeinsam haben.[37] Eine interpretative Zweideutigkeit, die hörbar als nichtverbaler Schrei bzw. als ein Sprechfehler oder die sichtbar und fühlbar als flüssige Undurchlässigkeit der Augen auftritt, ist ein zentrales Merkmal des Weinens. Weinen ist also nicht nur eine Art der narrativen Aussage, sondern auch eine besondere Art des interpretativen und expressiven Ringens.

---

36 Das scheint einer der Gründe dafür, dass die Bittersüße des freudvollen Weinens Er-
    wachsenen vertraut ist, während sie den meisten Kindern unbekannt ist. Das Alter, in
    dem der Tod eine persönlich fassbare Wirklichkeit wird, die sich von dem romantisierten
    Bild dessen unterscheidet, was andere erleiden, bedarf eingehender Untersuchungen und
    zwar nicht nur in der Emotionsforschung, sondern auch in der Geschlechterforschung
    (meine Interviews deuten darauf hin, dass es bei Frauen viel früher eintritt) und bei
    denen, die sich mit der Erklärung von altersbedingten Mustern beschäftigen, wie etwa
    der Abnahme von Gewalttaten mit dem Alter.

37 An anderer Stelle habe ich Lachen als ähnliche Weise analysiert, wie der Körper benutzt
    wird, um zwei logisch inkonsistente Perspektiven zu überbrücken. Doch während
    das Lachen die Forderung nach einer Brücke erfüllt, indem es vermittelt „Ich hab's!",
    dramatisiert das Weinen eine andere Bandbreite von Antworten, die Gefahr laufen zu
    scheitern: Von der Position der Außenseiterin, die wackelig am Rande des Abgrundes
    steht bis hin zum freien Fall in die Tiefe. Diese Bandbreite wird in den nächsten beiden
    Kapiteln untersucht und im abschließenden Kapitel werde ich einen Vergleich der
    verschiedenen Emotionen unternehmen, die ich schon untersucht habe.

Nachdem er bei seinen hunderten von kooperationsbereiten Befragten eine möglichst große Bandbreite an Weinerfahrungen gesucht hatte, kam William Frey zum Schluss, dass „bei Erwachsenen Tränen in Reaktion auf praktisch jede vorstellbare Situation auftreten können".[38] Eine Folge davon ist, dass man in jedem Falle des Weinens bei Erwachsenen zwar annimmt, es gebe einen guten Grund, warum sie weinten, bei etwas Nachbohren aber meist bemerkt, dass die Dinge nicht so klar liegen. Im Unterschied zur Sprache entstellt das Weinen ganz entschieden die Definition der Situation, auf die Personen reagieren. Ein gut erinnerbares Beispiel stammt aus meinen Feldnotizen über eine Hochzeit, auf der die Mutter des Bräutigams weinte. Als ich die Schwester des Bräutigams naiv darauf aufmerksam machte, man möge sie trösten, da sie ja eine Tochter gewinne und nicht einen Sohn verliere, wurde ich sogleich korrigiert: „Deswegen weint sie ja!".

Wenn man unter Tränen weint, blendet man das Sichtfeld nicht notwendig so aus, dass die Fähigkeit zu Sehen beeinträchtigt wäre; allerdings wird die Fähigkeit der anderen, in uns hineinzusehen beeinträchtigt. Das, worauf man genau blickt, wird uneindeutig, wenn der Blick starr wird, wenn er von Tränen getrübt wird, wenn man sich mit den Händen bedeckt oder auf den Boden starrt. Es sind die Beobachterinnen, deren Fähigkeit abnimmt, dem Blick der weinenden Person so zu folgen, wie sie auf die spezifische Situation reagiert; deswegen sind sie auch weniger in der Lage, die Aspekte der Situation wahrzunehmen, auf die die weinende Person antwortet.

Wenn Menschen weinen, dann haben sie häufig Grund zur Annahme, dass ihre Perspektive falsch wahrgenommen oder zu ihrem Nachteil geraten würde, wenn sie nicht weinten. Wenn jemand zum Beispiel einen Preis gewinnt, dann dient das Weinen als ein Instrument, mit dem Zweideutigkeiten ausgeräumt werden können, zeigt es doch mehr als jede gesprochene Erklärung, wie sehr man von der Ehre „wirklich überwältigt" ist. Und das kann auch für das Publikum gelten. Das Publikum aber schätzt die Situation nicht immer richtig ein, in der sich die weinende Person befindet, vor allem wenn es sich um eine professionelle Schauspielerin handelt, die darin geübt ist, sich Tränen auslösende Situationen vorzustellen, falls diese im tatsächlichen Ablauf nicht vorliegen. Das Verhalten des Weinens ist auf eine sehr effiziente Weise sichtbar und verbirgt zugleich den Gott, den es verehrt. Ein Beispiel bietet ein jüngerer Fernsehbericht über eine Nachtclubbesitzerin, die einen Prozess gegen den Boxer und verurteilten Vergewaltiger Mike Tyson anstrengte, der sie bedrängt habe, indem er ihr Gesicht abschleckte (d. h. ihre Wangen küsste). Sie wischte sich kurz eine Träne ab, während sie ruhig im Hintergrund saß und

---

38 Frey (1985: 95).

ihre Rechtsanwälte der Presse ihre Klage erläuterte.[39] Man muss das Interesse am Ausgang des Prozesses kennen, um die Anliegen zu identifizieren, die sich in der Träne verflüssigten.

Natürlich ist auch die Sprache, wie klar sie immer sein mag, offen für vielfältige Deutungen auf denselben Ebenen der Authentizität, der Motivation und der transzendenten Aspekte, die den Sinn des Weinens problematisch machen. Allerdings tritt das Weinen gerade dann auf, wenn die Betroffenen an die Grenzen ihrer sprachlichen Ausdrucksmöglichkeiten stoßen. Zum einen weint man häufig, wenn man alleine ist, und unter diesen Umständen werden die Leute annehmen, dass Reden wenig Sinn macht. Zum anderen ist das Weinen bei Erwachsenen besonders dienlich, um eine Nebelbombe über die sprachlichen Ausdrucksmöglichkeiten der Situation zu werfen. Eine Herausgeberin eines akademischen Verlages erzählte mir, dass sie häufig in Auseinandersetzungen mit ihrem Ehemann weint, wenn seine Argumente so tief und konstant in eine Wunde schneiden, dass sie den Eindruck bekommt, jede weitere Fortsetzung würde noch einen tieferen Schnitt provozieren. Da sie mit ihrer Gesprächsstrategie ans Ende der Sprache gelangt, verfällt sie ins Weinen. Ob man diese Art des Weinens ungnädig als eine „passive Aggressivität" bezeichnet oder der kommerziell erfolgreichen Popweisheit des Liebesgurus Leo Buscaglia zufolge als einen privaten Schutzraum, den man respektieren sollte, indem man ihn nicht interpretiert[40] – in beiden Fällen erlangt sie ihre interaktive Macht durch die Negierung des Sprechens.[41]

---

39 Wie die New York Times vom 27. April 1996 berichtete, hatte die Polizei in Chicago Vorwürfe überprüft, „dass Mike Tyson in unangemessenem Ton mit ihr sprach und sie angegrabscht hätte; sie konnte jedoch „keine Beweise" dafür finden.

40 Leo Buscaglia drückte es richtig aus: „Man kann die Tränen einer anderen Person nie verstehen. Tränen sind einsam und sehr privat. Man kann nie sagen: ‚Ich weiß genau, warum du weinst'." Frey (1985: 133).

41 Dieses Argument wird in den Fallstudien des Weinens erläutert, die ich in meinen anderen beiden Kapiteln von „How Emotions Work" (Katz 1999) vorstelle. Im Kapitel 5 behandelte ich das Weinen eines Kindes, das sehr stark ausgeführt und variiert wird. Es kann als ein außerordentlich reichhaltiges Mittel zur Koordination der Interaktion verstanden werden. Obwohl das weinende Kind und die verantwortliche erwachsene Person genau zu wissen scheinen, was in ihrer Beziehung vor sich geht, fragt die Erwachsene das Kind erst dann direkt nach dem Grund seines Weinens, als sie frustriert ist, weil das Kind nach einer kurzen Phase des Sprechens wieder zu weinen beginnt. Aus dem Blickwinkel der formalen Logik ist die Antwort des Kindes sehr abwegig. In einem anderen Kapitel dieses Buches [das hier nicht enthalten ist] zeige ich, wie das Weinen eines Erwachsenen bei einem Verhör dazu dient, sich zeitweise aus dem Gespräch zurückzuziehen. Hier erzeugt das Weinen einen kurzen Nebel, in dem der Verdächtige nach einer neuen Strategie sucht, wie er weiter verfahren soll.

Häufig ist die einzige Form, in der wir als sozial Handelnde oder als Analy-
tikerinnen des Sozialen wahrnehmen, dass eine erwachsene Person in der Tat
weint, wenn sie merkwürdige Töne beim Sprechen hervorbringt. Doch wäre es
irreführend, das Weinen als eine defizitäre Art des Sprechens anzusehen. Ganz
im Gegenteil tritt das Weinen häufig erst dann auf, wenn es eine Gelegenheit zum
Sprechen gibt, die es auslöst. Im Folgenden möchte ich drei vorläufige Merkmale
dieser dialektischen Beziehung nennen:

1. *Sprechen als eine notwendige Bedingung des Weinens.* In einem Büro des Woh-
   nungsamts beginnt eine Antragstellerin auf Wohngeld zu weinen, nachdem sie
   erklärt hatte, dass ihre Finanzierungsprobleme auftraten, nachdem der Mann
   gestorben war, mit dem sie zusammen lebte.[42] Ohne den Eindruck vermitteln
   zu wollen, das Weinen sei nicht echt, können wir doch festhalten, dass die
   Einsamkeit der Antragstellerin schon vorher bestand, als sie schweigend auf
   das Gespräch wartete, ohne dass sie sich sichtbar in ihrem Gemütszustand
   ausgedrückt hätte. Sprechen ist hier keineswegs im Widerspruch zum Weinen,
   sondern eine der notwendigen Voraussetzungen.
2. *Sprechen bereitet auf das Weinen vor, indem es dafür einen Kontext der Zweideutigkeit schafft.* In einer Reihe von Feldnotizen und Videoaufzeichnungen
   über eine Saison von Kinder-Baseball-Spielen fand ich heraus, dass die völlige
   Entfaltung des Weinens fast immer eine besondere Art von Sprechsituation
   voraussetzt. Die Spielerinnen bewegen sich dann schweigend in klar markierten
   Vorwein-Stadien: Die Augen werden nass, die Gesichtszüge ziehen sich zusammen, der Blick vermeidet den Kontakt. Das machen sie genau zu den Zeiten,
   wenn die Entwicklung des Spiels Hinweise auf ein verletztes Selbstbild gibt:
   wenn sie vorbeischlagen, den letzten Ball auslassen, so dass die Gegnerinnen
   gewinnen, herausgestellt werden oder wenn ein geschlagener Ball aus dem
   Baseballhandschuh fällt. Doch sind das hörbare Weinen und der volle Fluss
   der Tränen abhängig davon, ob es eine Gelegenheit für die Formulierung – zumeist gegenüber der Trainerin oder den Eltern – einen anderen Grund für eine
   Störung gibt: ein Mitglied des gegnerischen Teams hat eine verletzende oder
   ironische Bemerkung gemacht, die Schiedsrichterin hat ein falsches Urteil gefällt,
   der Arm wurde beim festen Schlag verletzt oder ein Fußmuskel schmerzt. Die
   Kinder kämpfen hart darum, dass das Weinen nur hinter einem Schirm von
   sekundären Erklärungen erscheint, die ihre Aufregung erklärt und ihre Tränen
   zugleich zweideutig macht.

---

42 Garot 1997.

3. *Eine Gelegenheit abwarten, um das auszudrücken, was nicht gesagt werden kann.* Wenn man es genauer betrachtet, dann geht es nicht um das Reden allein, sondern um besondere Eröffnungen beim Reden in Interaktionen, die das Weinen auslösen. Ein passendes Beispiel kommt aus einer Mediationssitzung in einer Kinderkrippe, die ich mit Videoband aufzeichnen konnte.[43] Es gab Frauen auf beiden Seiten, die Mutter auf der einen und der Vater mit seiner Mutter auf der anderen. Der Mediator bat jede Partei abwechselnd, den Raum einmal zu verlassen, damit er mit jeder Partei einmal allein reden könne. Jedes Mal, wenn eine Frau mit dem Mediator alleine blieb, begann sie sofort zu weinen, als sie mit dem Reden einsetzte. Sicherlich haben wir es nicht mit der Art von Dilemmata zu tun, die als notwendige Voraussetzung für das Weinen dienen. Notwendig ist offenbar die Konstellation einer besonderen Aufforderung, sich vor jemandem in einer Sprechsituation auszudrücken. Beachtenswert ist, dass keine der Frauen weinte, als sie am Zuge war, während sie alle mit dem Mediator in einer Runde saßen. Jede Frau weinte nur, als die andere Frau abwesend war und sie eine Gelegenheit hatte, das auszudrücken, was sie nicht sagen konnte.

Während eines großen Teils des erwachsenen Lebens ist das Weinen eine kunstvoll verkörperte Form, die mit der Sprache in einer Spannung steht. Als Gesellschaftsmitglieder beobachten wir häufig Erwachsene weinen oder am Rande des Weinens, nicht weil wir Tränen sehen oder hörbares Schluchzen, sondern weil es zu gewissen Problemen beim Sprechen kommt. Im Folgenden liste ich eine Reihe von Indikatoren auf, wie das Weinen praktisch als eine Verneinung des Redens auftritt.

2.1 Stocken beim Reden

Arthur Ashe, der als erster international erfolgreicher afroamerikanischer Tennisspieler, aber auch für sein ausgeglichenes Verhalten unter Stress bekannt wurde, berief eine Pressekonferenz ein, um über seine Aids-Ansteckung zu berichten.[44] Zehn Minuten und dreißig Sekunden lang trug er einen vorbereiteten Text in seinem üblichen geschliffenen Stil vor, sprach von seiner Diagnose, der medizinischen Geschichte und dem Grund seiner Ansteckung. Während er erklärte, dass seine Krankheit unter seinen Freunden und unter Medizinern gut bekannt war, bedankte sich Ashe für eine „schweigende und großzügige Verschwörung bei der

---

43 Mein Dank geht an Stacy Burns für die Gelegenheit, dieses Band ansehen zu dürfen.
44 Die Pressekonferenz wurde am 8. April 1992 in der Sendung „International Hour" bei CNN ausgestrahlt.

Aufrechterhaltung seiner Privatsphäre", die ihm, seiner Frau und seiner Tochter sehr viel bedeuteten. Nachdem er den Namen seiner Frau ausgesprochen hatte, schwieg er fünfzig Sekunden lang, während er seine Brille zurechtrückte, seine Hände an seine Schläfe legte und seine Lippen bewegte, als würde er reden. Nachdem seine Frau an seine Seite kam, wandte er sich wieder dem Text zu, nannte nun auch den Namen seiner Tochter und erwähnte, dass „sie es weiß". An diesem Punkt verfiel er wieder in Schweigen. Sotto voce bat er seine Frau, „nur diesen Teil für mich zu lesen", indem er auf den Text zeigte. Sie nahm die Bitte an und las „dass völlig Fremde auf der Straße Papa ansprechen und ‚Hallo' sagen…". Nachdem sie ihre kleine Aufgabe erfüllt hatte, hielt Frau Ashe inne und Herr Ashe beendete seinen vorbereiteten Text und beantwortete in aller Gemütsruhe für zwanzig Minuten alle Fragen.

Verschiedene kontextuelle Merkmale trugen zum starken Eindruck bei, dass Arthur Ashe von Emotionen überwältigt war und an der Schwelle eines Tränenausbruchs stand. Dazu gehört unsere Annahme, dass sein gesundheitliches Problem schwer auszuhalten sei und dass es besonders schmerzhaft für ihn sein muss, dessen Folgen für die Familie zu ertragen. Wer würde in einer solchen Situation nicht weinen? Wenn wir aber diese Art der Erfahrung mit unter dem Begriff des Weinens behandeln würden, dann nähme das Weinen den methodologisch unbequemen Zug des Nichtausdrückens oder genauer, des besonders ausdrucksstarken Schweigens an.

2.2   Redezugwechsel mit dem Selbst in Monologen

Nun kommen einige Beispiele dafür, wie das Weinen wahrnehmbar gemacht wird durch das, was in Pausen zwischen Äußerungen geschieht. Eine Beobachtung gründet auf Feldnotizen, die beschreiben, wie eine Frau, die in einem Krankenhaus telefoniert, zu weinen beginnt, als sie ihrem Freund erklärt, dass sie wegen ihrer Testergebnisse wohl noch eine weitere Reihe an Tests über sich ergehen lassen müsse. Beim Telefongespräch benutzte sie eine Reihe von Phrasen („Und nun auch noch das!", „Das ist einfach zu viel", „Immer bekomme ich alles ab"). Alle Worte sind klar und flüssig gesprochen, doch zwischen jeder Phrase hört man sie beim Ausatmen vor Seufzen schaudern und beim Einatmen keucht sie hörbar.

Das zweite Beispiel stammt von einer Videoaufzeichnung einer Vorschulrektorin, die in der Mitte eines großen Klassenzimmers sitzt und die Kinder darüber informiert, dass einer ihrer Lehrerinnen in einen anderen Staat zieht. Die Direktorin weint zuweilen, während die betroffene Lehrerin, die auf einer Bank neben ihr sitzt und fortwährend und stumm weint, von einer Schlange an Eltern und

Kindern nacheinander umarmt wird. Die Schuldirektorin spricht in einer Reihe von Sätzen unterschiedlicher Länge, die von Pausen mit sehr gleichmäßiger Länge unterbrochen werden, während derer sie zumeist lächelt und schweigend im Raum herumblickt. Das Lächeln der Direktorin erscheint mehrfach, doch wird es nicht von Reden begleitet, das eine freundliche Antwort auslösen könnte. Ihr Lächeln scheint ein diskretes Mittel zu sein, mit dem sie sprichwörtlich gute Miene zum bösen Spiel macht, um ihre Tränen zurückzuhalten.

Das dritte Beispiel kommt von einer Verleihung eines Filmpreises, den Academy Awards. In einem Ausschnitt der Fernsehübertragung hält Gerta Weisman Klein ihre Dankesrede für den Preis des Dokumentarfilms, der ihre Erfahrungen als Überlebende des Holocaust würdigt. Schon am Anfang der Rede bemerkt man, dass sie bewegt ist. Ihre Sätze sind abgehackt; sie werden in schnellen Ausbrüchen gesprochen, die nach Pausen erfolgen, in denen sie nach Kräften zu suchen scheint, um die nächsten Sätze auszusprechen. (Die bewegende Rede von Weisman Klein, die hörbare Störungen vor allem am Ende aufweist, wird weiter unten noch eingehender behandelt.)

In jedem dieser Beispiele führt die jeweilige Person einen Monolog, ein längeres Stück Rede, das keinen Redezugwechsel mit den Adressaten der Rede erfordert. Doch die Sprecherinnen schaffen durch ihre Atmung und die Äußerungsfolgen eine konversationsähnliche Interaktion, indem sie länger ausatmen, das Einatmen verschleppen, Sätze nicht zu Ende führen und Pausen setzen, bevor sie neue Sätze beginnen. Gerta Weisman Klein unterbricht einen ganzen Satz, atmet ein und beginnt dann einen neuen Satz. Die Schulrektorin äußert einen Satz, hält inne, erstarrt in einem Lächeln und blickt über den gesamten Raum, bevor sie wieder einsetzt. Die Krankenhauspatientin keucht und schaudert, als sie aus einem Redezug heraustritt und bevor sie in den nächsten wieder eintritt. Das offenkundige Problem besteht nicht in dem privaten Elend oder dem Druck, sondern in dem Kampf, dem eigenen Körper in der herausfordernden Situation einen aktiven und artikulierten sozialen Ausdruck zu verleihen. Auch wenn wir keinen Beleg für Tränen oder hörbares Weinen haben, liegt hier eine Form des Weinens vor, denn wir sehen die Sprecherinnen wahrnehmbar *Redezüge in ihrem eigenen Zug wechseln*.

2.3 Das Ersticken des Selbst im Sprechen

Das Auftreten des Weinens, das man beim Sprechen wahrnimmt, macht sich auf zwei Weisen bemerkbar, die dem Sprechen den Charakter eines Schutzes für das Selbst nehmen. Auf der einen Seite wird die Stimme der Sprecher dünn und hoch, als läge der Druck des ganzen Körpers auf ihm oder ihr. Die Brust und die Kehle sind nicht mehr unbemerkte Instrumente des Ausdrucks, sondern werden schwer, drücken herunter und nach innen und ersticken das Sprechen.

2.4   Die Flucht vor dem Selbst beim Sprechen

Andererseits kann der Körper des Sprechenden von den Vokalen abfallen und eine Stimme freisetzen, die von alleine in die Höhe steigt. Man beachte, dass der Drang zum Weinen kein Stottern auf den Konsonanten bewirkt; es verzerrt die Vokale, die sich von den Konsonanten als fluktuierende Stimmhöhen absetzen ohne bestimmte linguistische Bedeutungen zu tragen. Besonders in Silben, in denen die Sprechenden von einem Vokal zu einem H überwechseln, kann die Aussprache aufgefächert werden: „daheim" kann zu „da-ha-heim" werden, „Mutter" zu „Mu-hu-utter. Oder H-Klänge werden als eine Art verzweifeltes Suchen nach einem festen Grund auf längeren Vokalstrecken eingebaut: „Ihr Lieben" wird zu „Ihr Liehhhben". Es ist, als stünden die Sprechenden plötzlich kulturell nackt vor den anderen, als hätten sie die zweite Haut der Sprache verloren, die ihnen normalerweise dazu dient, die Schwingungen der Stimmbänder zu bedecken. Oder als ob die Seele auf der Suche nach einem Fluchtpunkt im kulturellen Gefängnis der Sprache durch die kleinen Gelegenheitsfenster zu springen versuchte, die die Vokale bieten.

Sicherlich könnten wir sagen, dass es sich bei diesen Phänomenen nicht „wirklich" um Weinen handelt, um diesen Begriff für methodologisch passendere körperliche Erzeugnisse zu reservieren, wie Weinen und Geräusche, die neben dem Sprechen erfolgen. Dann aber gäben wir den Grund für unsere Untersuchung preis, also den Versuch, das Weinen als Teil der menschlichen Existenz zu erfassen und als solches zu erklären. Weinen ist ein Phänomen, das dialektisch auf das Sprechen bezogen ist, ein Phänomen, das häufig durch Sprechen erzeugt wird, um dann wiederum Probleme beim Sprechen zu erzeugen. Weinen ist nicht einfach ein „Gefühl", nicht einfach eine Folge von Ursachen; es umfasst subtile Formen körperlicher Erscheinungen, wie etwa das Stocken beim Reden, den Widerhall bei Pausen zwischen Äußerungen und eine Art, den Körper für zu leicht oder zu schwer für die Sprache darzustellen. Wenn wir wissen wollen, was Weinen ist, dann müssen wir so genau wie möglich die Weisen erforschen, in denen es in einen Konflikt mit der Sprache gerät.

Die dynamische Spannung zwischen der Sprache und dem Weinen gibt uns wichtige Hinweise auf eine notwendige Bedingung des Weinens, sei es nun mit dem Reden verbunden oder nicht. Um das Weinen zu einem zwingenden Anliegen machen zu können, müssen erwachsene Personen erklären, warum sie sich nicht sprachlich ausdrücken wollen. Dieser Zwang zur Begründung des Weinens gilt auch dann, wenn niemand die weinende Person beobachtet. Für Menschen, die die Sprache verwenden können, gehört es zum Phänomen des Weinens, dass sie eine kunstvolle und emphatische Form des Nichtsprechens ist. Man weint, weil man meint, dass *die Situation eine persönlich verkörperte Ausdrucksform ist, die das transzendiert, was das Sprechen leisten kann.*

Vielleicht hat man das Weinen der Erwachsenen in psychologischen und sozialwissenschaftlichen Studien so lange und so leicht ausgeblendet, weil sie die Wichtigkeit des Ausdrucks belegen, der nicht in den Formen gelebt werden kann, die von der Sprache und dem diskursiven Reflektieren alleine ausgefüllt werden. Jeder Fall des Weinens macht eine Aussage über die ontologischen Grenzen der Fähigkeit der Sprache, diejenigen Teile des Lebens zu überbrücken, die nur im Weinen zum Ausdruck kommen. Die folgenden Absätze eröffnen eine Liste von Dingen, die durch Weinen, nicht aber durch Sprache ausgedrückt werden können.

2.5   Wie Weinen etwas ausdrückt, das Sprechen nicht ausdrücken kann

1. Wortlose Provokationen. Leute weinen in Reaktion auf Musik, auf visuelle Kunst, auf Sonnenuntergänge und Mondfinsternis. Diese Fälle des Weinens anerkennen Erfahrungen, die ihrer Natur nach über Worte hinausgehen. Wenn Worte auch vorkommen, laufen sie Gefahr, von der aufreizenden Erfahrung abzulenken. Es ist nicht das, was die Reiseführerin über die Kathedrale sagt, nicht das, was an der Bilderläuterung über das Gemälde steht, nicht der Satz, der auf dem Bildschirm über der Opernbühne erscheint, der die Tränen hervorbringt; es ist etwas Unaussprechliches, etwas, das in anderen „Tonarten"[45] erklingt, in denen die Kunst kommuniziert. Wenn man sich zu sehr an Worte hält, die auf eine Beschreibung dessen zielen, was man an einer Erfahrung verstehen will, können sie der Erfahrung selbst durchaus im Wege stehen.[46]

---

45 Langer 1942.

46 Wenn man den Namen des Malers oder des Stifters, das Ursprungsjahr und das Jahr der Übergabe liest, hat man eine recht gute emotionale Sicherheit. Denn es nimmt die Gespräche sehr klug vorweg, in denen man sich für die Unfähigkeit schämen könnte, auf der Grundlage der eigenen Bildung ganz ohne Unterstützung identifizieren zu können, was man sieht. Menschen genießen häufig Filme, werden von Büchern fasziniert, von Musik begeistert, von einem Tanz erfreut, von Architektur oder einer Skulptur entzückt, ja sie können sogar Teile von Gedichten rezitieren, ohne den Namen der entsprechenden Autorin, Darstellerin, Bildhauerin oder Regisseurin zu kennen. Wir müssen untersuchen, wie das emotionale Leben verschiedener Formen der Kunst von den sozialen Konven-

Weinen kommt dann auf, wenn die Kultur Menschen zur Verkörperung einer Antwort zwingt, die sie nicht formulieren können. Häufig ist die Musik ein Teil der Situation, die Weinen hervorruft. Musik umgibt uns mit dem dauernden Druck, zum Vehikel einer Perspektive zu werden, die die Sprache überschreitet. Wenn man die Aufmerksamkeit nicht abwendet, gibt es keine physischen Hindernisse, so dass die Musik in unsere Erfahrungen eintreten und uns zu einer Antwort zwingen kann. Wo die Sitten und Normen von uns respektvolles Schweigen und unbewegliches Zuschauen verlangen, treten Tränen häufig als der einzige Ausdruck für das unwiderstehlich erfahrene Erfassen dessen auf, was geschieht. Weinen ist eine vorhersehbare Reaktion bei von Respekt erstarrten Gästen von Begräbnissen, Kinderschulmusikvorführungen, Preisverleihungen, Hochzeiten, Filmen und patriotischen Zeremonien.

2. *Worte, die zuviel sagen.* Ereignisse, mit denen Status-Übergänge gefeiert werden, wie etwa Hochzeiten, oder die Status-Aufwertungen begehen, wie etwa Preisze-remonien, sind die Gemeinplätze für das Weinen bei den Erwachsenen, die im Zentrum der kollektiven Aufmerksamkeit stehen. Ein Sprechakt, der ansonsten so simpel und unproblematisch ist, dass er ausgeführt werden kann, ohne ihm jede besondere Aufmerksamkeit zu widmen (wie etwa das „Ich will" oder das Erinnern der Namen von Kolleginnen, mit denen man täglich zusammenarbeitet), erwirbt nun regelrecht transzendente Züge.[47] Der weinende Körper nimmt einen Sinn an, der von den alltäglichen Worten nicht gefasst werden kann.[48]

---

tionen geprägt werden, mit denen wir uns praktisch auf sie beziehen. Werden uns nicht Gemälde von einem sehr gemeinen Geist geschenkt, der sie in abgeschlossene Räume hängt, die nur durch die Darbietung einer erkennbaren Ehrerbietung an die reichen Stifter und Institutionen zugänglich werden, und durch eine Kultur der Verfeinerung, die mit der Verpflichtung einer geht, die Künstlerin identifizieren zu müssen, um auf das Kunstwerk reagieren zu können?

47 Joe Buissink, ein in Los Angeles arbeitender Photograph, der mehrere Jahre lang die Aufgabe hatte, auf Hochzeiten zu arbeiten und unauffällig nach natürlich vorkommenden Emotionen zu suchen, berichtete, dass der Moment in der Zeremonie, der das Weinen am stärksten hervorruft, dann sei, wenn das „Ich will" ausgesprochen wird. Er hat gelernt, seine Linse sofort vom Paar abzuwenden und auf die ersten beiden Reihen im Publikum zu richten, um die beunruhigenden und zersetzenden Wirkungen dieser kleinen Phrase zu erfassen, bei der sich das Selbst zur Konstruktion einer neuen Beziehung verpflichtet.

48 In seinen Ausführungen zu einer anderen, emotional machtvollen Form bemerkte Goffman (1967b: 166), dass „Handlung" eine Zeit ist, wenn „ein Akt zu einer Tat wird". Im Kontext eines Banküberfalls, geschlechtlichen Verkehrs oder des Wettspielens kann das, was ansonsten ein unscheinbares Tun ist, wie etwa die einfache Drehung einer

3. *Worte, die Gefühle verleugnen.* In der breiten Kultur ist es zwar weniger bekannt, doch kommen in der Alltagskultur von Erwachsenen sehr viel häufiger jene Situationen vor, in denen eine Person weint, weil sie in der Situation einen transzendenten Sinn verspürt, während sie von einer anderen Person als mundan empfunden wird. Das Folgende ist ein Beispiel aus einem autobiographischen Aufsatz einer Mutter: „Als ich mit meinem ersten Kind, Zach, im siebten Monat schwanger war, rief ich meine Hebamme an und stellte ihr folgende Frage: Ich habe unregelmäßige sanfte Wehen, die mich etwas besorgen; ich wollte wissen, ob das normal ist. Ich werde nie ihre wütende Reaktion vergessen: ‚Meine Liebe, sie sorgen sich etwas zu sehr um ihr Wohlbefinden. Es gibt keinen Grund, sich Sorgen zu machen.‘ Damit war unser Gespräch beendet und ich begann zu weinen."[49]

Unter den Bedingungen ihrer so beispiellosen und enormen Bedeutung für einen Patienten, können Worte zur emotionalen Provokation werden, die aus der Sicht des Arztes die emotionalen und technischen Zustände eines Patienten völlig vernünftig beschreiben.

3. *Nach-Konversions-Depression.* Selbst wenn alle beteiligten Parteien den Wendepunkt im Leben einer Person als außergewöhnlich bedeutend anerkennen, kann das Weinen dann auftreten, wenn er oder sie das einfache Leben wieder betreten. Joan, eine Angestellte aus Hollywood, gab mir von sich aus eine Beschreibung, wie sie plötzlich weinte, weil sie in eine Art Schock erlebt hatte, wie eine vorher sehr großartige Zeit plötzlich endete.[50] Joan ist die Hauptverdienerin in ihrer Familie. Sie hatte eine gut bezahlten Stelle mit einem schwierigen Chef bei einer erfolgreichen Film-Produktionsgesellschaft verlassen und mehrere Monate in Angst gelebt, während sie nach einer neuen Stelle suchte und dann über deren Bedingungen verhandelte. Ihr neuer Arbeitgeber, ein bekannter Star mit einer langen Erfahrung bei der Produktion kommerziell erfolgreicher, qualitativ hochwertiger feministischer Filme, erschien ideal. In dem Vorstellungsgespräch, mit dem die Bewerbung erfolgreich abgeschlossen wurde, setzte der neue Arbeitgeber auf Joans eigenen überbordenden Enthusiasmus noch seinen uneingeschränkten Optimismus und umwerfende Lobpreisungen drauf. Als sie den Schauplatz verließ, stellte sich Joan die begeisterten Gespräche mit ihrem Ehemann und Freunden vor, mit denen sie

---

Hand, zum Starten eines Fluchtautos, zur Erregung eines Geschlechtspartners oder zum Platzieren einer Wette werden.

49 Brinley 1995.

50 Viele Materialien in diesem Kapitel sind Ergebnisse von beiläufigen Gesprächen, in denen Bekannte mir von sich aus Beschreibungen davon schickten, wie sie in der jüngeren Zeit zum Weinen gebracht wurden.

die guten Nachrichten teilen wollte. Als sie dann gewohnheitsmäßig zu ihrem
Auto ging und sich ins Auto setzte, begann sie, ohne jede Vorwarnung, zu weinen.
Ihre Gedanken wandten sich auf ihre sterbenskranke Mutter, die sie gerade an der
Ostküste besucht hatte und die Zeitprobleme, die sich der Familie stellen würden.
Die praktische Aufgabe, den Wagen zu starten, war der Auslöser für den Fall aus
einem funkelnden Konversations-Himmel in die düsteren Alltäglichkeiten. Das
Weinen bildete eine richtig wackelnde Brücke zwischen den Höhen und den Tiefen
ihres Lebens.[51]

4. *Adam, Moses und Gott. Existentielle Brüche der Kommunikation zwischen den
Generationen.* Das Weinen bei Erwachsenen erwächst zuweilen auch aus den
Unterschieden, wie sich verschiedene Generationen ausdrücken. Der nächste
Feldbericht erfordert gewisse Erläuterungen. Marcos ist ein einundvierzigjähriger
technischer Spezialist aus Hollywood, der in einem Geschäft für Videogeräte arbeitet
und mich über mehrere Jahre verlässlich über die preiswerten Neuentwicklungen
von der Videotechnik beriet. Auch meine zwei erwachsenen Söhne besuchen ihn
ab und zu für ihre eigenen Bedürfnisse. An diesem Tage bin ich alleine. Marcos
erzählt, dass ich sehr wie meine Söhne aussehe. Als ich etwas zu meinen Älteren
sage, bemerke ich, dass er über meinen zweiten Sohn reden könnte und während
ich mir noch im Unklaren bin, bringt Marcos das Gespräch auf sein Verhältnis

---

51 Man sollte beachten, dass es sich hier nicht um das Problem der „zweiten Schicht" handelt,
   wenigstens nicht in dem Sinne, dass die Frau die Hauptverantwortung in der Familie
   trägt und zwar im Beruf und im Haushalt (Hochschild 1990). Das „Schicht"-Problem
   besteht hier vielmehr auch in der Notwendigkeit, dass man einen existentiellen Schock
   erfährt, wenn man von der einen Seite auf die andere Seite wechselt: Von einem trivialen
   Arbeitsumfeld, das von jedem zwölf Stunden Arbeit abfordert und im Grunde eine täglich vierundzwanzigstündige Erreichbarkeit per Telefon und auf der anderen Seite einer
   Sphäre des Privatlebens, die, wenn es die Arbeit zulässt, mehr transzendente Bedeutung
   trägt als Fernsehfilme es gerne vermitteln. Weinen und seine emotionalen Abarten treten
   in solchen Übergängen auf, weil die Sprache fehlt und zwar nicht im engeren Sinn weil
   es nicht Wörter oder Sätze dafür gäbe, sondern im weiteren Sinn, weil die kulturelle
   Anerkennung dafür fehlt, dass, unabhängig von Fragen der Gleichbehandlung, viele
   Leute es schwierig finden, diesen täglichen Wechsel sinnvoll zu bewältigen. Wir haben
   noch keine Kultur, die Frauen dazu ermuntert, die Absurditäten zu belächeln, die man
   im Übergang von druckvollen und profitmaximierenden Arbeitszusammenhängen
   zu den ruhigeren transzendenten Anliegen des Heims erlebt. Für Männer gibt es tief
   verankerte Ressourcen dafür, die von regelmäßigen Squash-Spielen am Spätnachmittag
   über das gemeinsame Trinken nach der Arbeit zu den 75 Jahren von Cartoons im New
   Yorker führen, die auf humorvolle Weise Männer darstellen, die zuhause ihren elitären
   Lebensstil fortsetzen und auf merkwürdige Weise sich im Umgang mit Frau, Kind oder
   Hund als Manager, Rechtsanwalt usw. verhalten.

zu seinen Kindern. Er erzählt, dass einer seiner Söhne ein Problemkind ist, das fortwährend Sechsen mit nach Hause bringt und wegen seines Schulschwänzens lügt. Er nehme seinen Problemsohn mit zur Arbeit und gebe ihm harte Aufgaben, wenn er die Schule schwänzt, aber er kann ihn nicht wirklich erreichen. Dann flattert seine Stimme, sein Blick geht zur Seite und seine Augen glänzen, als er mir erzählt, wie streng er von seiner Mutter in El Salvador erzogen wurde. Er erklärt, dass er mit neun Jahren seinen Vater verloren hat, weil er „sich selbst tötete". Ich reagierte darauf und fragte, „sich selbst tötete?" Er antwortete spontan und etwas dunkel, „Trinken und Herumtreiben".

Der existentielle Bruch, der die Kommunikation zwischen Vätern und Söhnen trennt, ist ein häufiges Thema in tränentreibenden Liedern der Populärkultur. Radiosender mit Country-Musik halten mindestens einen davon jeweils am Laufen. Harry Chapins Lied „Cat Cradle" ist ein Standard-Klassiker der amerikanischen Musik-Hitliste. Im Format eines Telefongesprächs erzählt es von einem Vater, der zu beschäftigt ist, um mit seinem Sohn zu telefonieren. Als er ein alter Mann ist, hat sein Sohn wegen seiner Geschäfte keine Zeit mehr, mit ihm zu telefonieren.

In der Hochkultur stellt Michelangelos Bild in der Sixtinischen Kapelle, auf dem Gott sich zu Adam hin streckt, um ihn zu berühren, das Thema auf eine klassische und etwas optimistischere Weise dar. Ein ähnlicher Bruch zeigt sich auch im Sprachdefekt, mit dem Moses behaftet ist, der als Gottes Sprachrohr die Verbindung zur Menschheit herstellen soll. Gegenwärtig halten „Männergruppen" Sitzungen ab, in der ein Mann in die Rolle des schweigenden, distanzierten und autoritären Vaters schlüpft, der seinem „Sohn" sagt, dass er ihn liebt. Wenn der Vater die mythologische Stille seiner Rolle überwindet, wird die Liebesbotschaft meist mit Tränen in den Augen empfangen.[52]

Auf einer alltäglicheren Ebene werden Mütter zu Tränen gerührt, wenn sie ihre wertvollen Kinder still betrachten. In einem Ad-hoc-Interview beschrieb Lorette ihre Hilflosigkeit, weil sie jüngst bemerkte, wie sie in Tränen ausbrach, als sie mit ihrem vierjährigen Sohn spazierte. Nur der Blick auf ihn trieb Tränen in ihre Augen. Doch sie kämpfte gegen die Tränen an, denn sie hatte in einer ähnlichen Erfahrung davor schon gelernt, dass ihr Sohn davon irritiert wurde.

Meiner Meinung nach zieht sich der Eindruck einer ontologischen Spaltung zwischen Sinnwelten, in diesem Fall der Generationenkluft, die nicht durch Worte überbrückt werden kann, nicht nur durch die Phänomene, die mit dem Weinen zusammenhängen – sie ist eine der Ursachen für das Weinen selbst. Unter all den Formen der interpersonellen Liebe fehlt es in unserer Gesellschaft an einer Sprache für die elterliche Liebe. Eltern müssen oft bildliche Symbole nutzen, um

---

52 Schwalbe (1996: 63).

die liebenswerten Qualitäten ihrer Kinder in ihren Erzählungen aufzuzeigen, um in den krampfhaften Aktivitäten ihrer Zuhörer zu erkennen, dass diese Art der Darstellung höchst unangemessen ist. Der Hauch der Frustration bei solchen Erzählungen ähnelt dem existentiellen Schock, den Loretta erfährt, als ihr klar wird, dass ihre tränenreiche Wertschätzung des Kindes ebenso Ausdruck für die existentielle Distanz des Kindes von den Erwachsenen ist.

5. *Existentielle Kommunikationsbrüche mit dem eigenen jüngeren Selbst.* Es hat auch einen bittersüßen Beigeschmack für die Wahrnehmung des eigenen Alters, wenn man das Potential eines Kindes erkennt. Dieses Thema stand im Mittelpunkt von Janies Bericht über ihre Schwierigkeiten mit ihrer Teilnahme bei der Abschlussveranstaltung der Vorschule ihrer Tochter. Sie weinte zuhause, als sich die Familie für die Fahrt zur Schule vorbereitete, weil sie glaubte, „ich schaffe das nicht". Ihr zweites und letztes Kind feierte nun diesen Abschluss, und dieses Ereignis hatte eine Bedeutung, die sie ihren Kindern nicht vermitteln konnte: „Sie wissen nicht, dass das die beste Zeit ihres Lebens war".

Romantisierte Kindheitserinnerungen stellen eine andere Form dar, in der Weinen durch die Blockade der Sprache wegen eines Generationenbruches ausgelöst wird. In diesem Fall handelt es sich um den Bruch zwischen Generationsphasen des eigenen Lebens. Nostalgisches Weinen wenn man im mittleren Alter ein Lied hört, das an die eigene Jugend erinnert, ist ein Beispiel dafür.[53] Dieser junge Mensch, der von diesen Liedern vor 35 Jahren angerührt wurde, muss noch immer irgendwo in der eigenen Erinnerung herumspuken, doch ist der Abstand mittlerweile so groß, dass man den jüngeren Mann nicht mehr direkt ansprechen kann. Man bemerkt, dass man diese Vergangenheit erlebt hat, doch ist sie nun aus der Reichweite gerückt.

Eine andere und etwas geheimnisvollere Variante des nostalgischen Weinens tritt dann auf, wenn man Beziehungen zu einer Vergangenheit herstellt, die man nie hatte. Ein Beispiel ist, wenn man sich von einem Volkslied zu Tränen gerührt findet, dessen Sprache man zwar erkennt, ohne jedoch die Worte verstehen zu können. Die Auslösung des Weinens bei der Kontaktaufnahme mit einer gänzlich unzugänglichen Seite der eigenen Vergangenheit wird von Alice Kaplan sehr gut erfasst, wenn sie beschreibt, wie es für sie war, Französischlehrerin zu werden. An einer Stelle reflektiert sie über ihre Erfahrung des Weinens vor Glück, nachdem

---

53 Davis (1979: 7): „Wie kommt es, dass wenn jemand von einem Freund erzählt, der ‚nostalgische Gefühle' hat, ich sofort weiß, dass der Freund weder beschwingt noch verzweifelt ist, dass seine Stimmung eher kontemplativ ist als aktiv, dass die Echos von Lachen und Weinen zu einer solchen Zeit lebhafter nachklingen und sogar einen gegenwärtigeren Ausdruck finden, als sie es zu anderen Zeiten tun".

sie gehört hatte, wie eine ihrer Schülerinnen einer „explication de texte" gemacht hatte. In ihrem darauf ausbrechenden Weinen nahm sie als Auslöser ein biographisches Mysterium wahr, das die Sprache zwischen Phasen ihres eigenen Lebens blockierte: „Ich dachte zurück an den Augenblick in der Klasse und hatte Zeit, ihn zu genießen. Ich weinte keine traurigen Tränen, sondern Tränen des Glücks, weil ich etwas entdeckte, das ich zuvor noch nicht gewusst hatte. Warum war ich so gerührt von dem, was sie sagte? (…) Ich dachte daran, wie ich selbst ein Kind war und sah und hörte, ohne jedoch fähig zu sein, etwas zu sagen, ohne die Worte zu sagen, was ich sah. Oder sie zu haben, doch nie gefragt worden zu sein.[54]

6. *Kommunikationsbrüche mit anderen Spezies.* Geschichten, in denen Tiere oder heute eher außerirdische Kreaturen vorsprachliche Mittel entwickeln, um ihre Sorge um andere Leute zu kommunizieren, sind in der Filmindustrie zu wirksamen Konventionen geworden, um das Publikum emotional anzusprechen. Solche Ereignisse heben ontologische Brüche gerade auch dort heraus, wo sie in besonderer Weise darauf zielen, sie zu transzendieren. Der Film E.T. war berühmt dafür, sogar Männer zu Tränen zu rühren. Es gibt darin zwei kraftvolle Augenblicke: Als das Wesen die Worte „E.T. nach Hause telefonieren" äußert, um einen Wunsch zu formulieren, ein interplanetarisches Kommunikationsmittel zu erschaffen und als ein Schimmern am Ende von E.T.s Finger erscheint, als er versucht, den geschnittenen Finger seines leidenden Erdfreundes, das Kind Elliott, zu heilen. Beide Augenblicke nutzen viele traditionelle Darstellungen heroischer Versuche, den ontologischen Sprachbruch (wie etwa „Lassie, komm nach Hause" und Gottes E.T-artigen, verlängerten und entspannten Finger, mit dem er nach Adams Hand reicht, während sie beide über der Sixtinischen Kapelle schweben).

7. *Kommunikationsbrüche zwischen metaphysisch getrennten Erfahrungsfeldern.* Indische Spielfilme schütteln aus ihrem Publikum die Tränen heraus, indem sie existentielle Auseinandersetzungen bei der Überwindung von Kommunikationsbrüchen dramatisieren. Ein wiederkehrender Auslöser besteht daraus, dass die Zuschauer in eine Position gebracht werden, die Mauer des Schweigens zwischen den beiden Hauptpersonen zu brechen, die nicht mehr direkt miteinander reden wollen. Die Filmzuschauer beobachten aus einer Position des transzendenten Verstehens heraus und sie möchten den beiden von Geburt an getrennten Brüdern Hinweise geben, wenn diese durch verschiedene Situationen gehen, in denen sie immer wieder nahe daran sind, ihre gemeinsame Herkunft zu erkennen, ohne dass es ihnen dann wirklich gelingt. Oder Verliebte, die unter einem schlechten

---

54 Kaplan (1993: 213).

Stern stehen, folgen Lebensverläufen, die aufeinander zugehen, sich aber erst am Ende des Filmes treffen.

Traumähnliche Sequenzen werden häufig benutzt, um die emotional kraftvollsten Momente zu schaffen. Die Metaphysik der Träume macht es verständlicherweise schwierig für die Filmfiguren, direkt miteinander zu reden. Stattdessen traumtanzen die Verliebten auf ein Treffen zu, dass sie herbeisehnen, das aber lange schon in den Augen der Zusehenden seinen Niederschlag findet, bevor es endlich auf dem Bildschirm erscheint.

In ihrer Feldarbeit über indische Kinos analysiert Lakshmi Srinivas diese strukturellen Strategien zur Auslösung von Publikumsreaktionen. Und sie beschreibt, wie junge männliche Kinogänger in Bangalore gegen diese emotionale Manipulation angehen, indem sie sarkastische Äußerungen über die Filmfiguren machen. Wenn sie sich derart über die Folgen von Wendungen der Geschichte laut amüsieren, binden sie die traumartigen Figuren wieder an die Körper aus Fleisch und Blut zurück und verhindern so die Gefahr, mit Weinen zu reagieren. Im Kino wird ein Kampf über die emotionale Erfahrung des Films ausgetragen.[55] Andere Publikumsmitglieder schreien die jungen Männer an, um sie zum Schweigen zu bringen, weil sie sich wünschen, dass die Figuren im Film weiter so dahinschweben und sie sich ausweinen können, weil sie ja nicht reden dürfen.

8. *Worte, die nicht gesagt werden dürfen.* In einigen Situationen wird das Weinen durch Unterstellungen hervorgerufen, die, wenn sie in Worte gefasst werden, unerträglich destruktiv wirken. Eine junge Frau erinnert sich an ihre Erfahrung als Kind: „Als meine Urgroßmutter das Tischgebet sprach, erinnere ich mich, wie mir Tränen kamen, ohne dass ich wusste, warum." Sie erinnerte sich an die ausgiebigen Vorbereitungen und die große Gästeliste der Familienmitglieder und Jahre später konnte sie aussprechen, was alle unterstellt hatten. Da die Gesundheit ihrer Urgroßmutter stark nachließ, „befürchteten wir, dass es ihr letztes ‚Thanksgiving' mit der Familie werden würde." Natürlich sprach das niemand aus und es gab eine kollektive Stille am Ende des Gebets. Der peinliche Augenblick wurde beendet, als die ältere Dame selbst die Wirkungen bemerkte: „Habt ihr alle die Sprache verloren?" Weinen tritt hier auf, weil man sich vorstellt, was nicht gesagt werden darf.

9. *Das Problem der Aufteilung des Publikums: Botschaften, die von den einen sofort verstanden werden müssen und von den anderen nicht gehört werden dürfen.* In manchen Fällen teilt eine Person durch ihr Weinen einem Teil ihres Publikums wirksam etwas mit, was einem anderen gegenüber nicht direkt ausgedrückt werden

---

55 Srinivas 1997.

kann. Meine Feldnotizen enthalten einen Fall, in dem die Rektorin einer Schule und einige Mitglieder des Publikums von Emotionen gerührt wurden und feuchte Augen bekamen, als sie vor einer Versammlung von Eltern, Lehrern und Mitarbeitern über einen anstehenden Streik der Lehrergewerkschaft von Los Angeles sprach. Die örtliche Verwaltung, die Lehrer und viele Eltern, die sich für die Arbeit der Schule engagierten, wollten alle, dass die Schule offen bleibt und sie ermutigten die Kinder zum Schulbesuch, damit die Schule die städtischen Zuschüsse erhält. Um aber die Gewerkschaft der Lehrer nicht zu untergraben, wollten sie keine Ersatzlehrstunden vorschlagen, selbst wenn es nur für eine kurze Zeit wäre. Ohne dass jemand diesen Plan ausdrücklich vorgeschlagen hätte, begann die Versammlung, die weder von der Rektorin noch von den Lehrern gesteuert zu sein schien, aber bald in diese Richtung zu driften.

Dann stand ein Vater auf und begann in einer Art zu reden, die wie lautes Denken anmutete und dem Geist der Versammlung sehr zu entsprechen schien. Es betonte, wie wertvoll Kinder seien, wie dies nach sich zöge, dass sich alle in der Gemeinschaft für einen ununterbrochenen Unterricht einsetzen müssen und dass man sich in der gegenwärtigen Situation etwas einfallen lassen müsse. Vielleicht sollten die Eltern als Ersatz dienen und einen Lehrplan entwickeln sowie nach Rechtsanwälten unter ihnen suchen, um den Staat zu verklagen, Ersatzlehrer anzustellen, kleine Satellitenschulen in den Häusern der Eltern einzurichten oder – und das sprach er so aus, als sei ihm gerade ein Licht aufgegangen – einen Typ wie Ross Perot zu suchen, der sie zu einem neuen Denken führen könnte.[56]

An dieser Stelle erhob sich die Rektorin und übernahm das Mikrophon zum ersten Mal. Ihre Wangen zuckten vor Aufregung, die Stimme zitterte, der Blick gerade, aber mit Augen voller Tränen schüttelte sich ihr Körper, als sie sagte: „Es wird hier keine Streikbrechenden geben". Darauf folgte eine aufwühlende Verteidigung des Gewerkschaftsprinzips. Einige Eltern neben mir waren zu Tränen gerührt.

Die Rede der Rektorin war erstaunlich dramatisch in Stil und Inhalt. Niemand hatte zuvor aus der Sicht der Gewerkschaft gesprochen. Die Gefühle der Rektorin und ihre inhaltlichen Kommentare standen in einem krassen Kontrast zu den entspannten und abschweifenden Kommentaren der Eltern, die gerade gesprochen hatten. Als ich einige Mitglieder des Publikums fragte, was sie so berührt hatte, ging ihre Deutung in die Richtung, dass die Rektorin dem „dummen Kerl" antwortete, der nicht verstand, was der eigentliche Grund des Treffens war. Sie fanden, dass es um das Überleben eines Konsenses ging, der seit über zwanzig Jahren von Eltern,

---

56 Anm. d. Übers.: Ross Perot ist ein amerikanischer Unternehmer, der 1962 das erste IT-Dienstleistungs-Unternehmen gegründet hat und 1992 als amerikanischer Präsidentschaftskandidat und Begründer der Reform-Partei aufgetreten ist.

Lehrern und der Rektorin geteilt werde, einer Frau, die die Schule gegründet hatte und eine gerade mythische Reputation genoss. Über den Streik war seit Monaten breit diskutiert worden. Nun bedrohten „kluge Ideen" eines beiläufigen Teilnehmers den geteilten Konsens. Die emotional berührten Eltern sahen in dem rhetorischen Dilemma der Rektorin auch ein Spiegelbild ihrer eigenen Auseinandersetzungen in ihren eigenen Arbeitswelten, wenn sie im Umgang mit destruktiven und instinktlosen Störenfrieden höflich bleiben mussten.

Was an der Rede der Rektorin so besonders bewegte war das, was sie nicht direkt aussprach. Inhaltlich richtete sich ihre Rede an eine Solidaritätsgemeinschaft, aber in der Abfolge der Sprechrollen war ihre Rede direkt an den „dummen Kerl" gerichtet. Das Weinen als Antwort trug dem Umstand Rechnung, dass das ausdrücklich Gesagte reflektierte, was in diesem Augenblick nicht laut gesagt werden konnte.

10. *Sozial geschichtetes Unsagbares.* Weinen tritt manchmal in einer Situation auf, die so verstanden wird, als verlange sie nach einem Ausdruck für etwas Unsagbares. Unsagbares tritt nicht zufällig ins soziale Leben. Die soziale Schichtung prägt seine Verteilung. Wie im Falle der Schulrektorin sind den Mitglieder von organisatorischen Leitungsebenen häufig Grenzen dessen gesetzt, was sie sagen können. Im Sinne einer bürokratischen „noblesse oblige" müssen sie als Teil ihrer Arbeit diplomatisch und schonend in ihrem öffentlichen Umgang mit ignoranten Außenseitern umgehen. Am anderen Ende der Schichtungsleiter können Parias und Außenstehende häufig nicht das aussprechen, was sie meinen, weil ihr gesellschaftlicher Status es erfordert, dass sie in Stille leiden. Elias Canetti bietet uns ein unvergessliches bitteres (fiktives) Beispiel: Die Augen eines „blinden" Bettlers füllen sich mit Tränen, der sich für die Erniedrigung öffentlich bedanken musste, dass Leute ihm Knöpfe anstelle von Geld in den Hut geworfen hatten.[57]

In dem lebendigen und echten Umfeld der Unity-Kirche in Los Angeles werden Außenstehende häufig zu Tränen gerührt, wenn sie sich erheben, das Mikrophon ergreifen und in der Kirche über ihre Probleme berichten. Viele männliche Mitglieder der Gemeinde kommen in Frauenkleidern zum Gottesdienst. Bischof Bean ermutigt seine Gemeinde zu größerem Respekt, indem er an ihr Selbstverständnis appelliert: „Ich beobachte euch, ich weiß, dass ihr Euch verleugnen müsst [...] Einige Homosexuelle hassen weibische Typen [...]. Das ist Selbsthass [...] Einige möchten gern, dass ihr Partner mehr wie ein richtiger Kerl ist, und ihr leidet darunter, dass ihr versucht so zu sein.." Wenn der Gottesdienst beginnt, gehen die Priester und Diakone zur Bühne, getragen von einer rhythmischen Hymne, die von der gesamten Gemeinde durch Gesang und Tanz erzeugt wird. Dann wird das Mikrophon den

---

57 Canetti (1979: 226).

Gemeindemitgliedern gegeben, die sich erheben und sofort kurz davor stehen, nicht mehr reden zu können. Ein Gemeindemitglied kämpft mit den Tränen und bittet wispernd, die Gemeinde möge für ihre anstehende Lungenoperation beten. Ein junger Mann liefert eine hoch emotionale politische Rede, in der er die Homosexuellen dafür kritisiert, ihre gemeinnützige Organisation nicht stärker zu unterstützen. Eine Frau erzählt weinend, wie sie jüngst versucht, sich von Jahren der undankbaren Vernachlässigung durch ihre Kinder zu erholen, weil sie wegen Prostitution eine Kokainsucht entwickelt hatte. Im Grunde zahlen die regelmäßigen Kirchenmitglieder für die Möglichkeit, in der Öffentlichkeit zu weinen. Während sich die Sprechenden erheben, um weinend zu reden, werden ihre Emotionen von dem Wissen geleitet, dass die Kirchengemeinde sie, die Außenseiter, dazu drängt, Dinge öffentlich zu sagen, die sie anderswo verleugnen müssen.

11. *Worte, die zerbrechen, wenn sie beim Überbrücken der intimen Welten und der Gesamtgesellschaft überdehnt werden.* Nun betrachten wir die vertrauten Szenen des Weinens, wenn Menschen Preise erhalten, bei Abschiedsfeiern geehrt werden oder wegen ihrer Berühmtheit oder ihres schlechten Rufes interviewt werden. Die technologischen Entwicklungen haben es für Leute, die ins Zentrum der kollektiven Aufmerksamkeit rücken, zu einer noch nie dagewesenen Herausforderung gemacht, persönliche Antworten vor dem Hintergrund ihrer öffentlichen Anerkennung oder ihrer unrühmlichen Leistungen zu geben. Selbst in Interviews von Angesicht zu Angesicht verweist die umherfahrende Kamera die Interviewten auf das unendlich große und ewig zusehende Publikum. Ob man vor einer Akademie aufsteht, um einen Preis entgegen zu nehmen, der die überragenden Leistungen für eine professionelle Gemeinschaft anerkennt, oder ob man auf Fragen zu seiner eigenen blutigen Karriere antwortet, die Person bricht an den immer gleichen narrativen Stellen in Tränen aus. Das Weinen tritt dann auf, wenn er oder sie Worte zu äußern versucht, die eine Brücke bilden zwischen der unendlich großen Masse des Publikums und den intimen Regionen des privaten Lebens.

An dieser Stelle möchte ich aus dem Vorrat meiner Videodaten einige Beispiele erwähnen:

• In einem Dokumentarfilm des visuellen Anthropologen Dan Marks wird das samoanische Mitglied einer Gang aus Long Beach in Kalifornien namens Joker von einem früheren Gangmitglied interviewt, der Sozialarbeiter geworden ist. Joker bricht in Tränen aus, als er eine Szene schildert, bei der seine Mutter weinte, als sie ihn im Gefängnis besuchte.[58]

- Gerta Weisman Klein, die den Academy Award für ihre Rolle in einer Dokumentation über ihre Erfahrung als Holocaust-Überlebende erhielt, erschaudert vor Emotionen, als sie das Publikum aufruft, ihr Überleben zum Anlass zu nehmen, das Dasein so zu sehen, dass „man nach Hause kommt und den Luxus hat, einen weiteren langweiligen Abend mit seiner Familie zu verbringen".

- In einer Dokumentation, die auf einem privaten Sender ausgestrahlt wurde, geht es um Leonard Wallace, der aus dem Gefängnis entlassen wurde, als durch DNA belegt wurde, dass er nicht an der Vergewaltigung schuld war, für die er sechs Jahre im Gefängnis saß. In einem Interview und dann auch vor dem Richter, der ihn entlässt, weint er, als er erzählt, dass seine schlimmste Erfahrung war, nicht an der Seite seiner Mutter gewesen zu sein, als sie starb. Außerhalb des Gerichtssaales wurde sein erwachsener Sohn gefragt: „Sind sie stolz auf ihn, dass er keinen Einspruch erhoben hat?" (Durch den Verzicht auf einen Einspruch gegen seinen Schuldspruch, konnte er seine Haftzeit verkürzen.) Als er antwortete, „Ja, ich bin stolz auf ihn und ich bin froh, dass er wieder zuhause ist", stehen ihm Tränen in den Augen und seine Stimme zittert, besonders beim Wort „zuhause".

- Bei einer Feier zur Verabschiedung einer Schuldirektorin in den Ruhestand ergreifen verschiedene vorherige Vorsitzende des Schuldirektoriums das Mikrophon, um in Erinnerungen zu schwelgen. Ein Student, der für seine Mutter auftrat, bricht zusammen, als er beschreibt, dass die Direktorin für ihn wie eine zweite Mutter war. Etwas später kann die langjährige Sekretärin der Direktorin gerade noch die Fassung bewahren, als sie an die Stelle kommt, in der sie sich daran erinnert, wie ihr die Direktorin einen „Teddy-Bären" brachte, womit sie auf den mittlerweile erwachsenen Sohn der Direktorin anspielte.

- In den folgenden Pressekonferenzen, Preisverleihungszeremonien oder Fernsehinterview-Situationen brachen die Sprechenden gerade dann zusammen, wenn sie sich an ihre Mutter, ihren Vater oder ihre Familie richteten: Bürgermeister Richard M. Daley, als er sich für das unverantwortliche Verhalten seines Sohnes bei einer rassistisch eingefärbten Feier entschuldigte, bei der ein junger Mann verletzt wurde; Richard Kulinski, ein überführter Vertragskiller, als es gefragt wird, ob er den Schaden bedauert, den seine Karriere seiner Frau und seinen Töchtern angetan hatte, die von seinem Beruf nichts wussten; Mira Sorvino,

---

58 Dan Marks, My Crasy Life (Dokumentarfilm), 1992, Anthropologie-Department, Universität von Südkalifornien.

als sie sich bei ihrem Vater bedankt, dem Schauspieler Paul Sorvino, der im Publikum sitzt, während sie den Preis für die beste Nebenrolle erhält.

Filme und dann das Fernsehen haben die Ereignisse enorm vermehrt, in denen Leute damit kämpfen, eine lebendige, sofort beobachtbare und direkte Brücke zwischen den größten und den kleinsten sozialen Welten zu bauen, in denen sie leben. (Ein frühes Beispiel dafür dürfte Loh Gehrig gewesen sein, der sich anlässlich der Feier seines verletzungsbedingten Karriereendes an das vollgepackte Yankee-Stadium wandte.) Die Gegenüberstellung der Einzelnen, die ein unendlich großes Publikum ansprechen, erforderte einst enorme organisatorische Anstrengungen. Heute lässt sich eine analoge Interaktionsumgebung für eine Sprecherin bei der beiläufigsten Verabschiedungsfeier schaffen, wenn man einfach eine Videokamera heranzieht.

Nachdem sie zuerst von Wochenschauen und dann auf dem Fernsehbildschirm bekannt wurden, sind professionell produzierte und glamouröse Versionen des Weinens zu populären Formen geworden, um die narrativen Höhepunkte einer großen Anzahl von Situationen zu strukturieren, die von Amateuren produziert werden. Alle Anwesenden erwarten mit Spannung, wie die im Mittelpunkt Stehenden des ehrenden Ereignisses diesen zentralen Augenblick behandeln. Da die Sprecherinnen zumeist versuchen, für gewöhnlich getrennte Publika anzusprechen (häufig die der Arbeit und die der Familie), ermöglicht es ihnen das Weinen, in einer Art verkörperten Sprache die Verwicklungen zu erfassen, die jeder der beiden Bereiche miteinander verbindet.

Selten ist es jedoch, die entgegengesetzte Situation des Weinens zu entdecken: Anlässe, bei denen Leute privat weinen, weil sie sich der öffentlichen Verzweigungen von etwas bewusst werden, das allmählich durchsickert. Eine kreative Lösung eines solchen Augenblicks schildert Christopher Buckley, als er erzählt, wie er eine Widmung für sein Buch schrieb:

„Ich beendete gerade ‚The White House Mess‘, als ich heiratete. Ich bat Lucy, ob sie ein Blatt Papier in die Schreibmaschine eindrehen könne, und ich sagte ihr: Nun schreib: ‚Für meine Frau. In Liebe.‘ Und dann weinte sie.“

Vermutlich wäre die unmittelbare emotionale Kraft etwas verpufft, hätte Buckley gefragt: „Was hältst du von dieser Widmung für mein Buch?“, denn damit hätte er Lucy eine Gelegenheit gegeben, ihren Eindruck von der Art der Verbindung zwischen dem Privaten und dem Öffentlichen zum Ausdruck zu bringen. Stattdessen erzeugt Buckley eine vielschichtige, interaktionsauslösende und sehr implizite Ironie, um dem Augenblick eine explosive Kraft zu verleihen. Er verwendet ein Ende, das des Buchschreibens, um einen Beginn anzuzeigen, nämlich den ihrer öffentlichen

Identität als Paar. Wie wird geehrt, obwohl sie gebeten wird, untergeordnete Sekretariatsaufgaben zu verrichten"?). Er macht sie zu seiner Partnerin in seinem professionellen Leben. Und er macht zugleich ein weitaus größeres Publikum auf ihre Hochzeit aufmerksam, als es jeder Hochzeitsveranstalterin möglich gewesen wäre. Als Lucy die Aufgabe ausführt, heiraten die beiden, bevor noch jeder sein Jawort abgibt, zumindest in dem Sinne, dass ihre Beziehung durch die öffentliche Enthüllung ewig gültig wird, indem sie ein Dokument erzeugen, das im Vergleich zur legalen Kraft der Papiere, die sie bald unterzeichnen werden, nie wieder tilgbar ist.

12. *Mit oder zu den Toten reden.* Wie die Einschränkungen des Sprechens zum Weinen beitragen, können wir nicht untersuchen, ohne die vielen Schweigemomente zu betrachten, die der Tod erzeugt.[59] Als Antworten auf die besonderen kommunikativen Herausforderungen zur Aufrechterhaltung des Gesprächs mit den Toten haben Kulturen findungsreich Traditionen des lauten, hysterisch ausgebauten, Grabes- und Trauerweinens entwickelt.[60] Doch sind diese mystischen Traditionen nicht auf traditionale oder exotische Kulturen beschränkt. Im heutigen Alabama wird der Geist der Toten regelmäßig angerufen, um juristische Verfahren zu bezeugen.

Beim entsprechenden Verfahren geht es um die Entlassung von Mördern und Mörderinnen aus dem Gefängnis. Die Rechtsparteien bei Anhörungen auf Bewährungsstrafen reden sehr emphatisch in unterschiedlichen emotionalen Formen. Die Angehörigen der Angeklagten fordern die Freilassung, indem sie durchgängig in einem sehr kontrollierten und flachen Ton reden. Die Verwandten des Opfers neigen ebenso durchgängig zu Tränenausbrüchen, wenn sie sich daran erinnern, wie der Mörder oder die Mörderin ihre Leben verändert hat. Ihr Argument bringen sie implizit dadurch vor, dass sie die noch lebhafte Präsenz der Ermordeten durch ihre Abwesenheit in ihrem Alltag präsentieren. Mehr noch als das Argument ihres Plädoyers macht ihr Weinen diese Abwesenheit präsent in einer sichtbaren, hörbaren und sogar fühlbaren Weise.

---

59 Die narrative Struktur des Todes ist so kraftvoll, dass sie auch Tränen hervorrufen kann, wenn der Tod in situativen und vorübergehenden Beendigungen von Beziehungen nur simuliert wird. Im Jahr 1980 habe ich am Flughafen von Mexiko-Stadt aus der Distanz beobachtet, wie eine Frau und zwei Kinder offensichtlich von ihren Gefühlen überwältigt wurden, als sie den Mann der Familie verabschiedeten. Als ich meine Begleiter dazu befragte, die die Familie sehr gut kannten, welches tragisches Ereignis die Familie ereilt habe, antworteten sie überrascht und teilten mit, dass der Ehemann und Vater nur zu einer regelmäßigen Wochenendreise nach Monterrey fliege. Nach etwas mehr Nachforschung wurde deutlich, dass der Flughafen von solchen Dramen überquoll.

60 Für eine Übersicht solcher Studien und eine Diskussion der Frage, ob das Weinen bei der Trauer universal sei, vgl. Stroebe und Stroebe 1987.

Das Sprechweinen der Verwandten des Opfers vermittelt nicht nur die Last, ihre eigenen Gefühle auszusprechen, sondern erzeugt auch den Eindruck einer Besessenheit durch einen Geist. Würden die Verwandten nicht weinen, beraubten sie den Verstorbenen des einzigen Kanals ihres Ausdrucks, denn das Weinen erscheint als Medium für die Gefühle des verstummten Opfers. Sie sind traurig über diesen Verlust, doch das Opfer ist wütend über die Ungerechtigkeit, so dass er oder sie sicher immer noch tot ist, wenn der oder die Angeklagte möglicherweise entlassen wird, wann das auch sein mag. Ihr Plädoyer muss auf den Punkt kommen und eine Mischung aus mächtigen Gefühlen aufwühlend präsentieren.[61]

Weinen gibt uns eine Stimme im Gespräch, die der Tod uns verweigern würde. Die Mitglieder des Walt Whitman-Klubs waren hörbar zu Tränen gerührt, als sie einer zuvor noch nicht veröffentlichten Aufnahme des Dichters zuhörten, auf der er einen seiner Texte las.[62] Als Whitman sprach, wurden seine Anhängerinnen, die ihn davor nur über seine Schriften und die Stimmen anderer kannten, plötzlich in den Rhythmen und Lauten des Dichters selbst adressiert. Der Anlass für diese Rede ist in mehr als einer Hinsicht beachtlich. Die vorgängige kommunikative Asymmetrie der Beziehung wird auf den Kopf gestellt. Da wir nun die lange Zeit nur vorgestellte Stimme des Unsterblichen endlich und wahrhaftig anhören können, wird die gesprochene Antwort der lebenden Anhängerinnen durch Tränen erstickt. Der Schock, die Stimme von Whitman zu hören, wurde vom Umstand gemildert, dass sich die Rede nicht direkt an die kleine Gesellschaft seiner Anhänger richtete. Wenn die Toten einen auf persönliche Weise ansprechen, hat dies häufig das Blockieren des Weinens zur Folge. Es ist schwierig, gute soziologische Daten dafür zu finden, was in solchen Situationen geschieht, doch bietet der amerikanische Militärfriedhof in Coleville ein gutes Untersuchungsfeld, auf dem wir so etwas finden konnten. Coleville ist ein Friedhof und eine Gedenkstätte für die tausenden von Soldaten und Matrosen, die an der D-Day-Landungsaktion in der Normandie

---

61 Das wird belegt in Robert Siegel, Murder, Punishment and Parole in Alabama, Parts I und II, gesendet in „All Things Considered" auf National Public Radio am 26. und 27. November 1996 (Tonband und Transkript sind beim Sender erhältlich). Ich möchte bemerken, dass ich die Rechtsparteien nicht so darstellen will, als würden sie die Geister der Opfer künstlich dramatisieren. Das Problem ist zu komplex, um es so abzutun. Wie ich im nächsten Kapitel argumentieren möchte, entleihen und verleihen wir im Alltagsleben fortwährend Körper mit und an unsere Interaktionspartner. Und in Familienbeziehungen sprechen wir unabsichtlich, sogar zuweilen gegen unseren Willen, in den Akzenten und Phrasen unserer Eltern, lange noch nachdem wir mit ihnen Gespräche von Angesicht zu Angesicht führten.

62 Morning Edition. National Public Radio, 20.3.1992.

gestorben sind. Der Friedhof zeigt den folgenden Text auf dem Gehweg, der vom Parkplatz zum Eingang führt:

Die längste Nacht.
Besuchende:
Siehe, wie viele von ihnen es waren.
Siehe, wie jung sie waren.
Sie starben für die Freiheit.
Halte Deine Tränen zurück und bleibe ruhig.

Viele Besuchende sind dem Weinen schon nahe, bevor sie den Parkplatz verlassen und den Friedhof betreten. Weinen ist, wie das Gedicht meint, haltlos. Es verdeckt, zieht zurück und isoliert das Selbst auf eine Weise, die der Tote nicht wahrnehmen kann. Man kann einen richtigen Schock der emotionalen Reorientierung, eine abrupte Ernüchterung bei den Besuchern bemerken, wenn sie zu Beginn diesen unerwarteten Aufruf nach stillem Respekt lesen. Die Botschaft spricht zu ihnen in einer autoritativen Stimme, die zwar nicht unmittelbar, aber doch offiziell von Seiten der Toten zu kommen scheint. Die Botschaft lautet, dass man die Toten nur dann wirklich respektiert, wenn man ihnen mit vollem Bewusstsein begegnet. Wenn man hören mag, was sie sagen, dann steht das Weinen, dieser gescheiterte Versuch des Redens, nur im Wege.[63]

13. *Alleine sein.* Wir suchen nach den verschiedenen Wegen, auf denen Erwachsene die Voraussetzung für das Weinen so schaffen, dass sie sich selbst erklärlich machen, warum sie sich nicht sprachlich ausdrücken können. Allein sein passt sehr gut zum Weinen, wenigstens bei Leuten, die davon ausgehen, dass Reden jemanden benötigt, zu dem man redet. Natürlich genügt, wie bei den anderen

---

63 Wenn der Besucher den Friedhof betritt, erscheinen Zeichen von viel gewöhnlicherer Natur (eines warnt vor häufigen Diebstählen und empfiehlt, die Autos zu verschließen, ein anderes verbietet den Besuchern, auf dem Rasen zu gehen) und dann liest man den knappen Satz: „Ruhe und Respekt". Würde man diese Schilder im Zusammenhang lesen, dann käme eine Lehre heraus, dass Geräusche, Reden und Weinen die schädliche Folge haben, die Toten dadurch zu entehren, dass sie Ausdrücke erzeugen, die die Toten nicht würdigen können. Wenn ein Friedhof die Heimstatt der Toten ist, dann sind die Besucher die Gäste und sie wären unhöflich, würden sie sich weiterhin in Formen ausdrücken, die ihre Gäste nicht verstehen. In dem, was viele als die überragende literarische Form des Hörens der Toten ansehen, in Rilkes „Aufzeichnungen des Malte Laurids Brigge" (Reclam, Stuttgart 1997) gibt es viel anhaltendes und lautes Heulen um Totenbetten, doch es gibt sehr viel mehr Schweigen in der vielfältigen Weise, in der der Tod und die Toten im Leben präsent bleiben.

Merkmalen dieser Liste, nicht das eine Merkmal, dass man nur alleine ist, um zu weinen. Doch ist das Alleinsein häufig eine Basis für das Weinen, sofern es um Einsamkeit als phänomenologische und nicht nur als physikalische Tatsache geht. Die dafür zentrale Bedeutung ist die existentielle Einsamkeit, der Umstand, dass man niemanden hat, zu dem man über ein besonderes Problem reden könnte oder dass man nicht mehr einen besonderen anderen hat, mit dem über alles Mögliche geredet werden könnte.

14. *Vielfältige Quellen der Stille.* Bis zu diesem Punkt habe ich nur einzelne Aspekte von bestimmten Situationen untersucht, wenn es darum ging, die Bandbreite der Begrenzungen des Sprachgebrauchs zu untersuchen, die Erwachsene zum Weinen bringen. Doch häufig treffen in einer Situation ganz unterschiedliche Quellen zugleich aufeinander und das Weinen stellt sich ein, weil sich das Individuum einem Verbund an Hindernissen gegenübersieht, die es am Reden hindern. Brent Staples lieferte mir ein treffendes Beispiel, als er seine Reaktionen auf den Tod seines jüngeren Bruders Blake erzählte, der im Alter von zweiundzwanzig Jahren starb. Kurz vor dem Mord an seinem Bruder Blake hatte Brent ihn noch gesehen, wie er sich lachend über die Polizei lustig machte, während an seiner Hand eine Wunde vernäht wurde, die er auf den Rückprall einer Schrotflinte zurückführte. „Mir fehlte einfach die Sprache zu sagen: Tausende haben das erlebt und sind gestorben." Sie machten aus, sich am nächsten Tag zu treffen, doch bevor Brent eine andere Strategie überlegen konnte, um Blakes Leben zu ändern, erhielt er einen Anruf mit der Information, Blake sei tot. „Ich stand in Chicago und hielt den Hörer in der Hand. [...] Ich hatte den Eindruck, jemand hätte mir die Seele herausgeschnitten. [...] Wochenlang erwachte ich weinend aus immer demselben Traum, in dem ich ihn jagte, um ihm ein Dokument zu zeigen, das ich hatte, und von dem ich glaubte, dass es ihn vor dem schützen würde, was ihm im wachen Leben geschehen ist. Seine Augen schienen wie schwarze Diamanten, er lächelte und tanzte, kurz bevor ich ihn fassen konnte. Als ich ihn schließlich ergriff, war da nur der Raum, in dem er gewesen war."[64]
Da ist das Schweigen der Sprache, weil sie sich bemüht, die Seele eines anderen zu erreichen, sich aber in Gesprächsstrategien verfängt und scheitert. Da ist das Gefühl des Schweigens beim Versuch, das Gespräch mit dem Tod fortzusetzen. Und da ist die Stille eines Gesprächs, das in einem Traum geführt wird, und in diesem Traum kommt noch das Schweigen eines ungelesenen Textes hinzu. Wir können sicherlich vermuten, dass auch das Schweigen des träumenden Körpers eine Rolle gespielt hat. Staples, dessen Körper zu schwer war, um zu sprechen, träumt von

---

64 Staples (1986/1996: 74).

einer enttäuschenden Kommunikation, die seinen unmöglichen Wunsch erfüllt, mit einem Adressaten zu sprechen, der zu unwirklich geworden ist, um auf Sprache zu antworten.

3   Die körperliche Ästhetik des Weinens

Ich habe drei Bedingungen angegeben, die das Weinen erklären sollen. Weinen tritt zum einen auf, um zwei gegensätzliche, dialektische Narrative zum Ausdruck zu bringen. Weinen tritt auf, um das zu verkörpern, was die Sprache nicht enthalten kann. Und Weinen zieht bestimmte ästhetische Transformationen der körperlichen Grundlagen des Selbst nach sich. Mein Argument ist, dass Weinen das Zusammenwirken dieser drei Prozesse darstellt.[65] Doch jede Bedingung besteht je unabhängig von der anderen. Deswegen wird eine Erforschung der Verkörperung des Weinens nicht zu einer einfachen Struktur des Verhältnisses der zwei Narrative des Weinens führen, die wir anfangs erläutert haben.

Wenn man bei Videos den Ton abstellt und nur zusieht, wie Menschen Lobreden bei Pensionierungsfeiern halten und erhalten, dann könnte man fast glauben, dass etwas Schreckliches geschieht. Das ist ein professionelles Beispiel für Zweideutigkeit. Als man die Academy Awards von 1996 anschaute, sah man, wie der Schauspieler Paul Sorvino offenbar zusammenbrach und wie ein Baby weinte, nach Luft rang, sich krümmte und laut schluchzte, als seine Tochter den Preis für die beste Nebendarstellerin erhielt und ihm persönlich von der Bühne aus dankte. Ein Zuschauer, der nur gesehen hätte, wie er weinte, könnte geglaubt haben, sein Kind sei gestorben. Eine der Fragen, die wir stellen müssen, ist, warum ähnliche körperliche Ästhetiken sowohl beim traurigen wie beim freudigen Weinen auftreten. Meine Antwort lautet, dass die Mühlen der Kultur uns mit einer Außenseite für das Selbst ausstatten, die, unabhängig von der moralischen oder narrativen Richtung des Drucks auf sie, Gefahr laufen kann, in Stücke gerissen zu werden.

Es erscheint nicht sehr merkwürdig, wenn man die körperliche Ästhetik des Weinens untersucht, sofern die Person ein Kind ist. Erwachsene nehmen die Merkmale des kindlichen Weinens auf und nutzen sie in ihren Interaktionen. In einer

---

65 Die Logik dieses Arguments erlaubt negative Vorhersagen (Weinen tritt nicht auf ohne die genannten Bedingungen) und das, was man Retrodiktion nennen kann. Deren Ziel ist nicht vorherzusagen, dass Menschen weinen werden, oder gar eine einfache Definition. Wenn eine der drei Bedingungen entfällt, dann wird das Weinen aufhören. Wenn man ein Beispiel für Weinen findet, dann sollte es der Fall sein, dass alle drei Bedingungen zutreffen.

Feldnotiz, die ich mir am Flughafen in Kopenhagen gemacht habe, beschrieb ich, wie eine Mutter ein Kind tröstete, indem sie etwas machte, was ich als „Beschönigen" des kindlichen Ausdrucks bezeichnete. Grob geschildert stieg das Weinen lautlich scharf an, bis es eine Spitze erreichte, die die gesamte Phase des Ausatmens anhielt, wo es zuweilen am Ende einen rauen Übergang machte. Indem sie die Laute des Kindes aufnahm, versuchte die Mutter, das Weinen des Kindes zu formen und es zu glätten, indem sie ihre eigenen Laute daran ausrichtete. Sie ahmte die hörbare Steigerung an, die das Kind vornahm, doch machte sie es auf eine melodischere Weise und ohne den rauen Übergang vom hörbaren Ausatmen zum nichthörbaren Einatmen. Und sie unterstrich ihre Versuche der Umformung, indem sie ihr Singen mit einem Armschaukeln begleitete, bei dem sie das Kind zum Ausatmen an die höchste Stelle schaukelte, um es zum Einatmen wieder auf den Ausgangspunkt zu bringen. Solche alltäglichen Ereignisse treten mittlerweile häufig in den Daten zur Erforschung der kindlichen Entwicklung auf, die untersuchen, wie Mütter mit ihren Kleinkindern umgehen. Was immer auch ihre Folgen für die kindliche Entwicklung sein mögen, in unserem Rahmen zeigen sie an, wie leicht Erwachsene körperliche Ästhetiken des Weinens erkennen, erfassen und überformen können.

Es ist auch sehr häufig zu beobachten, dass Kinder mit ihrem Weinen experimentieren, als wäre es eine Art musikalisches Instrument. Eltern werden sich daran erinnern, wie ihre Kleinkinder, nachdem sie weinend in ihrem Zimmer gelassen wurden, gedämpfte trompetenartige Klänge gemacht haben. In Kindergärten und Privathäusern kann man oft Kinder von zwei oder drei Jahren bei ausgedehnten Phasen des Weinens beobachten, indem sie das Weinen mit geschlossenem Mund erzeugen, so dass eine Art Summen entsteht, das mehr den „N"-Klang als den „M"-Klang betont. In seinem Nachhall erzeugt der Ausbau der taktilen körperlichen Möglichkeiten des Weinens dem Kind eine warme, angenehme Haut.

Ich möchte betonen, dass das erwachsene Weinen keineswegs entwickelter ist, was die ästhetischen Ausdrucksweisen angeht, auch wenn diese Kunst wenigstens in der gegenwärtigen westlichen Kultur noch mehr verwischt ist. Junge jugendliche Mädchen dürfen bei Rock-Konzerten kollektiv schreien und Tränen in großen Massen erzeugen, doch das ist vermutlich das letzte Mal im Leben westlicher Erwachsener, dass sie so frei, ohne Begrenzungen und in großen zusammenwirkenden Gruppen mit dem Weinen so freizügig umgehen können. Wir können Menschen auffordern, das Weinen einfach „rauszulassen", aber wir achten nicht darauf, wie gut oder schlecht sie das tun. Das gilt nicht für alle Kulturen.[66]

---

66 An anderen Ort können Untergruppen durch Autoritäten aufgefordert werden, für andere Teile der Gemeinschaft zu weinen. Islamische Kleriker haben Frauen dafür kritisiert, für Märtyrer auf unangemessene Weise geweint zu haben. Vgl. Ameed 1974. In rumä-

Wir haben schon gesehen, dass Weinen für sprachkompetente Erwachsene in einer komplexen Spannung zur Sprache steht. Anlässe für Sprechen bilden häufig die Bedingungen für die Auslösung einer Form des Weinens, das als sinnliche oder ästhetische Erzeugung nicht um seiner selbst willen erfolgt, sondern als ein Mangel der Sprache erscheint. In der Folge ist es eine Aufgabe der Erwachsenen bei der Durchführung des Weinens in einer Weise zu weinen, die erklärt, warum man nicht sagen kann, was man meint, beabsichtigt oder fühlt. Doch wenn das Weinen bei Erwachsenen häufig weniger elegant aussieht wie die Kombination aus fließenden Tränen, gequälter Körperanordnung und ausgedehnter Klangproduktionen bei Kindern, dann ist es doch nicht weniger kunstvoll.

Alles, was ich hier über die ästhetische Kreativität beim Weinen sage, kann nur als vorläufig angesehen werden und bedarf zweifellos noch der vertieften Forschung. Mein Ziel ist nur zu zeigen, dass es die Anstrengung wert ist. Ich möchte vorschlagen, wie ein generell produktiver Rahmen für diese Forschung aussehen kann, und das illustriere ich auch an anderer Stelle anhand von zwei Untersuchungen.[67] Im Rest dieses Kapitels möchte ich mich auf die ästhetischen Techniken konzentrieren, die Leute unbewusst einsetzen, wenn sie weinen. Im Weinen kommt eine poetische Logik zum Tragen, durch die Menschen Dinge an die Oberfläche bringen und unterstreichen, die gewohnheitsmäßig aus ihrem alltäglichen und nicht-emotionalen Verhalten gestrichen sind. Sie stoßen auf Dimensionen ihrer routinemäßig unsichtbaren, natürlichen Dreidimensionalität ihres Verhaltens, zeigen sie auf und verwandeln sie.

Wenn Menschen beginnen zu weinen, dann bemerken sie, dass sich verschiedene Teile ihres ansonsten unsichtbaren Sprechsystems aufdrängen. Ihre Kehle beginnt sich zuzuziehen. Oder der Nasendurchgang, von dem man meint, dass er nur auf eine Gelegenheit wartet einzuatmen und der keine Rolle spielt im Ausatmen, das das Sprechen begleitet, enthüllt plötzlich seine bedeutende Rolle beim Offenhalten der Laute. In einem Fernsehinterview, das vor einem Kino durchgeführt wurde, in dem Schindlers Liste gezeigt wurde, beantwortete eine Frau die Fragen eines Journalisten über ihre Reaktionen auf diesen Film. (Der Film handelt von den Bemühungen eines christlichen Deutschen, Juden vor den Nazis zu retten.) Ein nasaler Ton erklingt und sie ist gleich zu Tränen gerührt als sie sagt: „Es bestätigt nur, d- dass die Welt nie vergessen sollte, was dort (Pause) geschehen ist, weil es wieder geschehen kann, wenn man es vergisst." Ihre Nase klingt beim Wort „dort".

---

nischen Dörfern sind Bräute verpflichtet zu weinen, um die korrekte Machtbeziehung in Geschlechts- und Verwandtschaftsbeziehungen anzuzeigen. Vgl. Kligman 1988.

67 Anm. d. Übers.: Diese Untersuchungen bilden die beiden Folgekapitel in Katz Buch, aus dem auch dieses Kapitel entnommen ist.

Sie macht dann eine kleine Pause, die ihr erlauben einzuschätzen, welche Mittel sie hat, um weiter zu reden. Und der nächste Satz bringt kaum zum Ausdruck, dass sie von einem überwältigenden Schauder des Horrors und der Traurigkeit ergriffen ist. Es mag merkwürdig klingen zu behaupten, die Leute würden diese kleinen Wendungen ihrer Körper handelnd erzeugen, da sie auf Mittel zurückgehen, um die körperliche Praxis des Weinens zu vollziehen, über deren Besitz sie sich in keinem kognitiven Sinn bewusst zu sein scheinen. Aber wenn die betroffene Person diese kleinen körperlichen Akte beim Weinen nicht selbst vollzieht, wer oder was macht das dann? Es reicht keineswegs aus, diese Frage mit dem Hinweis darauf abzutun, Weinen sei irgendwie in die Menschen als ererbtes Verhaltensmuster „eingebaut". Kulturelle und situative Variationen der Praxis des Weinens genügen, um die Frage am Leben zu erhalten. Biologische Erklärungen werfen die Frage auf, wie sich daraus Formen vielfältigen menschlichen Verhaltens ergeben, die in nicht zufälligen, sondern in sozial situierten Mustern auftreten.

Wenn wir aber auf der anderen Seite nicht herausfinden, wie Menschen körperliche Ressourcen für das Weinen suchen und finden, dann bringt es uns aus einer pragmatischen oder sozialwissenschaftlichen Perspektive wenig, dass wir auf ein aktives Verstehen des Subjekts pochen. Deswegen ist der Gedanke eines verkörperten Selbst, das im emotionalen Verhalten aus dem Hintergrund in den Vordergrund rückt, weder zu abstrakt noch einfach ein Freischein, um Spekulationen anzustellen, die mit empirischen Daten herzlich wenig zu tun haben. Wenn wir die Verkörperung des Weinens untersuchen, stoßen wir in den Bereich vor, in dem das Weinen sich selbst erklärt.

Ein gängiger Schritt dieser Selbsterklärung des Weinens besteht darin, das Wahrnehmen umzustellen. Nehmen wir den Blick. Wenn Menschen weinen, dann drücken sie häufig ihr Gesicht weg, drücken mit der flachen Hand oder einem Stoff fest gegen das Gesicht oder wenden ihren Blick zum Boden. Die Augen können sich in der Suche nach Hoffnung zum Himmel erheben oder, von Tränen getrübt, an einer anderen Person festklammern. Wenn es von einem nahestehenden Bezugspunkt abgestoßen ist, dann kann das Weingesicht wie eine feste Maske festgestellt werden, die nicht mehr auf die Bewegungen reagiert, was zuvor noch in ihrem Gesichtsfeld war. Der weinende Kopf kann in der Umarmung einer anderen Person begraben sein. Wie die Wirkungen eines momentanen Schließens der Augen hat jede dieser Handlungen eine unausgesprochene Wendung auf die innere Verhaltensausrichtung des Körpers zur Folge.

Bestimmte kulturelle Merkmale führen Menschen zum Weinen, indem sie wiederholt eine erhöhte Sensibilität für die natürliche Dreidimensionalität ihres Verhaltens einfordern. In verschiedenen Segmenten von Sprechen beim Weinen auf meinen Videodaten finden sich Menschen, die gerade in einer außerordentlich schwierigen Lebenssituation sind. Sie finden das Wort „Herz" besonders angemessen, um auszudrücken, was sie fühlen und sie bemerken, dass das Aussprechen dieses Wortes bei ihnen schnell dazu führt, dass sie weinen. Hier sind drei Beispiele:

- Gerta Weisman Klein beendete ihre Rede bei der Verleihung der Academy Awards 1996, wo sie als Darstellerin eines Dokumentarfilms („One Survivor Remembers") über ihre sechs Jahre in einem deutschen Konzentrationslager geehrt wurde, mit den Worten: „Ich danke ihnen im Namen aller Häftlinge und mit meinem ganzen Herzen." „Herz" ist das beunruhigendste Wort in ihrer emotionalen Rede. Es wird mit einer gebrochenen Stimme gesprochen, enthält eine Mikropause, als hätte die Erfahrung eine Stille in der Mitte ihres Herzens hinterlassen. Die Herausforderung, das Wort auszusprechen, würgt ihre Stimme ab und bringt sie zum Schweigen; das erzeugt ein ausgesprochen trockenes Schlucken, in dem sie mit ihrem Kinn zu schöpfen scheint, um ihre Stimme wieder zu befeuchten.
- Ihre Preisrede ist für das Publikum enorm bewegend und man könnte leicht denken, dass „Herz", als ihr letztes Wort, eigentlich einfach ist, weil es die ganze Tragweite ihrer Lebensgeschichte zusammenfasst. Doch dasselbe Wort erweist sich auch für Joker als problematisch, ein samoanisches Mitglied einer Straßengang in Long Beach. Das Weinen bricht aus, als er über die Wirkungen seiner Verletzungen und Gefängnisaufenthalte auf seine Mutter spricht. Nachdem er von der tränenerfüllten und unbedingten Unterstützung seiner Mutter sprach, als er mit dem Messer verletzt wurde und ins Gefängnis kam, wurde er über seine Beziehung zu ihr gefragt. Er sagte, dass sie häufig stritten, schrien, doch „tief unten in meinem Herzen würde ich für sie sterben". „Herz" spricht er mit einem deutlichen Zögern aus; das Aussprechen des Wortes erscheint ihn tief zu treffen, eine Doppeldeutigkeit der Beschreibung, die in seiner eigenen dreidimensionalen Deutung der Geschichte begründet zu sein scheint. Jokers Bewusstsein scheint der Richtung der Metapher zu folgen. Seine Augen trüben sich ein und kurz darauf festigt sich seine Stimme, er nimmt wieder Haltung an und wischt sich dabei die Tränen aus den Augen.
- Leonard Callace verwendet „Herz" mit einer großen emotionalen Wirkung in einem Interview mit einem Fernsehjournalisten, das im Gefängnis geführt wurde, wo er auf seine Entlassung wartete (da die DNA-Evidenz gegen eine Verurteilung wegen Vergewaltigung sprach). Weil er sich vielleicht unbewusst an die Wirkung erinnerte, die er durch dieses Interview im Gefängnis erzielte, wandte er das Wort wieder mit großer emotionaler Wirkung in den Gerichtsverfahren an, das mit seinem Freispruch endete. Während des Interviews im Gefängnis erzählte er, wie er zur Zeit seiner Gefangenschaft vom Gefängnis an

das Sterbebett seiner Mutter in rasender Eile gebracht wurde (er bemerkte, dass sie an Krebs erkrankt war, bevor seine Rechtsprobleme begannen), aber zu spät ankam. „Ich wäre fast in Tränen ausgebrochen, weißt du. Ich hatte gedacht, sie würde warten, bis ich dort bin. Sie konnte es nicht. Sie versuchte es, aber sie konnte es nicht. [Er weint.] Das hat mich erwischt. Mitten ins Herz." „Mitten ins Herz" fasst die emotionale Reaktion zusammen, die seine Geschichte schon erzeugt hat. Ein wenig später wiederholt er diese Geschichte während der letzten Sitzung des Gerichts vor dem Richter als er gerade erläutert, wie sich die Ungerechtigkeit, die er erleiden musste, durch die persönliche Tragödie noch verschlimmerte. „Und während ich da oben war, starb meine Ma- meine Mami. [Lange Pause, die Lippen und das Kinn beben unter leisen Lauten.] Ihr Leute habt mir [kurze Pause] einfach das Herz weggenommen." Dieses Mal wurde „Herz" sehr lebendig formuliert. Die Aussprache von „Mamie" war ein Problem, weil er mitten im Wort pausiert, wieder ansetzt und dann das ganze Wort ausspricht (und zwar auf normale Weise); allerdings zögert er mitten im Wort, als enthielte es ein Semikolon. In einer überlegt provokativen Äußerung sendet er dann das Wort „Herz" aus, wobei die Äußerung auf ihn zurück zu schlagen scheint, ihm Tränen in die Augen treibt, seine Stimme deutlich verengt, was sich auf eine so starke Weise ankündigt, dass er eine kurze Pause einschiebt.

Dass „Herz" ungewöhnliche Kräfte hat bei der Auslösung von Weinen hat, lernen wir aus der vermutlich nicht zufälligen Verwendung des Wortes durch drei Personen in vier verschiedenen Kontexten sozialer Interaktion. Callace scheint eher unabsichtlich zu einem Bewusstsein dieser Bedeutung gekommen zu sein. Diese Lehre wird aber auch professionell von den Leuten gelernt, die mit dem Weinen in sozialen Interaktionen als Teil ihrer Arbeit umgehen müssen. In einem Dokumentarfilm über das Weinen sitzt ein Priester an der Bettkante einer Frau, die in den letzten Zügen liegt, und versucht ihren Sohn zu überreden, sich mit ihrem Tod abzufinden. Als er gefragt wurde, seine sehr aufgewühlten Gefühle auszudrücken, erklärt er mit einer weinenden Stimme: „Ich möchte nicht, dass sie nur eine Nummer in einer Statistik wird". Der Priester antwortet: „Sie wird nie nur eine Statistik sein, sie wird immer in unseren Herzen bleiben". Das Weinen des Sohnes steigert sich darauf merklich. Nur das Hören des Wortes „Herz" scheint zu wirken.[68]
Warum führt „Herz" so häufig zum Weinen? Man sollte beachten, dass es eine metaphorische, nach innen weisende Bedeutung, die die Aufmerksamkeit ins Zentrum der Leibeshöhle weist, und eine wörtliche, körperliche Markierung der Dreidimensionalität des Körpers in der gesprochenen Äußerung hat. Die lange

---

68 Froemke, Dickson und Maysles 1996

Silbe beginnt mit „h", ein Klang, der die Atmungsvorgänge auf eine Weise hörbar markiert, die die eigenen Körperreize wahrnehmbar macht und mit einer taktil spürbaren Nebenwirkung ausgestattet ist. Die Sprecherin empfindet die Äußerung von „Herz" als einen Anlass zum Weinen, weil sie die Doppeldeutigkeit erfasst, die dadurch entsteht, dass der Inhalt des Wortes mit seiner Äußerung zusammen wirkt. Eine ansonsten unausgesprochene Wahrheit kommt an die Oberfläche, dass nämlich Kultur (Sprache, Symbole, Metaphern) praktisch immer eine dreidimensionale körperliche Form annehmen.[69]

Ein wesentlicher Teil dessen, was Weinen ausmacht, ist, dass eine Person die dreidimensionalen Anforderungen des Vollzugs sozialer Handlungen sinnlich anerkennt. In dem Maße, wie sich eine Person ins Weinen hineinsteigert, werden aus der Perspektive ihrer inneren Wahrnehmung Worte und Wortteile problematisch, deren Artikulation innere Körperregionen beanspruchen; sie beginnen wahrnehmbare Ausdrücke des Sprechprozesses auszulösen und auseinander zu ziehen. Blickt man aus der Perspektive der Person nach außen auf den Druck der sozialen Interaktion, dann ist das Weinen ein Blockieren der Anforderungen, um die körperlichen Investitionen, die normalerweise kompetentes Verhalten verlangt, auszusetzen. Die Person findet, dass sie oder er nicht „einfach" reden kann; er oder sie findet, dass Sprechen, wenn es überhaupt gelingen sollte, die gestörten Abläufe ihrer körperlichen Prozesse ankündigt.

Wenn die Person zu weinen beginnt, dann sucht sie nicht nur ihren Körper nach Mitteln ab, die Emotion materiell auszustatten; sie entwickelt auch eine übermäßige Sensitivität für die Anforderungen, die normale soziale Handlungen an die körperlichen Abläufe stellen. Betrachten wir uns einige der üblichen Formen, in denen Weinen sozial sichtbar wird, wenn Menschen miteinander reden.

Ein Hauptmerkmal ist der Bruch in dem, was beim normalen Reden im Fluss ist:

---

69 Anders gesprochen achten wir unbemerkt immer darauf, wie das, was wir berühren, sich anfühlt, und wie wir die Welt verkörpern, wenn wir sie betreten. Ohne etwa geschaut zu haben und noch bevor mein Fuß den Boden betritt, weiß ich, dass ich die Zahl der Stufen falsch eingeschätzt habe, die ich noch auf der Treppe heruntergehen muss. Weil ich bemerke, dass die nächste Stufe schon an meinem Fuß zu spüren sein sollte oder, andersherum, dass sich etwas an meinem Fuß spürbar macht, bevor es sein sollte, wende ich meinen Blick gerade rechtzeitig dem Boden zu, um mich zu korrigieren. Die Erfahrung gibt uns selten Hinweise, wie wir dauernd unseren Körper an die Form der Umgebung anpassen, während wir unbemerkt die unsichtbaren Dimensionen unserer Verkörperung der Szene beobachten.

- Leute brechen *nach einem Satz* ab, nehmen eine ungewöhnlich lange Pause oder, wie im Falle der oben besprochenen Pressekonferenz von Arthur Ashe, brechen ganz ab.
- Leute machen *zwischen den Worten* Pausen. Bei der Bewährungsanhörung im Jahre 1996 von Patricia Krenwinkel, die zusammen mit Charles Manson für die Tate-LaBianca-Morde verurteilt und für mindestens dreißig Jahre verurteilt worden war, plädierte sie (erfolglos) beim Gericht unter Tränen und mit gedrückten Augen: „Ich zahle für das (Pause). So. Gut. Wie. Ich. Kann."
- Menschen weinen auch beim Sprechen *zwischen den Silben eines Wortes*, indem sie das Wort nicht beenden oder bemerken, dass ihre Stimme plötzlich nach oben springt. Leonard Callace, den wir schon erwähnten, hat Schwierigkeiten mit „Mutter". „Und während ich da oben war, starb meine Ma- meine Mami".
- Menschen weinen auch *zwischen den Buchstaben eines Wortes*. Eine junge Mutter, die ihr zweijähriges Kind an eine Pflegeeinrichtung abgeben musste, nachdem sie dem Mädchen während eines Wutanfalls ein Bein gebrochen hatte, sagte einem Interviewer: „Es ist hart. Es ist hart, wenn man dir dein Baby wegnimmt." Sie spricht das Wort „hart" wie eine Reihe von Einzelbuchstaben aus, wie „h.a.r.t." und mit hörbaren Pausen zwischen dem Klang jedes Buchstabens.
- Und die Menschen *unterbrechen die Verbindung zwischen den hörbaren Seiten des Sprechens und den dabei gemachten Bewegungen*. Sie können ihre Lippen und Kinne schweigend zwischen den Phrasen bewegen, als würden sie sprechen nachahmen. Oder sie können ihre Sätze mit voller Lautstärke beginnen, um dann zu bemerken, dass sie am Ende bei einer Art angespanntem Flüstern angekommen sind, bei dem sie nur noch das schweigende Ausatmen von Luft mit ihrem Mund formen.

Wenn sie solche mit dem Weinen verbundene Brücke beim Sprechen erleben, gehen die Menschen auf eine Distanz zur Sprache und behandeln sie wie eine gefährliche Kultur, in der sie, falls sie sich zu sehr darauf einlassen, völlig untergehen können. Manchmal sprechen sie so behutsam, als stünden sie verbal auf den Zehenspitzen und gingen über enorm gefährliche Untiefen. Sie erfahren dabei die ansonsten unbemerkte Tiefe unserer körperlichen Verbindung, die Sprache und soziales Handeln allgemein erfordert. Ihr Sprechen mag noch immer sehr sinnvoll sein, doch jeder bemerkt, dass etwas mit ihrem gegenwärtigen Einbringen in die sozialen Formen im Argen liegt.

Als falsch erscheint daran, dass die Person nicht die notwendige Haltung wahren kann, die es erfordert, die Innenseite des verkörperten Selbst bedeckt zu halten. Das Sprechen verliert in diesen Beispielen seinen Fluss. Der Fluss, das prozessuale Gefährt des Handelns, die glatte Kopplung von Selbst und Gesellschaft, die in normalen sozialen Handlungen gewohnheitsmäßig und kompetent aufrechterhalten wird, gerät plötzlich außer Reichweite. In emotional unproblematischen sozialen Handlungen bietet die Kultur eine Außenhülle, die jede Person anlegt, ohne dass man diese Begleitung bemerkt. Doch im weinenden Sprechen bricht diese Hülle weg und die angestrengten Bemühungen, das Selbst wieder in die gewohnten Formen zu bringen, werden enthüllt.

Weinen beim Sprechen ist ein Phänomen, das formal als negative Ausdrucksform angesehen wird. Wenn man die Tonbänder anhört, dann hört man, dass Weinen an jenen Stellen auftritt, an denen die Kultur das Selbst nicht mit einer festen Schale ausstattet, wie in den Pausen zwischen Sätzen, zwischen Worten, zwischen Silben. Es zeigt sich an besonderen Schüben bei der Tonhöhe oder als gesonderte Silben, die in Vokale gelegt werden. Bemerkenswert ist, dass Weinen nicht als ein Handeln auftritt, das zusätzliche Konsonanten hinzufügt, wie dies beim Stottern der Fall ist. Wenn man einer Person zuhört, in deren Sprechen Weinen auftritt, dann findet man die Hinweise auf das Weinen in den Vokallauten, die als gefährliche Lücken zwischen den befestigten Häfen der Konsonanten erscheinen, die ihrerseits ohne größere Schwierigkeiten ausgesprochen werden. Konsonanten scheinen dem Selbst einen festen Boden zu geben, während die Vokallaute dazwischen eine Untiefe in den kulturellen Gewässern darstellen, in denen das Sprechen schwimmen muss. Immer und immer wieder verliert die Stimme einer weinenden Person den festen Grund und schwankt, wenn es in Vokallauten spricht, mit ihrer Stimme hörbar. Das Gefährt, das die Sprache normalerweise für den Körper ist, fällt plötzlich aus bis hin zu den Vibrationen der Stimmbänder, die die Sprache produzieren.

Weinen enthüllt, allgemeiner gesprochen, wie Menschen in, durch und mit ihrem Verhalten im gewohnheitsmäßigen Sozialleben *den Körper schaffen, der normalerweise kompetentes Handeln ermöglicht.* Wir könnten uns vorstellen, dass emotionale Störungen zuerst die Fähigkeit des Körpers beeinträchtigen, auf normale und kompetente Weise zu reden, und dass diese Beeinträchtigung sich dann in Fehlern beim Sprechen zeigt. Doch diese herkömmliche Sicht ist sicherlich falsch. Denn zum einen ist das weinende Sprechen in keinerlei Weise unverständlicher. Zumeist weiß jeder, was gemeint ist, wenn jemand weint und dabei spricht und niemand hat ein Problem zu identifizieren, was diese Person ausspricht. Häufig erhöht das Weinen beim Reden sogar die Aufmerksamkeit der Adressatinnen und klärt die Oberflächenbedeutung der Äußerungen sprechender Personen. Weinendes Sprechen ist deswegen nicht notwendig eine fehlerhaftere Form der

Kommunikation als die Form des Redens, die keinerlei emotionalen Störungen zu unterliegen scheint.[70]

Zudem: Wenn die emotionale Störung zuerst käme, dann müssten wir die Zeichen des Weinens an zufällig in den Äußerungen verteilten Stellen finden und nicht konzentriert an negativen oder ungeschützten Stellen. Und wir würden nicht erwarten, dass die sprechenden Personen beim Zuhören so häufig kein Zeichen der Unruhe zeigen und erst mit dem Weinen beginnen, wenn sie am Zuge sind. Die Sprecher scheinen sich lebhaft und sinnlich bewusst zu sein, dass sie sich bloßstellen, wenn sie reden, und zwar nicht nur durch das, was sie sagen, sondern genau durch das, wie sie es tun. Denn für die sprechende Person verursacht der Akt des Sprechens ein selbst-reflektiertes Bewusstsein davon, *wie der sprechende Körper von den verschiedenen formalen Teilen des Sprechens zugleich unterstützt wie auch im Stich gelassen wird.*

Das weinende Sprechen enthüllt wie die Leute beim Sprechen, das nicht offenkundig von Emotionen gestört wird, sich hinter ihrem Körper verbergen, indem sie ihn gerade außerhalb des Fokus der Aufmerksamkeit ihrer Adressaten halten. Deswegen erzeugen Leute, die weinend sprechen, zuweilen auch eine merkwürdige Art des Singens. Die fügen Wörtern Silben hinzu (indem sie etwa „Ich" wie „Ichäh" aussprechen). Was ihr Sprechen allerdings auszeichnet ist nicht, dass sie dem normalen, routinemäßigen Sprechen eine Musikalität hinzufügten, die ihm ansonsten unbekannt wäre; vielmehr scheint es so, als würden sie diese Musikalität nicht länger verbergen. Im gewöhnlichen, nicht emotional markierten Reden scheinen die Menschen nicht zu singen, obwohl sie es in einer bestimmten Weise doch tun. Sprechende verwenden gesangsähnliche Partikel, um Buchstaben miteinander zu verbinden, Silben zu Silben und Wörter zu Wörtern, damit die Lücken nicht hörbar sind. Wegen dieser gewohnten Musikalität, hören wir diese Lücken zumeist nicht, die sich in geschriebenen Texten zwischen Buchstaben und Wörtern befinden. Deswegen können wir sagen, dass die Musikalität beim ästhetischen Fluss beim gewohnten Sprechen zumeist verborgen bleibt. Wenn Menschen beim Sprechen weinen, dann ändern ungewohnte Spitzen der Tonhöhe ihre Stimme. Die besondere

---

70 Oben habe ich behauptet, dass es intrinsische hermeneutische Mysterien des Weinens gebe. Das ist aber ein anderes Argument. Weinen macht die Äußerung einer Sprecherin häufig besonders klar, wenn es darum geht, was gehört wird, auch wenn es ungewöhnlich klar macht, dass die Adressatinnen nicht erfassen, was die sprechende Person bewegt. So kann das Weinen zum Beispiel sehr wirkungsvoll mitteilen: „Ich brauche das", ohne klar zu machen, was „das" ist und noch weniger warum „das" so wichtig erscheint. Weinen eignet sich besonders gut aufzuzeigen, dass eine andere Person die Bedürfnisse der weinenden Person nicht erfüllt. Das Weinen ist deswegen eine sehr lebendige und ermächtigende Darstellung der inneren Dunkelheit.

Fehlleistung, die sie aufweist, besteht nicht notwendig in der Unverständlichkeit oder in der Unfähigkeit, eine rationale Kontrolle über das eigene Reden auszuüben. Es geht vielmehr um die Abweichung von der ästhetischen Linie, die im gewohnheitsmäßig durchgeführten kompetenten Verhalten als unbemerkter Hintergrund der Interaktion dient.

Wir können diese Analyse des Zusammenhangs zwischen Körper, Emotion und Sprache noch einen Schritt weiter treiben: Sprechen, das emotional ungestört zu sein scheint, verbirgt nicht nur den Körper der Sprecherin, *es bietet den Sprechenden einen normal kompetenten Körper zum Sprechen.* Der mangelnde Fluss beim weinenden Sprechen deckt eine der feineren Formen auf, in denen kompetentes Sprechen körperliche Ressourcen für Sprechende bereitstellt.

Beim gewohnten Sprechen bietet der Rachen eine Art Schmierung, die schwindet, sobald Menschen zu weinen beginnen. Wenn die ungewöhnlichen Probleme in Form von Brüchen zwischen Sätzen, Wörtern und hörbaren Einzelbuchstaben auftreten, dann wirken die Elemente des Sprechens nicht nur abgehackt, sondern spröde. Die Metapher des Flusses, die wir in der gewöhnlichen Alltagssprache unreflektiert verwenden, richtet sich in der Regel auf das Tränen der Augen. Wenn Personen sich bewusst werden, dass die Augen langsam zu tränen beginnen, dann erfahren sie eine Trockenheit im Rachen. Auf eine keineswegs nur bildliche Weise wird das zu einem praktischen Problem in der körperlichen Verfertigung des Sprechens. Sprechen wird ungewöhnlich schwierig, wenn die nötigen Körperflüssigkeiten nicht bereit stehen. Um dieses Problem zu lösen, versuchen die Leute zumeist, trocken zu schlucken, wenn sie weinend sprechen und sie führen zuweilen auch schaufelnde Bewegungen aus – mit dem Kinn nach unten, dann noch vorne und wieder hoch –, als versuchten sie, etwas Flüssigkeit zu schöpfen.

Diese Metamorphose, dieser Prozess der Verwandlung einer das bis dahin das Verhalten automatisch leitenden Metapher in die gängigen Anzeichen des Weinens, ist nicht auf das Sprechen beschränkt. Etwas Ähnliches geschieht auch beim schweigenden Beobachten von Preisverleihungszeremonien und anderen emotional bewegenden Spektakeln. Der Strom des Atems, der sonst unbemerkt durch den Rachen zieht, beginnt sich andernorts zu zeigen. Der Strom kann sich in den tränenden Augen zeigen, die die Sicht behindern, in den mit Schleim gefüllten Nüstern, die zum Schniefen drängen oder in verstopften Nasengängen, die jedes Sprechen schon im Ansatz verhindern können.

3.1 Die sozio-poetische Logik des Weinens

Georg Simmel bot einmal eine auf den ersten Blick nutzlose tautologische Definition des „Lebens als mehr Leben" an. Die Muster, die das Weinen im sozialen Leben aufweist, bieten eine lehrreiche Interpretation von Simmels Prozess-Idee. Menschen nehmen gewohnheitsmäßig einen unsichtbaren Fluss zwischen dem persönlichen Körper und der kulturellen Form für selbstverständlich. Sie verlassen sich unausgesprochen auf die Reinigung der Flüssigkeit in den Augen, um die Sicht zu verbessern. Sie manipulieren ohne Schwierigkeiten den Ein- und Ausfluss der Luft, die die Sprachlaute trägt. Und unbewusst bringen sie den Körper in Positionen, die das Fokussieren in akustischen oder visuellen Landschaften verbessert. Wenn Situationen eintreten, in denen die Routinewahrnehmung und -reaktionen nicht länger möglich sind, dann verschwindet die sinnliche Basis unseres fortlaufenden Lebens nicht einfach; sie tritt in den Vordergrund, verwandelt sich und stellt sich in Formen des emotionalen Ausdrucks dar. Der Fluss der individuellen Beteiligung am gesellschaftlichen Leben endet nicht und setzt auch nicht erst mit dem emotionalen Verhalten ein. Vielmehr verwandelt sich der Fluss, der Körper und Welt verknüpft, in dem Maße, wie er aus dem Hintergrund in den Vordergrund der Erfahrung rückt. Die Person, die zu Tränen gerührt ist, während sie schweigend eine Zeremonie beobachtet, wird sich darüber bewusst, dass ihr Blick eine Wahrnehmung von etwas konstruiert, das überwältigend ist. Wässrige Augen schaffen zugleich einen Abstand von den ablaufenden Ereignissen und anerkennen demütig auch ihre Verantwortung in der Schaffung ihrer Bedeutung.

An dieser Stelle stoßen wir auf ein Paradox, dass Weinen mit allen Emotionen teilt. Emotionale Erfahrungen zeichnen sich durch eine besondere Verbindung der Subjektivität mit objektiven Faktoren aus. Das Gefühl, dass man in einer emotionalen Erfahrung von einer äußeren Kraft unabhängig vom eigenen Handeln oder vom eigenen Willen erfasst wird, entsteht durch eine nichtkognitive, unausgesprochene und verkörperte Hinwendung zum Selbst. Denn die Menschen fühlen, dass sie in der emotionalen Erfahrung als Objekte von der Welt erfasst werden, nicht indem sie sich von ihren Erfahrungen ablösen und praktisch ihren Willen und ihr Vermögen als Subjekte aufgeben würden, sondern dadurch, dass sie tief im verkörperten Selbst suchen. Zu keiner Zeit ist eine Person alleine, die von „subjektiven" oder „objektiven" Kräften bewegt wird. Aus dem Fluss der Erfahrungen, der die Person mit der Welt verknüpft, entsteht auch das Verhalten. Wenn sich die Person emotional verhält, dann schafft sie keine Manifestationen, die allein aus dem subjektiven Stoff gestrickt wären; sie greift auf expressive Ressourcen zurück, die fortwährend das Verhältnis von Selbst und Welt thematisieren.

Deswegen nutzt die Person den normalen Prozess des Tränens als eine Quelle für die Erzeugung des Aufquellens der Augen beim Weinen. Doch in welchem Sinn und wie macht sie das? Die meisten Menschen sind sich nicht bewusst darüber, dass das normale Sehen automatisch mit einer Art des Tränens umgeht, die die Augen regelmäßig befeuchtet, um das Sehen zu erleichtern.[71] Die Menschen weinen, indem sie ihre Tränen bis zu dem Punkt treiben, der droht, ein Eigengewicht zu bekommen, weil sich nun zu einer Schicht von Feuchtigkeit wird, die wie ein Schild die Reaktion der Person auf die wahrgenommene Szene anzeigt.

Innerhalb der Erfahrung der weinenden Person ragen emotionale Tränen aus zwei Gründen heraus. Auf der einen Seite stellen sie sich neben das Selbst. Häufig nimmt die weinende Person Abstand von ihren Tränen, während sie überrascht deren Auftauchen in ihrem Körper bemerkt. William Frey bietet ein Beispiel dafür aus seinen eigenen Erfahrungen: „Eines Nachts saß ich alleine da und erinnerte mich an angenehme Augenblicke mit meinen Großeltern, die nun ziemlich alt sind. Eine unerwartete Welle an Traurigkeit ging durch mich, als mir klar wurde, dass meine eigenen jungen Kinder meine Großeltern nie kennenlernen und nie ihre Wärme, Liebe und Weisheit erfahren würden, die mich in meiner Kindheit so bereicherte. Plötzlich tropften mir Tränen über das Gesicht. Zu der Zeit hatte ich selten geweint und ich war sehr überrascht von dem, was gerade geschah. Ich rannte sogar zum Spiegel, um mich zu versichern, dass die nassen Tropfen, die mein Gesicht herunterliefen, Tränen waren."[72]

Ein anderes Beispiel stammt aus meinen Feldnotizen. Die Mutter eines sechs Jahre alten Jungen beschrieb, was sich vor kurzem ereignet hatte, während sie ein Bad nahm. Ihr Sohn erzählte, dass „Wasser aus seinen Augen gekommen sei", als er im Bett gelegen und an die Abreise seines Bruder gedacht hatte, der zum Studieren in einen anderen Staat zieht.

Mit Blick auf die äußere Welt werden emotionale Tränen zu einem Schutzfilm, der die Person von den sie erschütternden Umständen abgrenzt. Das geschieht ebenso beim traurigen und freudigen Weinen. Tränen sind zuweilen Teil eines das Selbst umarmenden, schützenden, isolierenden und sogar einschließenden

---

71 „Menschen erzeugen fortwährend Flüssigkeiten, die als basale oder kontinuierliche Tränen bezeichnet werden, die die Oberfläche des Auges feucht halten und die Infektionen verhindern helfen. Mit jedem Lidschlag wäscht eine Schicht Tränen die Oberfläche des Auges mit einer Bakterienbekämpfenden Flüssigkeit, die von der Haupttränendrüse und den Nebentränendrüsen in den Augenlidern gespeist wird. Und wenn die Oberfläche des Auges gestört wird, dann erzeugt die Haupttränendrüse bei den Menschen (bei den Tieren sind es ähnliche Drüsen) zusätzliche Tränen, die als Reflex- oder Störtränen bezeichnet werden." Frey (1985: 4).

72 Frey (1985: 7-8).

Akts, der die Person dem Schmerz und der Würdelosigkeit entzieht. Zuweilen aber treten Tränen auch in einer Art selbsterniedrigenden Akt auf, der eine respektvolle Distanz von etwas Heiligem, ausnehmend Wertvollem, unglaublich Anregendem oder ehreinflößendem Schönen herstellt, etwas, das einen schaudern macht, wenn es in das eindringt, was man die eigene Seele nennt.[73]

Beim tränenden Weinen verwandelt sich ein ansonsten funktionaler, durchsichtiger Schutzfilm in eine Grenze zwischen Selbst und Welt. Tränen verwandeln sich von einer gewohnheitsmäßigen Prophylaxe im Kampf gegen Infektionen, die den Körper im Hintergrund hält und sich auf ihn verlässt, ohne sich dem Körper direkt zuwenden zu müssen, in etwas, das den Körper zu Bewusstsein bringt. Und Tränen verändern sich von einem Mittel durch das Sehen Handlungssituationen gestaltet, sodass die eigene Wahrnehmung und die Reaktion ohne große Unterschiede erfolgt, in ein Produkt, das die Sicht auf die gewohnheitsmäßigen Reaktionen teilweise verwischt.

Auch wenn diese Transformationen der metaphorischen Ordnung der Erfahrung unabhängig von der Fähigkeit der Handelnden verlaufen, die damit verbundenen ästhetischen Prinzipien zu kontrollieren, müssen sie sich nicht der vorgeschlagenen Erklärung entziehen. Es bedeutet lediglich, dass wir noch immer vor der Herausforderung stehen, diese ästhetischen Abläufe zu verstehen, die, wenn man über sie schreibt, so elaboriert und feingliedrig erscheinen, so rasch und vom subjektiven Standpunkt aus gesehen so mühelos ablaufen können.

Es gibt starke Kultivierung und eine große Vielfalt der kunstvollen Weisen, mit denen die Menschen ihre Körper als Instrumente des emotionalen Ausdrucks bespielen. Weinen kann aus wenig mehr als kurzen Unterbrechungen bei einer Pressekonferenz, einem kurzen Luftholen in einem intimen Gespräch, feuchten Augen in einem verdunkelten Kino bestehen oder bis zum Drama des Heulens oder des Liegens auf einem öffentlichen Platz reichen. Das Fazit dieser Analyse ist ein Aufruf zur Untersuchung der sozial geordneten Muster, in denen die Menschen beim Weinen ästhetisch die gewohnheitsmäßig verborgenen körperlicher Ressourcen ihres Verhaltens erforschen. Um weitere Fortschritte zu machen, müssen wir nun im Detail Fälle von sozial situiertem Weinen systematisch untersuchen.

---

73 Frey (1985: 7-8).

Literatur

Acebo, Christine und Evelyn B. Thoman. 1992. „Crying as Social Behavior.“ *Infant Mental Health Journal.* 13:67-82.

Acebo, Christine und Evelyn B. Thoman. 1995. „Role of Infant Crying in the Early Mother-Infant Dialogue.“ *Physiology and Behavior.* 57:541-47.

Ameed, Syed Mohammad. 1974. *The Importance of Weeping and Wailing.* Karachi: Peermahomed Ebrahim Trust.

Anderson, Elijah. 1990. *Streetwise: Race, Class and Change in an Urban Community.* Chicago: University of Chicago Press.

Barr, Ronald G. 1990. "The Normal Crying Curve: What Do We Really Know?" *Developmental Medicine and Child Neurology.* 32:356-62.

Barr, Ronald G., Melvin Konner, Roger Bakeman und Lauren Adamson. 1991. "Crying in Kung San Infants: A Test of the Cultural Specificity Hypothesis." *Developmental Medicine and Child Neurology.* 33:601-10.

Berger, K. T. 1988. *Zen Driving.* New York: Ballentine books.

Berger, K. T. 1993. *Where the Road and the Sky Collide: America through the Eyes of Its Drivers.* New York: Henry Holt.

Bermúdez, Jose Luis, Anthony Marcel und Naomi Eilan. 1995. *The Body and the Self.* Cambridge: MIT Press.

Best, Joel. 1991. „'Road Warriors' on ‚Hair-Trigger Highways': Cultural Resources and the Media's Construction of the 1987 Freeway Shootings Problem." *Sociological Inquiry* 51:327-45.

Bourdieu, Pierre. 1990. *The Logic of Practice.* Trans. R. Nice. Stanford: Stanford University Press.

Brazelton, T. Berry, J. S. Robey und G. A. Colier. 1969. "Infant Development in the Znacanteco Indians of Southern Mexico." *Pediatrics* 44:274-90.

Brazelton, T. Berry. 1990. "Crying and Colic." *Infant Mental Health Journal* 11:349-56.

Brinley, Maryann Bucknum. 1995. "Software Tells You What to Expect When You're Expecting a Baby." *HOMEPC,* Oktober, 121.

Bruner, Jerome. 1983. *Child's Talk.* New York: Norton.

Canetti, Elias. 1979. *Auto-Da-Fe.* New York: Seabury Press.

Certeau, Michel de. 1984. *The Practice of Everyday Life.* Berkeley and Los Angeles: University of California Press.

Clark, Candace. 1997, *Misery and Companion: Sympathy in Everyday Life.* Chicago: University of Chicago Press.

Crawford, June, Susan Kippax, Jenny Onyx, Una Gault und Pam Benton. 1992. *Emotion and Gender: Constructing Meaning from Memory* London: Sage.

Cronyn, Lori. 1992. „The Inverted Smile: An Embodied Metaphor of Shame in Public Places." Department of Sociology, University of California at Los Angeles.

Dan Marks, My Crazy Life (Dokumentarfilm). 1992.

Dannefer, W. Dale. 1977. "Driving and Symbolic Interaction." *Sociology Inquiry 47:33-38.*

Davis, Fred. 1979. *Yearning for Yesterday: A Sociology of Nostalgia.* New York: Free Press.

Dessureau, Brian K., Carolyn O. Kurowski und Nicholas Thompson. 1998. "A Reassessment of the Role of Pitch and Duration in Adults' Responses to Infant Crying." *Infant Behavior and Development 21:367-71.*

Dietz, Hella. 2013. "Jack Katz: How Emotions Work". In: Konstanze Senge und Rainer Schützeichel (Hg.). *Hauptwerke der Emotionssoziologie.* Wiesbaden: VS, 187-193.

Freud, Sigmund. 1965. *The Interpretation of Dreams.* New York: Avon.

Frey, William H. 1985. *Crying: The Mystery of Tears.* Minneapolis: Winston Press.

Friedman, Jennifer. 1992. „The Process of Interconnected Status Passages: An Illustration with Mother-Daughter Relationships." Der Vortrag wurde auf den *American Sociological Association meetings in Pittsburgh* gehalten.

Froemke, Sisam, Deborra Dickson und Albert Maysles. 1996. *Letting Go: A Hospice Journey.* Documentary film. Home Box Office.

Gampel, Yolanda. 1992. "I Was a Shoah Child." *British Journal of Psychotherapy* 8:390-400.

Garot, Robert. 1997. "Emotions and Human Service Work: Anger and Tears in a Section 8 Housing Office." Department of Sociology, University of California at Los Angeles.

Glaser, Barey G. und Anselm L. Strauss. 1964. "Awareness Contexts and Social Interaction." *American Sociological Review* 29:669-79.

Goffman, Erving. 1963. *Behavior in Public Places: Notes on the Social Organization of Gatherings.* New York: Free Press.

Goffman, Erving. 1967a. "Where the Action Is." In: *Interaction Ritual*, 1-3. Garden City, N.Y.: Anchor Books.

Goffman, Erving. 1967b. "Where the Action Is." In: *Interaction Ritual*, 1-3. Garden City, N.Y.: Anchor Books.

Goffman, Erving. 1967c. Introduction to *Interaction Ritual*, 1-3. Garden City, N.Y.: Anchor Books.

Goffman, Erving. 1971. *Relations in Public.* New York: Basic Books.

Gustafson, Gwen E., und Kirsten A. Deconti. 1990. "Infants' Cries in the Process of Normal Development." *Early Child Development and Care* 65:45-56.

Hochschild, Arlie. 1983. *The Managed Heart: Commercialization of Human Feeling.* Berkeley: University of California Press (dt.: *Das gekaufte Herz. Zur Kommerzialisierung der Gefühle.* Campus, Frankfurt/Main und New York 1990).

Hochschild, Arlie Russell. 1990. *The Second Shift.* New York: Avon.

Hubbard, Frans O. A. und Marinus H. van Ijzendoorn. 1994. "Does maternal Responsiveness Increase Infant Crying? Replication of the Baltimore Study." In: *Reconstructing the Mind: Replicability in Research on Human Development.* Edited bei Rene van der Veer, Marinus H. van Ijzendoorn, und Jaan Valsiner, 255-70. Norwood, N.J.: Ablex Publishing.

Huffman, Lynne C., Yvonne E. Bryan, Frank A. Pederson, Barry M. Lester, John D. Newman und Rebecca del Carmen. 1994. "Infant Cry Acoustics and Maternal Ratings of Temperament." *Infant Behavior and Development* 17:45-53.

Jackson, John Brinckerhoff. 1994. *A Sense of Time, A Sense of Place*. New Haven: Yale University Press.

Jasper, James M. 2004. "Review: How Emotions Work by Jack Katz". In: Qualitative Sociology 27,1 123-126.

Kaplan, Alice Yaeger. 1993. *French Lessons: A Memoir*. Chicago: University of Chicago Press.

Katz, Jack. 1999. *How Emotions Work*. Chicago und London: University of Chicago Press.

Kleinman, Arthur. 1995. *Writing At The Margin: Discourse between Anthropology and Medicine*. Berkley and Los Angeles: University of California Press.

Kligman, Gail. 1988. *The Wedding of the Dead: Ritual, Poetics, and Popular Culture in Transylvania*. Berkeley and Los Angeles: University of California Press.

Langer, Susanne. 1942. *Philosophy in a New Key: A Study in the Symbolism of Reason, Rite, and Art*. Cambridge: Harvard University Press.

Lansky, Melvin. 1999. "The Stepfather in Sophocles' Electra." In *Stepfatherhood: Creating and Recreating Families in America*. Edited by S. Cath and M. Shopper. Hillsdale, N. J.: Analytic Press.

Lauer, A. R. 1960. *The Psychology of Driving*. Springfield, Ill.: Charles C. Thomas.

Leffs, Arthur. 1976. *Swindling and Selling*. New York: Free Press.

Loewy, Joanne Victoria. 1995. "The Musical Stages of Speech: A Developmental Model of Pre-verbal Sound Making." *Music Therapy* 13:47-73.

Lombardo, W. K., G. A. Cretser, B. Lombardo und S. L. Mathis. 1983. "For Cryin' Out Loud – There is a Sex Difference." *Sex Roles* 9:987-95.

Lummaa, Virpi, Timo Vuorisalo, Ronald G. Barr und Liisa Lehtonen. 1998. "Why Cry?: Adaptive Significance of Intensive Crying in Human Infants." *Evolution and Human Behavior* 19:193-202.

Mauss, Marcel. [1935] 1973. „Techniques of the Body." *Economy and Society 2:70-88.*

McGrane, Bernard. 1994. *The Un-TV and the 10 MPH Car*. Fort Bragg, Calif.: Small Press.

Merleau-Ponty, Maurice. 1968. *The Visible and the Invisible*. Evanston, Ill.: Northwestern University Press.

Miller, William Ian. 1990. *Bloodtaking and Peacemaking: Feud, Law, and Society in Saga Iceland*. Chicago: University of Chicago Press.

Novaco, Raymond W. 1991a. "Aggression On Roadways." In: *Targets of Violence And Aggression*. Edited by Ronald Baenninger, 253-326. New York: North-Holland.

Novaco, Raymond W. 1991b. "Automobile Driving and Aggressive Behavior." In: *The Car and the City*. Edited by Martin Wachs Und Margaret Crawford, 234-47. Ann Arbor: University Of Michigan Press.

Plessner, Helmuth. [1950] 1970. *Laughing And Crying: A Study Of The Limits Of Human Behavior*. Evanston, Ill.: Northwestern University Press.

Polanyi, Michael. 1962. *Personal Knowledge: Towards a Post-critical Philosophy*. Chicago: University of Chicago Press.

Polanyi, Michael. 1966. *The Tacit Dimension*. Garden City, N.Y.: Doubleday.

Ross, Catherine E. und John Mirowsky. 1984. „Men Who Cry." *Social Psychology Journal* 47:138-46.

Roth, Julius A. 1963. *Timetables: Structuring the Passing of Time in Hospital Treatment and Other Careers*. Indianapolis: Bobbs-Merrill.

Schivelbusch, Wolfgang. 1986. *The Railway Journey: The Industrialization of Time and Space in the 19th Century*. Berkeley and Los Angeles: University of California Press.

Schopenhauer, Arthur. 1969. *The World as Will and Representation*. New York: Dover.

Schwalbe, Michael. 1996. „The Mirror in Men's Faces." *Journal of Contemporary Ethnography* 25:58-82.

Solomon, Robert. 1983. Sartre on Emotions. In: *The Philosophy of Jean-Paul Sartre*. La Salle: Open Court.

Srinivas, Lakshmi. 1997. „Ethnography of Hindi Film Audiences." Department of Sociology, University of California at Los Angeles.

Staples, Brent. [1986] 1996. "A Brother's Murder." *New York Times Magazine*. April 14, 74.

Stein, Lawrence B. und Stanley L. Brodsky. 1995. "When Infants Wail: Frustration and Gender as Variables in Distress Disclosure." *Journal of General Psychology* 122:19-27

Stroebe, Wolfgang und Margaret Stroebe. 1987. *Bereavement and Health*. Cambridge: Cambridge University Press.

Sudnow, David. 1978. *Ways of the Hand: The Organization of Improvised Conduct*. Cambridge: Harvard University Press.

Sudnow, David. 1983. *Pilgrim in the Microworld*. New York: Warner Books.

Trillin, Calvin. 1995. „What's the Good Word?" *New Yorker*, May 15, 102.

Waldinger, Roger und Mehdi Bozorgmehr. 1996. *Ethnic Los Angeles*. New York: Russell Sage Foundation.

Westwood, Sallie. 1985. *All Day Every Day: Factory and Family in the Making of Women's Lives*. Urbana: University of Illinois Press.

Whyte, William Foote. 1949. "The Social Structure of the Restaurant." *American Journal of Sociology* 54:302-10.

Williams, D. G. und Gabrielle H. Morris. 1996. "Crying, Weeping, or Tearfulness in British and Israeli Adults." *British Journal of Psychology* 87:479-505.

Zeskind, Philip S., Susan Parker-Price und Ronald G. Barr. 1993. "Rhythmic Organization of the Sound of Infant Crying." *Developmental Psychobiology* 26:321-33.

The manufacturer's authorised representative in the EU is Springer
Nature Customer Service Centre GmbH, Europaplatz 3, 69115 Heidelberg,
Germany. If you have any concerns regarding our products, please
contact ProductSafety@springernature.com

Printed and bound by CPI Group (UK) Ltd, Croydon, CR0 4YY
27/04/2026
02097603-0006